iLLUMiNATi 3

LA POSSESSION SATANIC

HENRY MAKOW Ph.D.

SILAS GREEN

ILLUMINATI 3

La Possession Satanique

Adresse :

Silas Green

P.O. Box 26041

676 Portage Avenue

Winnipeg MB Canada

R3G 0M00

Contact :

hmakow@gmail.com
www.henrymakow.com
www.henrymakow.wordpress.com

Toute ta vie tu as senti que quelque chose n'allait pas dans le monde.
Tu ne sais pas ce dont il s'agit, mais c'est là.
Comme une écharde dans ton esprit - et ça te rend fou.
C'est ce sentiment-là qui t'a conduit vers moi.
– Morpheus, The Matrix

Le rôle joué par les gauchistes, ces rêveurs utopistes, sera finalement
terminé lorsque notre gouvernement aura pris forme...
Qui soupçonnera alors que tous ces gens gérés et pilotés par nous,
poursuivaient un projet politique que personne n'a
ne serait-ce que deviné au cours de nombreux siècles ?
– (Protocoles des Sages de Sion, 13:4-6)

Malheur à ceux qui appelle le mal le bien, et le bien le mal ;
Qui prennent les ténèbres pour la lumière, et la lumière pour les ténèbres ;
Qui prennent l'amertume pour de la douceur, et la douceur pour de
l'amertume !- Isaïe 5:20

TABLE DES MATIÈRES

Livre Six — *Les Illuminati à l'œuvre*

Livre Sept — *Enfin et Surtout*

Ouverture

Cela ressemble au scénario d'un film de science-fiction des années 50. L'humanité est sous l'emprise d'un culte satanique. Tous ceux qui veulent progresser socialement doivent volontairement ou non, obéir à ce culte. Nos dirigeants politiques subissent un chantage sexuel pour s'assurer de leur loyauté à la cause.

Bien que les monuments phalliques et les pyramides de ce culte soient présents partout, personne n'ose mentionner son nom, ni défier sa domination.

Nous souffrons de dissonance cognitive. Nous sommes l'objet de constantes attaques psychiques, pourtant ces assauts ne sont pas rapportés par les médias de masse. La société ressemble à un géant aveugle et sourd conduit par un démon.

La loi de Murphy s'applique. Ce qui doit mal se passer finit par arriver. C'est bien le cas pour l'humanité en général. La société Occidentale a été subvertie par ce culte.

Une toute petite clique de banquiers kabbalistes, les Illuminati, ont supplanté Dieu (c'est-à-dire les lois morales et naturelles de l'Univers) au nom de termes spécieux comme « l'humanisme », la « raison » et le « progrès ».

Ainsi, inversent-ils le vrai et le faux, le bien et le mal, décrétant que l'homosexualité, la promiscuité, la pédophilie, la bestialité et l'inceste sont sains et naturels.

LE COMA

Le bateau de la civilisation est en train de sombrer pendant que ses passagers dorment.

Les banquiers Illuminati sont en train de détruire les institutions de la civilisation Chrétienne – la religion (Dieu), la race, la nation et la famille – pour mieux introniser l'humanité à leur culte satanique.

Ils ont instigué et financé les guerres pour détruire les nations et ont porté au pinacle des auteurs qui répandent l'aliénation et la désillusion. Ils retiennent l'humanité prisonnière grâce au contrôle mental qu'ils exercent sur elle. Ce n'est pas une coïncidence si les médias de masse sont contrôlés par une poignée de corporations arborant des symboles occultes sur leur logo.

La subversion de l'humanité est la véritable histoire supprimée du monde moderne. Le seul véritable conflit est celui des Illuminati contre le reste de l'humanité. Tous les autres ont été mis en scène pour servir de diversion.

Comme si nous apprenions être atteint d'un cancer en phase terminale, nous refusons de le croire.

Les médias de masse nous disent que nos institutions démocratiques et culturelles sont fiables. Nous y croyons dur comme fer.

LA CONSPIRATION

La conspiration est réelle et bien pire que nous puissions l'imaginer.

Des gens puissants ont planifié et organisé ce complot depuis des siècles. Ils ont érigé un état policier maléfique derrière la façade d'un gouvernement démocratique. La menace terroriste n'est qu'un prétexte pour étendre davantage leur contrôle sur nos vies.

S'ils se souciaient vraiment de la liberté, ils nous responsabiliseraient. Ils enseigneraient les valeurs civiques, le patriotisme et l'histoire véritable. Ils encourageraient des relations homme-femme stables, le mariage et la famille.

Au lieu de cela, ils nous sabotent. Les standards de l'éducation et de la culture sont rabaissés. Leurs « divertissements » regorgent d'occultisme, de pornographie, et de visions apocalyptiques effrayantes.

L'humanité souffre d'un développement arrêté. Nous sommes en transe. De la redite et des rengaines. Rien de nouveau ou de vrai. Nous manquons le rendez-vous avec notre créateur.

Le premier devoir d'un gouvernement est d'empêcher qu'il soit conquis par un culte satanique. Nos gouvernements ont échoué. Ils n'ont pas de légitimité.

QUE FAIRE ?

Une conspiration ne peut prospérer qu'au sein des ténèbres et du secret. Nous pouvons y résister simplement en faisant la lumière sur elle.

Nous devons dévoiler ses participants et leurs actes, en commençant par le 11/09 et le massacre de Newtown, y compris le faux attentat de Boston. Nos dirigeants et les médias de masse sont des menteurs et des traitres, complices de meurtres de masse et de leur dissimulation.

Les Illuminati ont besoin d'un semblant de légitimité pour fonctionner. Nous devons la leur retirer.

Les révélations d'Edward Snowden sur l'espionnage massif de la NSA ont dérangé beaucoup de monde. Nous devons aider la masse endormie à reconnaitre le véritable ennemi commun. Mais nous devons attendre qu'elle nous sollicite. Si elle nous le demande, alors nous pouvons la renseigner.

Nous devons résister pacifiquement. Tout le reste leur servirait de prétexte. Mais nous devons être armés et prêts à nous défendre. À mon avis, le port d'arme est la raison principale grâce à laquelle les américains sont encore relativement libres.

Nous faisons face à des satanistes. Étant donné leur passif, les choses vont se détériorer à moins qu'ils ne décident que le coût en soit trop élevé.

Ils participent activement à l'extinction de la civilisation. Qu'il ne soit pas dit que nous ne l'ayons même pas remarqué.

L'inversion de toutes les valeurs

Vous appartenez à votre père le démon... Il a été un meurtrier depuis le commencement,... car il est un menteur, et le père du mensonge.
Le Christ aux Pharisiens – Jean 8:44

Ce n'est pas ce qui est vrai qui compte, mais ce qui est perçu comme tel.
Henry Kissinger

Né en 1949, tout au long de ma vie j'ai été le témoin d'un processus de décadence accélérée de la culture.

Lorsque j'étais jeune, une femme réservait sa virginité pour son mari et se dévouait à sa famille.

Maintenant grâce à l'aide d'une application appelée *Tinder*, elle peut s'offrir à des inconnus présents dans les environs.

Plus tard, elle participera à une « marche des salopes » pour nous convaincre que la promiscuité sexuelle est une forme « d'émancipation », comme on le lui a expliqué à l'école.

Lorsque j'étais jeune, le sexe et les fonctions corporelles n'étaient pas mentionnés en public ; à présent les références obscènes et les discussions pipi-caca sont considérées comme du dernier chic.

Les animateurs qui simulaient des actes sexuels sur une scène publique étaient bannis ; aujourd'hui le « twerking » est répandu et encouragé.

L'homosexualité était il n'y a pas si longtemps un trouble du comportement qui provoquait un dégout viscéral. De nos jours, c'est devenu une « préférence sexuelle » que tout le monde doit essayer sous peine de se voir traité « d'homophobe ».

Les résultats de cette attaque à peine voilée sur les hétérosexuels sont clairs :

Depuis 1960, le taux de natalité des États-Unis a été réduit de moitié. Le taux de divorce a augmenté de 50%. En 2011, 36% des naissances provenaient de mères célibataires.

Tout ceci et d'autres développements néfastes ne sont pas le fruit du hasard ou d'une évolution naturelle. Ils sont le produit d'un programme élaboré d'ingénierie sociale conduit par les Illuminati, une société secrète satanique qui contrôle l'occident en utilisant la Franc-maçonnerie.

Ce qui passe pour des « changements sociaux » spontanés n'est en fait qu'un processus organisé de possession satanique.

Ce développement n'est pas un phénomène isolé ou récent. La société Occidentale toute entière est basée sur une rébellion contre Dieu et l'ordre naturel et moral.

Les prétendues « Lumières » font référence à Lucifer le « porteur de lumière ». Elles représentent la détermination des Illuminati à rejeter la réalité – le dessein du créateur – pour construire une réalité artificielle plus conforme à leurs intérêts et à leurs perversions.

C'est ce que les banquiers kabbalistes entendent par « refaire le monde » ou « changer le monde ».

Cela ne sert à rien d'édulcorer cette réalité. Des Juifs (kabbalistes) et des Francs-maçons mènent une guerre secrète contre Dieu et l'homme et sont proches de la victoire finale. Beaucoup de Juifs et de Francs-maçons ont servi cette force subversive à travers l'histoire – ceci est la véritable cause de l'antisémitisme.

Bien sûr, la majorité des Juifs (ou des Chrétiens) ne sont pas conscients de ce processus de possession satanique. Nous y avons tous succombé.

Se faisant passer pour de la « laïcité » et de « l'humanisme », le Satanisme est en vérité la religion secrète de l'Occident.

Dans son livre, *Behind the Lodge Door*, (*Derrière la Porte de la Loge*), Paul Fisher écrit :

« Les maçons sont parvenus à faire en sorte que leur religion dominent au sein de la société américaine. Il est évident que la Franc-maçonnerie internationale a été de par le monde un mouvement révolutionnaire organisé, se consacrant à l'avancement du Gnosticisme Kabbalistique, pour saper et si possible détruire la Chrétienté ; puis infuser la philosophie maçonnique au sein des structures gouvernementale clefs, afin de subvertir le moindre gouvernement refusant de se soumettre aux principes maçonniques. » (p.16)

JOUER À REMPLACER DIEU

Les Illuminati sont l'Establishment. Ils dirigent les gouvernements, l'armée, les agences de renseignement, les think tanks, les médias et les grandes corporations. La politique des gouvernements est *leur* politique. Le discours des médias est *leur* discours.

La mesure du contrôle Illuminati est illustrée par l'uniformité de la condamnation de l'Occident à l'égard de l'annexion de la Crimée par la Russie en mars 2014. Cette condamnation unanime par les médias et les politiciens de droite comme de gauche, s'est exprimée en dépit du fait que les US aient illégalement renversé le gouvernement ukrainien, et que 95% du peuple de Crimée ait validé l'annexion par un vote démocratique.

L'Occident est sous complète domination satanique. Les corporations, les politiciens, les médias et les institutions universitaires ont tous été achetés. Partout un chœur composé de castrats chante le même refrain. Tout le monde applaudi le démantèlement de gouvernements indépendants comme celui de l'Irak, de la Lybie ou de la Syrie. Tout le monde crie au « racisme » et chante les louanges de la « diversité » excepté lorsqu'il s'agit d'Israël.

Le pivot du pouvoir Illuminati est le cartel Juif Franc-maçon des banques centrales qui contrôlent le crédit des gouvernements à travers le monde. Ils créent l'argent à partir de rien (basé sur notre propre crédit) et donc pensent qu'ils sont Dieu.

La Kabbale leur commande de « refaire le monde » ou de manière euphémistique de « guérir le monde ». Cela ne constitue pas un changement positif, car il s'agit de possession satanique.

LA FORCE ET LE POUVOIR DE FAIRE-CROIRE

Dans *Les Protocoles des Sages de Sion,* l'auteur déclare : « notre devise doit être : tous les moyens de la force et le pouvoir de faire-croire. »

Les Illuminati contrôlent les leviers du « faire-croire » - les médias de masse et le système éducatif. Ils créent une fausse réalité toxique au sein de laquelle nous nous débattons pour trouver une direction et un sens à la vie, sans nous rendre compte que nous sommes des insectes pris dans la toile des mensonges qu'ils ont tissée.

C'est pourquoi tant de Juifs sont des menteurs patentés (à part moi-même et quelques autres comme Myron Fagan, Benjamin Freedman, Israel Shahak, Henry Klein, Israel Shamir et Gilad Atzmon).

C'est pourquoi les Juifs sont prédominants dans l'industrie du « divertissement », occupés à imaginer la réalité. La plupart des Juifs n'ont jamais entendu parler de la Kabbale mais elle semble profondément inscrite dans leur vision des choses.

Ils créent notre réalité de la même manière qu'ils manufacturent les films à Hollywood. Notez les similarités entre le 11/09 et *La Tour infernale*. Vous souvenez-vous des images de gens en train de courir alors que les célèbre tours s'écroulaient dans un nuage de poussière derrière eux ?

Afin de construire leur dispensation satanique, ils devaient d'abord détruire l'ordre ancien. Ils croient à la « rédemption à travers le péché. ». Leur Messie ne reviendra que lorsque le monde sera descendu dans le chaos.

Ils ont organisé les guerres mondiales et les crises économiques au service du même objectif. Le monde dans lequel nous vivons est pour une grande part leur invention.

Par contraste, essayez d'imaginer une société où le message constant émanant de l'État, des écoles et des médias serait que notre comportement sur terre détermine le fait que notre âme puisse atteindre la vie éternelle.

Pouvez-voir à quel point le monde serait différent ?

NOUS SOMMES TOUS DES JUIFS À PRÉSENT

L'amère vérité est que le Judaïsme est un culte satanique se faisant passer pour une religion. La plupart des Juifs et des Chrétiens Sionistes sont des dupes.

Les membres d'un culte satanique ne conaissent jamais le véritable ordre du jour. Les Juifs sont manipulés avec de fausses informations et des platitudes spécieuses. Ils pensent que l'antisémitisme est une « maladie irrationnelle ». Comme la plupart des gens, ils veulent se conformer et être acceptés. Souvent cela relève d'une nécessité pratique.

De nos jours, par extension, la plupart de l'humanité se trouve dans cette situation. C'est-à-dire involontairement intronisée à un culte satanique : le Judaïsme Kabbaliste déguisé sous le masque de la laïcité. Nous sommes tous des Juifs à présent.

« Les Juifs se sont libérés à mesure que les Chrétiens se sont judaïsés », a écrit Karl Marx. « Ainsi, ils ont considérablement contribué à faire de l'argent, le moyen, la mesure et la finalité de toutes les activités humaines. » (Cité par Léon de Poncins, *Les Juifs et le Vatican*, p.76)

Les Juifs s'appuient sur deux livres différents. Les Juifs ordinaires et les gens en général considèrent l'Ancien Testament. (Même là, Dieu est de nature tribale et non universelle, pas vraiment Dieu mais plutôt une égrégore.)

Seuls les initiés sont aptes à voir la véritable idéologie pernicieuse : la Kabbale et le Talmud qui contredisent effrontément l'Ancien Testament. Les Kabbalistes (c'est-à-dire les Illuminati) se vouent à inverser tout ce qui est sain, vrai et bon. Le Talmud considère les Juifs comme une race supérieure et voit les non-Juifs comme des sous humains.

> *« Jehovah a créé les non- Juif sous forme humaine afin que les Juifs ne soient pas servis par des bêtes. Ainsi le non-Juif est un animal sous forme humaine, et condamné à servir le Juif, jour et nuit. »* - Midrasch Talpioth, page 225, L

> *« Vous êtes des êtres humains mais les habitants des nations du monde ne sont pas des êtres humains, mais des bêtes. »* - Baba Mecia 114, 6

La tragédie de la condition humaine est le produit de cet héritage kabbalistique haineux. Et le Nouvel Ordre Mondial est motivé par ce désir d'exploiter et de réduire en esclavage l'humanité. Cependant je tiens à souligner que la vaste majorité des Juifs et des Francs-maçons ne connaissent pas le Talmud et la Kabbale et s'opposeraient probablement à ce plan, s'ils parvenaient à comprendre qu'il existe réellement.

« REFAIRE LE MONDE »

Même alors qu'ils condamnaient des millions d'Ukrainiens à mort en 1932-33, les dirigeants Juifs bolchéviques étaient pénétrés d'un zèle vertueux.

« Cette fraternité sans pitié vivait dans un état permanent d'excitation et d'activité frénétique... Se considérant elle-même comme Dieu au premier jour, *ses membres s'affairaient* à créer un nouveau monde au sein d'une frénésie brulante... » (Montefiore, *Young Staline: The Court of the Red Tsar*, p.45)

Le banquier Illuminati Otto Kahn a déclaré que les dirigeants Juifs seront semblables à Dieu : « Notre mission consiste à promulguer la nouvelle loi et à créer un Dieu... en l'identifiant avec la nation d'Israël, qui est devenue son propre Messie. » (Comte de St Aulaire, *Geneva Versus Peace*, p.78)

C'est écrit noir sur blanc : les Juifs, plus spécifiquement la direction Juive Kabbaliste, remplace Dieu en utilisant la « nation d'Israël » comme cheval de Troie.

Le fait de nier Dieu ou de chercher à le supplanter est la marque du Satanisme. « Refaire le monde » signifie de le renverser. Tel est la véritable signification de la « révolution ». Lucifer remplace Dieu sur le pinacle.

Comme je l'ai dit ailleurs, Dieu est un état de conscience au sein duquel les idéaux spirituels comme la vérité, la justice, la bonté, l'amour et la beauté sont évidents.

Dieu est la réalité. Notre but sur terre est de la rendre notre.

Dieu est esprit : et ceux qui l'adorent doivent l'adorer en esprit et en vérité. Jean 4:24

Les satanistes inversent la réalité. Le mal devient le bien, le mensonge devient la vérité, le malsain devient sain, la laideur devient la beauté, l'antinaturel devient le naturel et vice-versa.

Dans cette réalité inversée, l'agresseur se fait passer pour une victime et la victime est désignée comme l'agresseur.

Comme Ivor Benson l'a fait remarquer : « l'antigentillisme devient 'l'antisémitisme' ; l'auto-exclusion de la population d'accueil devient une discrimination douloureuse et un rejet ; et le capitalisme financier agressif prend la forme du socialisme et du communisme « anticapitaliste » ; les pratiquants de génocide sont représentés comme les plus grandes victimes de génocide ; etc. etc. Et le plus audacieux de tous les mensonges : une nation composée majoritairement d'athées prétend que la terre de la Palestine lui appartient « en vertu d'une promesse faite par Dieu. » (*Russia 1917-1918: A Key to the Riddle of An Age of Conflict*)

Aux États-Unis, des patriotes comme Charles Lindbergh, Henry Ford, Elizabeth Dilling ou Louis McFadden sont traités de « fanatiques » et « d'antisémites », tandis que des traitres (prenez tous les présidents excepté JFK) sont couverts d'honneurs. N'est-ce pas là un signe de possession satanique ?

« Refaire le monde » nécessite que l'humanité perde le contact avec la réalité.

Ils la font plier à leur exigence. Par exemple, les « armes de destruction massive » de Saddam Hussein. Ils mettent en scène des « attaques terroristes » telle que celles d'Oklahoma City, du 11/09, Sandy Hook et celles du Marathon de Boston. Lors du 11/09, les Tours Jumelles se sont effondrées sur elles-mêmes, démontrant clairement qu'il s'agissait d'une démolition contrôlée. Un avion de ligne est supposé avoir disparu encastré dans le Pentagone. Aucun débris. Ne croyez pas ce que vous voyez, croyez ce qu'ils vous disent.

L'élite politique et médiatique ment à peu près sur tout.

Karl Rove a prononcé cette formule kabbaliste : « Nous sommes un empire à présent, et lorsque nous agissons, nous créons notre propre réalité. Et tandis que vous étudiez cette réalité – judicieusement, si vous y arrivez – nous agissons encore, créant d'autres réalités nouvelles, que vous pouvez étudier à leur tour, et c'est la manière dont les choses se déroulent. Nous sommes les acteurs de l'histoire... et vous, vous tous, resterez juste à étudier ce que nous faisons. » (*New York Times Magazine*, 17 octobre 2004)

Ces menteurs satanistes moralisateurs confessent leur fausseté et tout le monde chante *Alléluia* !

Si la Russie est poussée dans ces derniers retranchements, cette déconnexion de la réalité pourrait aisément dégénérer en une confrontation nucléaire. De surcroit cette « nouvelle Guerre Froide » pourrait donner aux Illuminati l'excuse dont ils ont besoin pour remplir leurs camps de la FEMA avec les « conspirationnistes », les « homophobes », les « antisémites », les « Chrétiens extrémistes » et les « patriotes d'extrême droite ».

LE SATANISME

Le Satanisme se défini par son credo *Fais ce que voudra*. Essentiellement, cela consiste à donner libre cours à nos instincts animaux en impliquant qu'ils représentent notre véritable nature. Les Satanistes « libèrent » nos bas instincts en niant notre connexion à Dieu (l'âme) qui sert normalement d'élément directeur. Ainsi les Satanistes contrecarrent délibérément l'évolution spirituelle de l'homme.

À travers l'histoire, les Juifs Kabbalistes et les Francs-maçons ont subvertie les nations Chrétiennes par la promotion de la pornographie, de la promiscuité, de l'immigration de masse, du multiculturalisme, du métissage et de l'homosexualité, sous les vocables du Communisme, du Féminisme, du Libéralisme et du Socialisme.

Nous avons été entrainés tels les chiens de Pavlov à rejeter tout ce qui conduit à « l'antisémitisme ». Alors que l'antisémitisme est justement un indice révélateur. Il y a plus de Francs-maçons non-Juif qui sont tout aussi coupables que n'importe quel Juif, tandis que la plupart des Juifs n'ont aucune idée des finalités qu'ils servent.

La stratégie Illuminati est de détourner le ressentiment populaire sur ces « idiots utiles » Juifs et de définir toute opposition comme de l'antisémitisme, c'est-à-dire du « racisme ». En fait, ils financent les antisémites pour que les Juifs rentrent dans le rang et se conforment à leurs diktats. (Voir sur mon site internet *Le racket de protection Sioniste*, *L'affaire Dreyfus fut une manipulation de Rothschild* et *Les Sionistes ont trahis les Juifs irakiens*.)

D'un autre côté, les gens qui permettent à leur gouvernement ou l'organisation à laquelle ils appartiennent de faire le mal en leur nom sans jamais les désavouer, doivent en porter la responsabilité. Le Cheval de Troie n'était pas un passant innocent et étranger à la chute de Troie...

LA FRANC-MAÇONNERIE

La Franc-maçonnerie est du Kabbalisme pour les Gentils. Les goyim profitent du contrôle frauduleux des banquiers Juifs sur le crédit des nations et leur servent en échange d'instrument de procuration.

Le Dr. Isaac Wise a écrit : « La Franc-maçonnerie est une institution juive dont l'histoire, les degrés, les charges, les mots de passe et les explications sont Juifs du début à la fin. »

Le kabbalisme est un culte satanique sexuel dédié à l'adoration du pénis. Ses symboles (les obélisques comme celui du monument de Washington) sont partout présents au sein de nos villes.

Dans son ouvrage *Morals and Dogma, 1871,* Albert Pike a déclaré que les maçons des degrés inférieurs sont maintenus dans l'ignorance au sujet de la consécration de la Franc-maçonnerie à Satan, ainsi qu'à propos de la pratique de l'homosexualité.

Un initié « commémore par une observance sacramentelle cette passion mystérieuse ; et tandis qu'il pénètre la chair nue de la victime, il semble revigoré par un extrait de la fontaine de vie universelle... d'où la signification du phallus. » (p. 393)

En 1919, les archives maçonniques de Budapest furent saisies. Les Chrétiens découvrirent que lors d'un conclave du B'nai Brith ayant eu lieu en 1897, le Grand Maitre avait dit :

« Nous devons répandre l'esprit de révolte au sein des travailleurs. C'est eux que nous devons envoyer sur les barricades, en s'assurant que leurs désirs ne soient jamais satisfaits, car nous avons besoin de leur mécontentement pour ruiner la civilisation Chrétienne et provoquer l'anarchie. Il est nécessaire que le moment advienne où les Chrétiens imploreront eux-mêmes les Juifs de prendre le contrôle. » (Cecile Tormay, *An Outlaw's Diary*)

Le père Maximilien Kolbe (1894-1941) que le Pape Jean-Paul II a canonisé en 1982, a écrit : « Nous pouvons identifier avec certitude une mafia appelé la « Franc-maçonnerie ». La main manœuvrant tout cela vers un but clair et spécifique est le Sionisme international. »

« La Franc-maçonnerie est le plus grand ennemi de l'Église. En fait, par ses tentacules orientés dans toutes les directions, elle est capable d'affecter tout le monde... [Ses rangs comprennent] des gouverneurs, des ministres, des hommes d'affaires, des personnalités de haut rang, si bien qu'elle peut diriger partout et toujours... Le cinéma, le théâtre, la littérature, l'art en général, tous sont largement dirigés par la main invisible de la Franc-maçonnerie. »

(Voir *La Franc-maçonnerie est l'instrument de la domination Juive,* sur mon site internet)

DES EXEMPLES DE POSSESSION SATANIQUE

Si nous souhaitons échapper aux ravages de la vie moderne, nous devons comprendre que la société est sataniquement possédée.

Je ne parle pas d'un point de vue Chrétien ou biblique. Je viens d'un milieu laïc. La différence est que je reconnais que Dieu est le magnifique ordre moral et naturel régissant l'univers. Notre devoir et notre récompense découlent du fait d'accomplir Sa Volonté.

La rébellion Illuministe contre Dieu ne peut ultimement pas triompher.

Voici dix exemples de notre état de possession satanique :

1   « Dieu » est un gros mot, ne pouvant plus être mentionné en public. La prière a également été bannie des lieux publics.

2.   *Le sexe et la romance occupent une place malsaine dans notre culture.* La religion s'est muée en une dévotion à l'égard de l'amour romantique. La religion sert au perfectionnement de soi-même. À la place, nous vénérons les vertus imaginaires de quelqu'un avec lequel nous voulons désespérément coucher. Presque toutes les chansons populaires affirment notre dévotion et notre dépendance à l'égard de cette personne qui prend la place de Dieu. L'orgasme est le saint sacrement de cette religion bidon.

Tout amour est véritablement le reflet de l'amour Divin. Nous aimons la perfection (Dieu). Tel est l'amour divin. Nous tolérons les autres, et ils nous tolèrent. Tel est l'amour humain. Les deux ne devraient pas être confondus.

Les « relations » romantiques sont présentées comme essentielles au bonheur et au développement personnel. Elles ne le sont pas.

« Une sorte d'érotomanie s'est répandue sur notre civilisation », a écrit Francis Parker Yockey en 1948. Il s'agit de l'identification du bonheur avec l'amour sexuel, le tenant pour une grande valeur, devant laquelle tout l'honneur, le sens du devoir, le patriotisme et la consécration de la vie à un but plus élevé, doivent s'effacer. » (*Imperium, 297*)

Le vagin est le Saint-Graal. Comme les femmes en sont les gardiennes, elles sont idéalisées et mythifiées.

Les femmes ont été conçues pour suivre les hommes et non l'inverse. Comme Tolstoï l'a fait remarquer : « Lorsque le sentiment religieux diminue, cela signifie que le pouvoir de la femme augmente. »

3.   *Les relations sexuelles ont été séparées de l'amour, du mariage et de la procréation.* Le sexe pour lui-même dégrade toutes les relations au niveau de *baisable ou pas.* C'est une des caractéristiques des homosexuels.

La possession occulte prend la forme d'une obsession sexuelle. Les Illuminati font la promotion du porno et du sexe anonyme afin de nous déshumaniser. Les acteurs de TV et de cinéma sont choisis sur la base de leur sex-appeal. Nous sommes constamment sollicités sexuellement. La culture populaire imite la pornographie.

La société est enchaînée et donc maintenue dans ce besoin obsédant. La trilogie *Cinquante nuances de Grey* a écoulé 100 millions d'exemplaires.

4. *Les Illuminati mènent une guerre psychologique insidieuse contre l'hétérosexualité, le mariage et la famille.* Les hommes veulent le pouvoir. Les femmes veulent l'amour. L'hétérosexualité est basée sur l'abandon volontaire de la femme au pouvoir de l'homme exprimé par l'amour. Ainsi, la prise de pouvoir de la femme a stérilisé les deux sexes. Le programme caché du féminisme consiste à ce que les femmes poursuivent une carrière à la place de fonder une famille. Seul des Satanistes peuvent à cœur de détruire l'amour entre l'homme et la femme, entre la mère et l'enfant. Ils devraient répondre de tout cela.

   « Les droits des Gay » masquent une attaque vicieuse contre l'identité et les valeurs hétérosexuelles. Le but est de remplacer les normes hétérosexuelles par celles des homosexuels. Ils ont redéfini le mariage pour accommoder moins d'un quart de 1% de la population, c'est-à-dire les gays qui veulent se marier. Le jeu de la séduction a été remplacé par la culture de la « baise ». La confusion du transgenre est encouragée. Les médias dansent à chaque fois que deux Marines gays s'embrassent.

5. *Des guerres incessantes sont planifiées par les Illuminati* afin d'accroître leur richesse et leur pouvoir, et pour affaiblir les états nations. Ils assassinent les dirigeants naturels et démoralisent et détruisent. Ironiquement, les Illuminati utilisent les guerres pour justifier l'établissement de leur « gouvernement mondial ».

6. *Le naturalisme.* Effacer la frontière entre l'esprit et la matière en prétendant que l'esprit n'existe pas. Définir les gens strictement par leurs besoins animaux en portant une attention réductrice sur les fonctions corporelles et les incidents de toilettes.

7. *Les médias de masse y compris la TV, les journaux, les films et la musique sont les instruments principaux de la tromperie et de l'endoctrinement occulte.* L'abaissement du peuple à travers le sport, le divertissement et un système éducatif défectueux. La prédominance des valeurs collectives sur l'initiative individuelle. L'éradication de l'héritage Chrétien et la suppression de l'art et de la vérité historique. Le politiquement correct. La violence gratuite. Notre divertissement est constitué de rituels occultes. Les stars doivent être Satanistes pour atteindre le succès. Johnny Depp, Lady Gaga, Madonna et Miley Cyrus sont des exemples.

   Le développement humain a été arrêté au niveau adolescent. Les gouvernements nationaux sont semblables à des conseils de classe de lycée. Les médias ressemblent à un journal de l'université. Nous n'avons qu'un simulacre de démocratie.

8. *La suggestion envahissante que la Vérité est relative et ne peut pas être connue est une démonstration satanique.*

   Dieu est la vérité absolue. Connaitre Dieu et lui obéir est l'essence de la religion.

   Les scientifiques qui affirment la présence d'une intelligence universelle au sein de la nature sont marginalisés. La science qui ne se conforme pas au « politiquement correct », c'est-à-dire à la possession satanique, est supprimée.

La culture moderne évite ce qui est universel et vrai. À la place, elle célèbre ce qui est personnel, subjectif et d'habitude déviant.

9. *La propagation de la spéculation sous le masque de « l'investissement ».* Des millions de gens sont fixé sur les fluctuations du marché boursier lorsqu'ils ne sont pas en train de regarder du porno. La moindre maitresse de maison de la classe moyenne possède un chien et un « compte en action ». La luxure ou l'avidité, fait partie de notre possession satanique.

10. *Le multiculturalisme,* l'immigration de masse et la « diversité » sont des attaques voilées des Illuminati sur l'héritage culturel et la cohésion raciale de l'Occident. Tout comme les individus ont leur propre peau, les gens possédant un héritage historique racial et culturel commun devraient avoir le droit de préserver l'intégrité et la cohésion de leur propre pays. En Occident, seuls les Juifs ont ce droit.

Dans plus de 75 articles, je développe beaucoup de ces thèmes avec l'aide de quelques contributeurs importants. L'un d'entre eux est James Perloff, dont le livre *The Shadows of Power* (1988) fut le premier livre traitant de la conspiration que j'ai lu.

Comme ces articles ont été originellement conçus pour être lus seuls, il y a quelques répétitions. Je sollicite votre indulgence.

La feuille de route du Nouvel Ordre Mondial est un culte satanique, le Judaïsme Kabbaliste, c'est-à-dire le Communisme. Bien qu'un dirigeant mondial charismatique (l'Antéchrist ?) n'ait pas encore émergé, ce culte satanique s'emploie à accroître la dépravation humaine, l'exploitation et le contrôle dictatorial, corps et âme. Nous avons déjà parcouru un long chemin dans cette voie.

À propos de l'Antéchrist, un ami a dépeint un scénario post guerre nucléaire. « L'humanité serait partout dans un tel état de panique et de désespoir, implorant la venue d'un sauveur, et cette figure apparaitra en amenant des solutions qui fonctionneront vraiment. Les gens seront si surpris et reconnaissant qu'ils déclareront qu'il doit s'agir de Dieu... et il ne les détrompera pas. »

Au final, vous et moi sommes nés au cours de l'acte final de ce drame. Je ne suis pas très optimiste en ce qui concerne son issue. Ils contrôlent tous les leviers de pouvoir. La plupart des gens ont subi le lavage de cerveau des médias de masse. La société n'est pas seulement complice ; elle embrasse sa propre subjugation. Telle est la possession satanique. Le mieux qu'il nous reste à faire et d'éviter la contamination, en se rapprochant de ceux qui partagent notre constat, afin d'en porter témoignage et de diriger notre vie dans un sens plus élevée.

Livre Premier

La Kabbale : la Possession Satanique

Qu'est-ce que la Possession Satanique ?

Toute les nations seront englouties par la poursuite du gain, et dans cette course folle ne s'apercevront jamais de leur ennemi commun. - Protocole de Sion 4

En 1976, contre une somme d'argent, un initié Illuminati, Harold Wallace Rosenthal, a levé le voile sur la « conspiration Juive » lors d'un entretien avec un journaliste conservateur, Walter White Jr.

Rosenthal travaillait au service du Sénateur Jacob Javits de New York. L'entretien est trouvable en ligne (*The Hidden Tyranny*) et se trouve résumé dans mon livre *Illuminati* (*Les Protocoles de Sion mis à jour*).

Récemment, à la relecture des paragraphes suivants, les bras me sont tombés tant ils capturent l'essence de notre degré de possession satanique :

Rosenthal : « Vous autres ne réalisez jamais que nous vous offrons seulement des babioles sans valeur qui ne peuvent vous apporter le moindre épanouissement. Nous vous en procurons une, vous la consommez et n'en êtes pas rassasiés. Nous vous en présentons une autre. Nous disposons d'un nombre infini de distractions extérieures, au point que la vie ne puisse plus se tourner vers l'intérieur pour trouver son accomplissement ultime. Vous êtes devenus accros à notre drogue grâce à laquelle nous sommes devenus vos maitres absolus...

Nous avons converti les gens à notre philosophie de l'avoir et de l'acquisition afin qu'ils ne soient jamais satisfaits. Les gens insatisfaits sont des pions dans notre jeu de conquête du monde. Ainsi sont-ils toujours en train de chercher sans jamais pouvoir trouver la moindre satisfaction. *Au moment même où ils cherchent le bonheur en dehors d'eux-mêmes, ils deviennent nos serviteurs volontaires.* »

Rosenthal a tout juste. Les gens sont motivés par le désir de « se sentir bien ».

Si nous parvenons à nous sentir bien parce que nous disposons d'un lien avec Dieu à travers notre âme, nous n'avons pas besoin d'acheter ni d'adhérer à quoi que ce soit d'autre. Nous ne pouvons plus être contrôlés.

Faites disparaitre Dieu et nous remplirons le vide par tout ce qu'ils vendent, de l'argent en passant par le sexe, des formations à l'art, de la religion aux biens matériels. En enlevant Dieu de nos vies, ils ont artificiellement idéalisé tout le reste, grâce à quoi ils nous contrôlent.

« Vous pouvez enlever les dieux aux hommes, mais seulement en les remplaçant par d'autres dieux », a déclaré Carl Jung dans *The Undiscovered Self* (1958).

Quel est l'essence du Communisme ? La négation de Dieu. Ils persécutent activement les croyants. Le Communisme est un système de contrôle total. Le Communisme est le Nouvel Ordre Mondial.

CHERCHER EN DEHORS DE NOUS-MÊME

De nos jours, les gens – tout spécialement les jeunes – sont plus extériorisés que jamais. Ils ont besoin des autres pour être validés. Si personne ne réagit à leur post sur Facebook, ils se sentent dédaignés. Tout le monde veut être une célébrité.

Notre problème vient de notre conception erronée de notre identité. Nous pensons être la voix qui parle dans notre tête. Cette voix est un concert incessant de clameurs pour que les autres nous aident à nous sentir bien.

En fait, ce n'est que le mental qui s'exprime. Nous sommes l'âme – l'entité qui « entend » nos pensées.

La pensée « j'aimerai coucher avec cette personne » n'est pas nous. C'est notre mental qui est programmé par la société et nos instinct animaux.

Nous ne sommes pas des animaux. Nous sommes une âme vivante, en relation avec Dieu.

L'évolution humaine, à la fois individuelle et collective, dépend de notre capacité à détourner notre énergie du monde afin de regarder notre intérieur pour découvrir notre véritable identité.

LE RÉTROPROJECTEUR

Pensons à un rétroprojecteur. « Nous » sommes le faisceau de lumière. Cette lumière est Béatitude, Vérité, Bonté, Beauté, Amour, c'est-à-dire notre âme reliée à Dieu.

Nos pensées sont les diapositives.

Les diapositives dépeignent en général les choses que nous désirons pour remplir le vide spirituel.

De nos jours, nous sommes bombardés par tellement d'images que nous en avons le tournis. Nous somme externalisés ! En fait nous sommes prisonniers d'elles.

Nos âmes sont des Rois mais nos mental sont des mendiants. Chaque jour nous nous réveillons et mettons en place notre gobelet de mendiant.

L'un cherche la validation à travers l'amour, un autre à travers l'argent, un troisième grâce au sexe, au pouvoir, etc. Nous voulons que les autres nous aident à nous sentir bien. Nous manipulons et tordons le monde pour remplir nos gobelets. Certains d'entre nous, donnent quelque chose en échange.

Si à la fin de la journée, nos gobelets sont pleins, la journée était bonne. S'ils sont vides, elle était mauvaise.

Les gens qui remplissent leur gobelet régulièrement sont considérés comme ayant « réussis ». Ceux qui n'y parviennent pas sont des « perdants ».

D'une manière ou d'une autre, nous sommes tous des mendiants.

ÊTRE NOTRE SOI VÉRITABLE

La raison pour laquelle nous sommes si nerveux anxieux et faux, c'est parce que nous ne sommes pas notre soi véritable. Nous sommes des mendiants.

Pour que nous découvrions notre soi véritable, la diapositive doit être transparente. La lumière doit briller au travers. Notre mental doit être vide.

Nous devons renoncer à toute source de « bonheur » extérieur et obéir à une impulsion supérieure en provenance de l'âme. L'âme est notre connexion à Dieu. Je ne prétends pas suivre cette prescription de manière constante, mais lorsque je suis prêt, je connais le chemin.

Le but de la méditation est de réaffirmer notre véritable identité en termes de conscience ou lumière. Le poète platonicien de Cambridge Henry More (1614-1687) a écrit :

« Lorsque le désir démesuré de la connaissance des choses se dissipait, et alors que je n'aspirais après rien d'autre que la pureté et la simplicité de l'esprit, là brillait en moi au quotidien une plus grande assurance que je n'en aurais jamais pu attendre, même au travers de ces choses que j'avais eu auparavant le plus grand désir de connaitre. »

Amasser des détails sur les Illuminati ou la corruption du monde ne va pas nous sauver. Nous pouvons déjouer les Satanistes en ayant un moment privilégié avec Dieu. Ils détestent ça. Rien ne les rendrait plus furieux qu'un renouveau spirituel massif à l'échelle mondiale. C'est la seule chose qui arrêtera le Nouvel Ordre Mondial.

« Mon âme est une lampe qui brûle le voile de l'*illusion ; seul me reste le devoir glorieux de la lumière* » Saint Jean de la Croix

CONCLUSION

Graduellement, notre identité se détache des pensées-diapositives passant devant la lumière, et notre soi prend de la distance avec notre comportement animal.

Cela est le but de la vie. L'auto-perfectionnement. Devenir la lumière. Faire briller la lumière. Je pense que Jésus brillait littéralement. Il faisait référence à lui-même et à ses disciples comme la « lumière du monde ».

La lumière est la voie du développement humain. Les désirs terrestres sont la voie vers la mort et la destruction.

Certains rejettent ce concept comme étant du « New Age ». Une religion vivante ne s'appuie pas seulement sur les écritures. Elle requiert une relation vivante constante avec le Dieu intérieur.

La religion n'est pas ce en quoi nous croyons mais ce que nous faisons. Notre religion est notre quotidien.

Quant au péché, oublions ce qui nous a été dit.

Le péché est de chercher le bonheur en dehors de notre relation âme-Dieu.

Tel est la véritable signification de la « Chute » - possession satanique – chercher le bonheur en dehors de Dieu.

D'être un mendiant.

NOTE :

Ces notions sont universelles. Un excellent professeur est Eckhart Tolle. Cherchez son enseignement sur internet.

Le Diable et les Juifs

La trahison ne triomphe jamais. Quelle en est la raison ?
Car si elle vient à triompher, personne n'ose plus l'appeler de la « trahison ».
– John Harrington (1561-1612)

Il n'y a pas d'article sur Wikipédia pour l'ouvrage *The Devil and the Jews* (*Le Diable et les Juifs*) ni à propos de son auteur le rabbin Joshua Trachtenberg (1904-1959). Il n'existe pas non plus de critique sur internet.

Nos maitre Juifs Illuminati ont renvoyé cette connaissance dans les oubliettes de l'histoire. Pourquoi ?

Lorsque l'Europe était encore une théocratie Chrétienne, disons entre 1050 et 1650, le Judaïsme était considéré comme un culte satanique, et les Juifs comme les agents du Diable.

Nous sommes tous familiarisé avec le complexe de la persécution des Juifs. Au cours de cette période, les Chrétiens connaissaient une crainte semblable. Ils pensaient que les Juifs les haïssaient et conspiraient pour détruire la Chrétienté. Ils pensaient que le « Messie » Juif attendu depuis fort longtemps était en fait l'Antéchrist.

« Leur association avec ce personnage terrible... prenait des proportions vraiment effrayante vers la fin du Moyen-âge lorsque l'ascendance juive de l'Antéchrist fut définitivement établie et que les Juifs étaient censés former le gros de ses légions. Ils n'étaient pas si faibles que ça... à en juger par leur nombre et leur position sociale. Car une horde juive terrible et mystérieuse cachée quelque part en Orient attendait le signal pour se ruer sur la Chrétienté et l'annihiler. Les rumeurs de la naissance de l'Antéchrist... après le treizième siècle, faisait se tenir l'Europe sur ses gardes, dans l'attente du déferlement sanglant des « Juifs rouges »... (40)

Les Juifs furent accusés de collusion avec les envahisseurs Mongols aux frontières Orientales. Ils étaient tout autant susceptibles de profaner une église, d'assassiner des enfants Chrétiens en secret, de répandre des poisons dans le vent, ou de pratiquer d'infâmes perversités sexuelles.

« Le catalogue des crimes supposés des Juifs est en effet long et varié, et totalement

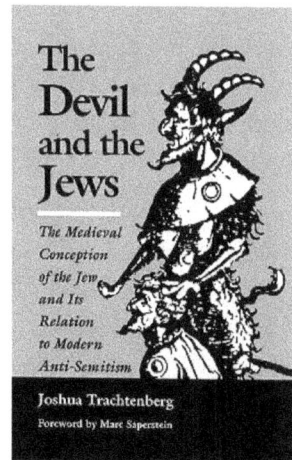

déraisonnable. » écrit Trachtenberg, « sauf si nous acceptons le fait évident qu'aux yeux des médiévaux, en tant qu'agents de Satan, rien n'était plus bas que la nature dépravée et malfaisante des Juifs. » (43)

Tandis que Trachtenberg et la plupart des Juifs ignorants trouvent cela comique, beaucoup de Chrétiens trouvent cette menace plus vrai que jamais. Ils font référence à la multiplication des attentats sous faux drapeaux, la création de l'État policier américain, et la dégradation générale de la morale.

LE FAIT MAJEUR

Les Juifs Illuminati (de la Kabbale) et leurs sbires francs-maçons ne veulent pas que les Juifs ou les autres comprennent le caractère subversif et occulte de l'entreprise collective juive.

Ils ne veulent pas que les Juifs comprennent que l'antisémitisme à travers les âges n'était *pas* irrationnel. Cette prise de conscience donnerait du pouvoir aux Gentils et permettrait à leurs « frères inférieurs » de sortir de leur rôle de dupes, de boucs émissaires, de boucliers humains et de victimes entre les mains de leurs dirigeants déments.

Les Juifs Kabbalistes pensent qu'ils définissent la volonté de Dieu. En d'autres termes, que Dieu se manifeste au monde à travers *eux*. Autrement, Il est « sans forme et inconnaissable ». (Cela est satanique parce que Dieu est notre GPS. L'homme est relié à Dieu à travers son âme et ses idéaux spirituels – l'amour, la paix, la vérité, la beauté et la justice.)

Les Kabbalistes pensent qu'ils peuvent redéfinir la réalité d'après Satan : le mal est le bien, la fausseté est la vérité et ce qui est malsain est sain, (et vice versa). Ils minent toutes les autres identités collectives : la nation, la religion, la race et la famille. Ils doivent détruire l'ordre Chrétien afin de construire le Nouvel Ordre Mondial.

« Tant que demeurera chez les Gentils la moindre conception morale de l'ordre social, et jusqu'à ce que toute foi, tout patriotisme, toute dignité aient été extirpés, notre règne sur le monde ne pourra advenir, » déclarèrent des dirigeants Juifs Illuminati en 1936. (Voir en ligne, *Les Catholique dévoilèrent le complot Judéo-Maçonnique en 1936*)

Les Juifs Kabbalistes ont été des parias par choix parce qu'ils ne peuvent pas accepter un monde qu'ils ne dominent pas. L'anti-héro aliéné moderne est basé sur la rébellion Luciférienne des Kabbalistes.

L'essence du Nouvel Ordre Mondial est que les Juifs Kabbalistes et leurs laquais francs-maçons renverseront l'ordre naturel et spirituel et réduiront l'humanité en esclavage, mentalement si ce n'est physiquement.

LES ACTIVITÉS JUIVES

Trachtenburg décrit une kyrielle d'activités juives au moyen âge qui suggèrent que bien des vieux stéréotypes ont des origines tout à fait fondées.

« Les Juifs vendent à prix cassé autant de rêves que vous le souhaitez », il cite le poète romain Juvenal.

A travers les époques les Juifs se spécialisèrent dans l'usure, la magie, la sorcellerie, la prédiction, l'astrologie, les potions et les drogues, les poisons, l'alchimie, les amulettes, les incantations et les malédictions, les aphrodisiaques et les cosmétiques.

Le Pape Pie V justifia son expulsion des Juifs des états Pontificaux en 569 de la manière suivante :

« Ils séduisent beaucoup de personnes faibles et imprudentes avec leurs illusions sataniques, leurs prédictions, leurs charmes et leurs tours de magie et sortilèges, et leur font croire que le futur peut être prédit, que les produits volés et les trésors cachés peuvent être récupérés, et que tout peut être expliqué. » (77)

Et bien sûr, ils furent toujours les « docteurs de l'incrédulité » provoquant les hérésies. « Partout, l'Eglise et le peuple discernait la main diabolique des Juifs éloignant les simples chrétiens de la véritable foi. »

LA CHRÉTIENTÉ DÉTRUITE

La Conspiration Kabbaliste est sur le point de triompher. Dieu a été banni de la vie publique. Les Juifs Illuminati contrôlent les médias de masse et peuvent ainsi tromper et dégrader les masses. Le divertissement est une orgie de pornographie, d'obscénité, de propagande, de violence et de satanisme.

Les Juifs Illuminati et les francs-maçons derrière le féminisme sont responsables de la débauche de la femme Occidentale. Ils sont à l'origine de la promotion de l'homosexualité conçue pour détruire le mariage et la famille.

Ils furent à l'avant-garde de la libération sexuelle, de la pornographie et de l'avortement. Les médias de masse sont obsédés par le sexe. Ils sont servilement obsédés par les jeunes femmes fertiles, et même les enfants ne sont plus en sécurité. Le marché boursier est un casino géant aux millions d'échanges quotidiens.

La Chrétienté a été Judaïsée, davantage portée au « changement social » (c'est-à-dire à suivre la feuille de route des satanistes) qu'au développement spirituel et au salut. Les Sionistes Chrétiens sont engagés au côté de l'État voyou Sioniste d'Israël.

Les Illuminati déstabilisent le tiers monde en utilisant les fondations exemptées d'impôts pour « donner du pouvoir » aux femmes afin qu'elles rejettent le mariage. Les donateurs sont encouragés à devenir des « agents de changement » un terme codé pour se mettre au service du Nouvel Ordre Mondial.

Ils veulent que les filles soient « éduquées » c'est-à-dire *endoctrinées*, comme en Occident. En général, ils féminisent le monde, faisant des préoccupations des femmes le sujet central.

Les gens sont perdus et de plus en plus désespérés. Que reste-t-il ? La dépression ? La guerre ? L'Antéchrist ?

CONCLUSION

Les Juifs Illuminati ont mené une guerre secrète contre l'homme et Dieu depuis des millénaires. Cette conspiration constitue la véritable histoire du monde, la réelle cause des guerres et des dépressions. La société a été subvertie et constamment trompée.

Même les Juifs comme Trachtenberg, écrivant en 1943, ne parviennent pas à y croire.

« Les gens croiront ce qu'ils voudront », dit-il faisant référence aux « antisémites » mais cela s'applique également à *lui*.

Les Juifs ordinaires ne peuvent pas le croire *parce qu'ils ne sont pas Satanistes*. Mais beaucoup de Kabbalistes Juifs le sont. Ils ont l'argent, font partis de l'élite secrète, et manipulent le reste.

Trachtenberg fut un rabbin réformateur pendant 30 ans. Son portrait surplombe sa bibliothèque personnelle hébergée à *Temple Emeth* à Teneck NJ.

Il fait partie de beaucoup de Juifs honnêtes comme moi-même qui ont été utilisés comme chevaux de Troie par les Illuminati sous l'égide du Communisme, du Socialisme, du Libéralisme, du Féminisme, du Sionisme, du Néo-conservatisme et des « droits des gays ».

Nous sommes tous des Juifs à présent, sans Dieu, trompés, dégradés et utilisés. Mais au moins nous savons où nous en sommes, et pouvons de fait agir en conséquence.

NOTE : RELIGION OU CULTE SATANIQUE ?

La description de l'éditeur du premier livre de Trachtenberg, *Jewish Magic & Superstition* (1939) :

« *La Magie Juive & la Superstition* constitue une exploration fascinante de formes religieuses qui ont disparues et cependant continuent de persister dans notre imaginaire. L'ouvrage débute par des légendes concernant la sorcellerie Juive et se poursuit par une étude de la croyance au mauvais œil, les esprits des morts, l'utilisation de pierres précieuses et d'amulettes, la façon de combattre les esprits, le rite de la circoncision, les remèdes par les simples, les lignes de la main, l'astrologie et l'interprétation des rêves. Publiés pour la première fois il y a plus de soixante ans, ces travaux de Trachtenberg restent la référence sur les pratiques magiques du monde Juif et offre une compréhension des croyances et des pratiques qui expriment de manière éloquente la religion quotidienne du peuple Juif. »

Léon de Poncins :
Le Judaïsme déteste la Chrétienté

Les Juifs eux-mêmes, ne sont pas conscients que le Judaïsme se réfèrent au Talmud & à la Kabbale, et non à l'Ancien Testament. Ainsi le Judaïsme s'avère être un culte satanique qui utilise les Juifs (et les francs-maçons) comme des pions pour réduire l'humanité en esclavage politiquement et spirituellement. Ainsi la « laïcité » et « l'humanisme » ne sont que des paravents du satanisme, parce que les banquiers Juifs Kabbalistes ont l'intention de supplanter Dieu.

Dans « Le Judaïsme et le Vatican » (1967), de Poncins se réfère aux sources juives pour démontrer que le Judaïsme (utilisant la Franc-maçonnerie et le Communisme) a toujours cherché la ruine de la Chrétienté. Rendu puissant par le monopole sur le crédit des gouvernements, ce pouvoir occulte se trouve à l'origine du féminisme et des « droits des gays », afin de détruire le genre sexuel, le mariage et la famille. Il se trouve également à l'origine du 11/09, des massacres de Newton et de Boston, tous ces évènements n'étant que des prétextes pour la mise en place d'un état policier. Le Judaïsme est le véritable pourvoyeur de « haine » qui mène une guerre secrète contre l'humanité et Dieu.

LE JUDAÏSME ET LE VATICAN

par
Léon de Poncins

Léon de Poncins

Le Vicomte Léon de Poncins (1897-1976) un intellectuel Catholique français, fut l'auteur de 30 ouvrages qui révèlent la conspiration Juive Franc-maçonne qui tient à présent l'humanité sous son joug à son insu.

Karl Marx a écrit : « Le Juif s'est émancipé lui-même... en se rendant le maitre de la création monétaire... à travers lui, l'argent est devenu l'auxiliaire du pouvoir mondial, et l'esprit pragmatique Juif a été adopté par les peuples chrétiens. *Les Juifs se sont émancipés en proportion et à mesure que les chrétiens devenaient de plus en plus Juifs eux-mêmes.* Ainsi, ils ont considérablement contribué à faire de l'argent, le moyen, le critère de mesure et la finalité de toute activité humaine. » (Cité par de Poncins p.76)

Ajoutez à cela le sexe et le pouvoir et Marx aurait eu tout bon. L'humanité a bien été intronisée à un culte satanique.

Au matin du 9 février 1923, ces lignes prophétiques parurent dans le périodique hébreu *Jewish World* :

« La dispersion des Juifs n'a pas fait d'eux un peuple cosmopolite. En fait, (la Juiverie)

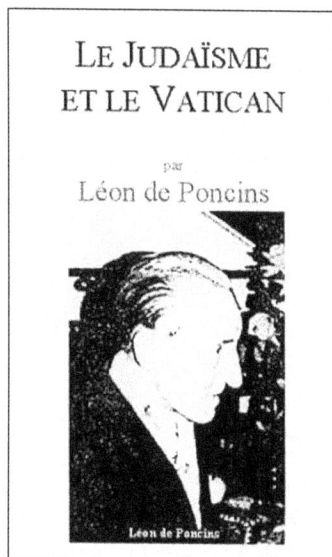

est le seul peuple véritablement cosmopolite, et en tant que tel, il doit agir – et en fait il agit déjà – comme le dissolvant de toute distinction de race et de nationalité. Le grand idéal du Judaïsme n'est pas qu'un jour les Juifs se rassembleront en un coin de la terre dans un but séparatiste, mais que le monde entier soit imprégné des enseignements Juifs, et alors dans un élan de fraternité universelle de toutes les nations – en réalité un Judaïsme plus vaste – toute les races et les religions distinctes disparaitront. Ils [...] vont même plus loin. Par leurs activités littéraires et scientifiques, par leur suprématie dans tous les secteurs de l'activité publique, ils s'emploient graduellement à dissoudre les pensées et les systèmes non-Juifs ou qui ne correspondent pas au modèle Juif. » Cf. *Jewish World*, 9 février 1923. Au British Museum, j'ai personnellement eu l'occasion de vérifier l'exactitude de cette citation.

Ce rêve messianique peut prendre différentes formes, mais le but final reste inchangé : le triomphe du Judaïsme, de la loi Juive et du peuple Juif. Sous des apparences universelles, il s'agit en fait d'un impérialisme Juif qui a l'intention de gouverner le monde et de le réduire en esclavage.

Elie Faure, un Juif, écrit : « Le peuple Juif, dès l'époque de Jésus Christ... se considérait comme le peuple élu, instrument d'un pouvoir supérieur. En ce qui concerne les autres nations, il se croit toujours aujourd'hui le peuple élu parce qu'il représente une force surnaturelle. Car pour lui la vie après la mort n'existe pas. Bien qu'il en ait souvent parlé, Israël n'y a jamais cru. L'Alliance avec Dieu n'est qu'un contrat bilatéral précis et positif. Si le Juif obéit, il le fait de façon à gagner la domination sur le monde. Israël est un peuple terriblement pragmatique : il veut la récompense ici-bas pour ceux qui font le bien et la punition pour ceux qui vivent dans le mal. Même aux plus sombres moments de leur histoire – et de l'histoire universelle – ces perdants éternels ont préservé au sein de leur cœur fidèle la promesse d'une victoire éternelle. » Cf. E. Faure, « *L'âme Juive* ; cité dans La question Juive par vingt-six éminentes personnalités Juives » Paris, 1934.

LA DIVINITÉ DE JÉSUS-CHRIST EST UN OBSTACLE AU MESSIANISME JUIF

Mais pour parvenir à ce but, il est nécessaire d'abolir le Christianisme, qui représente un obstacle insurmontable sur la voie de l'impérialisme Juif.

Jusqu'à l'avènement de Jésus Christ, la position d'Israël était simple et claire : d'après les Prophètes, par la grâce de Yahvé, Israël était destiné à gouverner le monde ; si les peuples serviteurs d'Israël avaient acquiescé aux nécessités divines, le temps où Israël aurait régné sur toute la terre serait advenu.

Mais de manière inattendue, un Prophète naquit en Galilée : un Prophète - Homme-Dieu - lui-même issue de la race de David, et ainsi fils de l'Alliance. « Ne croyez pas que je sois venus abolir la Loi ou les Prophètes, je ne suis pas venu pour les abolir, mais pour les accomplir. » (Matt. 5:17) Et comme preuve de sa mission, il accomplit une série de miracles sans précédent ; les foules fascinées le suivirent...

Mais - en cela réside l'énorme gravité de sa mission - il interprétait la promesse d'une manière complètement différente et dans un sens nouveau, au point de détruire le fier édifice hébreu en le spiritualisant et l'universalisant. La réalisation des promesses fut transférée du plan matériel au spirituel ; surpassant le cadre national, elles n'étaient plus désormais seulement adressées aux Juifs, jusqu'alors les seuls bénéficiaires, mais furent étendues au monde entier.

Ce n'était plus une question de suprématie de race ou de nation, ou le triomphe d'une nation privilégiée : le peuple élu fut réduit au rang de peuple ordinaire, un parmi les autres.

La fierté religieuse et le nationalisme des Juifs ne permirent pas cet abaissement ; il était contraire aux promesses messianiques, et annulait la soumission de tous les royaumes de la terre à Israël. Les Grands Prêtres et les Pharisiens ne pouvaient pas tolérer un tel blasphème et une telle attaque de leurs privilèges, et donc afin de se débarrasser de ce dangereux agitateur, le livrèrent aux Romains et le firent condamner à mort.

Mais Jésus-Christ ressuscita et son enseignement se répandit au sein du monde ancien tel un feu embrasant tout. Les Juifs dénoncèrent ses disciples aux autorités romaines, les présentant comme des rebelles à l'Empire ; Rome les persécutait sans cesse, les offrant comme nourriture aux bêtes sauvages, les brulant, les écorchant et les crucifiant. Néanmoins, la vague Chrétienne progressa sans répit, triompha du pouvoir impérial ; puis soudain le monde vacilla et s'inclina en faveur de l'Église du Christ...

Les israélites n'ont jamais accepté et n'accepteront jamais cette défaite. La rupture fut totale et définitive ; le conflit devint à présent inévitable des deux côtés.

« Si les Juifs ont raison, le Christianisme n'est rien d'autre qu'une illusion. Si d'un autre côté, les Chrétiens ont raison, les Juifs ne sont, dans la meilleure hypothèse, qu'un anachronisme ou rien de plus qu'une image qui n'a plus aucune raison d'exister. Pour le Juif, le Christianisme représente la renonciation à un monopole, et le rejet de « l'interprétation nationaliste » - pour ne pas dire raciste – de « l'élection » ; la Chrétienté est l'ouverture à la fraternité humaine, et, dans le même temps, un grand « amen » à Dieu, et à tout ce que Dieu décide... Et nous touchons ici à l'autre raison (ou excuse), qui justifie le rejet des Juifs de Jésus, qui ne correspondait pas à l'idée que les Juifs s'étaient fait du Messie et du salut. » Cf. F. Fejto, *Dieu et son Juif*, pp. 34, 190, 192.

« La manière dont la foi Chrétienne a gagné son indépendance, devait rapidement et inévitablement l'entrainer dans une guerre contre Israël « selon la chair », car l'Eglise se proclame elle-même le seul Israël selon l'Esprit. Mais la pleine gravité de cette prétention est-elle comprise ? Elle est pire que la diffamation du peuple Juif, et signifie qu'elle lui confisque toute étincelle de vie, tout feu sacré, et jusqu'à son âme même. Plus encore, cela signifiait d'enlever à Israël sa place au soleil et de lui arracher son statut privilégié au sein de l'Empire, tant sont étroits les liens qui unissent le spirituel et le temporel. » Cf. J. Isaac, *Genèse de l'Antisémitisme*, p. 150.

Nous en revenons alors au même point : renverser la religion Chrétienne, née en son sein, s'avère d'une nécessité vitale pour Israël qui la considère comme son plus formidable opposant... Dans son ouvrage *Le malheur d'Israël*, l'écrivain Juif (pro-chrétien) A. Roudinesco, fournit une merveilleuse réponse à toutes ces malédictions proférées avec colère : « La survie de cette petite communauté jusqu'à nos jours, malgré la persécution et des souffrances inégalées, a été appelée le « miracle Juif ».

Cette survie n'est pas un miracle, mais plutôt une disgrâce. Le véritable miracle Juif est la conquête spirituelle de l'humanité par la Chrétienté. La mission du peuple élu a pris fin il y a longtemps. Ceux qui, parmi les Juifs, espèrent un jour mettre un terme à la Chrétienté par un messianisme renouvelé, ignorent les lois essentielles de l'évolution de l'humanité. » Cf. A. Roudinesco, *Le malheur d'Israël*, Ed. de Cluny, Paris 1956.

La doctrine kabbaliste de la « Destruction » est à l'origine de toute guerre

La Doctrine Kabbaliste de la Destruction fournit la clef de compréhension des évènements mondiaux.

D'après la Kabbale, qui est la doctrine secrète du Judaïsme et de la Franc-maçonnerie, « le mal et les catastrophes sont des facteurs endémiques du processus de création. Sans mal il ne peut y avoir de bien, sans destruction, la création ne peut pas s'accomplir. » (La Kabbale : Une

Hiroshima

introduction au mysticisme Juif, par Byron L. Sherwin, p.72)

Les kabbalistes pensent que l'ordre ancien (Chrétien) doit être détruit sans pitié avant que le Nouvel Ordre Mondial (satanique), basé sur la Kabbale, puissent être construit.

D'où la devise Illuminati : « *l'Ordre émergeant du Chaos* ». D'où le Manifeste Communiste promouvant la destruction de la nation, de la religion et de la famille ainsi que le transfert de la propriété privée aux banquiers Illuminati, se tenant derrière l'État.

La doctrine de la destruction explique pourquoi les guerres et les révolutions ont été caractérisées par une orgie gratuite de génocide, de terreur et de destruction.

Cela explique le bannissement de Dieu du discours public et l'acceptation largement répandue de l'obscénité, de la pornographie et de l'occulte en général. Cela explique l'attaque sur le genre sexuel et la promotion de l'homosexualité auprès des hétérosexuels.

Cela explique pourquoi l'humanité semble maudite par des crises et des catastrophes sans fin – économiques, politiques et naturelles. Elles sont toutes conçues par les Illuminati pour attaquer et détruire tout ce qui témoigne de l'ordre divin – spirituel ou naturel.

LES ILLUMINATI

Le présent ordre des Illuminati provient de l'hérésie satanique juive Frankiste Sabatéenne des 17ème et 18ème siècles. Les banquiers et la moitié des Juifs d'Europe adoptèrent cette pestilence et la répandirent auprès des élites Gentilles à travers la Franc-maçonnerie.

Ainsi, les Juifs Illuminati caractérisent le rôle « Juif » dans la destruction de la civilisation.

Par exemple, dans l'ouvrage « *You Gentiles* » (*Vous les Gentils*) (1924) Maurice Samuel écrit :

« En tout, nous sommes les destructeurs – y compris les éléments de destruction vers lesquels nous nous tournons pour trouver un soulagement... Nous les Juifs, nous, les destructeurs, resterons les destructeurs à tout jamais. Rien de ce que vous ferez ne rassasiera jamais nos besoins et nos demandes. Nous détruirons toujours tout parce que nous voulons un monde à notre image. » (p.155)

En 1928, Marcus Ravage, un biographe Juif des Rothschild a écrit un essai intitulé : « *The Real Case Against the Jews.* »/« *Le véritable dossier contre les Juifs* ».

« Vous n'avez pas encore commencé d'apprécier la profondeur réelle de notre culpabilité. Nous sommes les semeurs de discorde. Nous sommes les pervertisseurs. Nous avons pris votre monde naturel, vos idéaux, votre destinée et les avons ravagés. Nous avons été à l'origine pas simplement de la dernière grande guerre mais de pratiquement toutes vos guerres, pas seulement du soulèvement bolchévique mais de toutes les autres révolutions majeures de votre histoire. Nous avons fomenté la discorde, la confusion et la frustration au sein de votre vie personnelle et publique. Nous le faisons encore. Personne n'est capable de dire combien de temps nous continuerons à le faire. » (*The Century Magazine*, janvier 1928, Vol.115, No.3, pp. 346-350)

La plupart des Juifs (et des démocrates/gauchistes en général) sont inconscients de ce complot kabbalistique. Ils ont été dupés par les appels fallacieux des idéaux de la « justice sociale » et de « l'égalité ».

POURQUOI LA KABBALE EST-ELLE SATANIQUE ?

La religion signifie « se tourner vers l'intérieur » c'est-à-dire de « connaitre et d'obéir » à Dieu. Dans toutes les véritables religions, Dieu inclut les idéaux spirituels absolus : l'amour, la vérité, la justice, la bonté, la beauté, l'harmonie – purs et inaltérés. Dieu n'est rien si ce n'est moral – c'est-à-dire bon.

Le mal est *l'absence de Dieu*, tout comme les ténèbres résultent de l'absence de lumière.

La Kabbale est satanique parce qu'elle déclare que Dieu est inconnaissable et n'a pas de forme.

« Pour le kabbaliste, Dieu est la Mer infini de l'Être (*En Sof*) sans aucun limite ; ainsi il est sans qualité, sans désir ni volonté d'aucune sorte. Il est totalement incompréhensible. » Jacob Agus, *The Meaning of Jewish History* (*La signification de l'Histoire Juive*) 1963, p. 286

En fait, Dieu est la perfection, l'idéal nécessaire vers lequel tend l'évolution humaine. *Soyez donc parfait comme votre père qui est aux cieux est parfait.* (Matthieu 5:48)

La religion affirme que Dieu est présent au sein de l'âme humaine. Obéir à sa voix (la conscience) est ce qui fait de nous des êtres humains.

Quiconque nie l'existence de Dieu est un Sataniste, et non pas un athée.

La Kabbale est satanique parce qu'elle dit que le *mal fait partie de Dieu* : « Dieu a deux attributs ; tous deux sont essentiellement un ; ce que nous expérimentons comme le mal est aussi divin que ce que nous expérimentons comme le bien. »

D'où l'expression devenue la norme d'aujourd'hui : « C'est tout bon. »

L'exégèse kabbalistique poursuit :

« Beaucoup de textes de la Kabbale, y compris le Zohar, disent que la tâche ne consiste pas à détruire le mal mais à le faire retourner à sa source – d'inclure la gauche à l'intérieur de la droite », selon la métaphore Zoharique, « de relever les étincelles déchues » dans le sens Lurianique du terme. Dans l'Hassidisme de Chabad, il est prescrit que le mal existe comme faisant partie de la révélation Divine elle-même. En effet, penser que le mal est vraiment séparé de Dieu est, en soi, l'essence du mal, ce en quoi consiste précisément l'illusion de la séparation. »

« Laissant de côté la réalité du mal séparé, et acceptant vraiment que la *sitra achra* [l'impureté, l'occulte, le mal] est un côté de la Divinité, est facile sur le papier et très difficile en réalité... Pourtant, d'une certaine manière il est possible de le faire, la notion change complètement la vie. Tout porte donc la trace de la Divinité. »

Les kabbalistes croient également en la « rédemption à travers le péché », c'est-à-dire en la transgression délibérée de l'Ancienne Loi en commettant le mal (l'adultère, l'inceste, la pédophilie). La destruction de la civilisation (c'est-à-dire le chaos) provoquera le retour du Messie (l'Antéchrist) qui reconstruira le monde en fonction des exigences des kabbalistes, les banquiers Illuminati jouant le rôle de Dieu.

Tout cela est du Satanisme. Dieu est inconditionnellement bon. Dans toute vraie religion, vous n'obéissez pas à Dieu en faisant le mal, ni en prétendant que le mal fait partie de Dieu.

LA POSSESSION SATANIQUE

Appelez-le illuminisme, sécularisme, luciferianisme, humanisme ou paganisme : tout provient de la Kabbale.

La civilisation Occidentale moderne ne possède aucune légitimité morale (et aucun avenir) parce qu'elle est basée sur une rébellion contre Dieu, qui représente la voie de notre développement spirituel.

L'humanité a été prise en otage par des psychopathes dont l'intention est de détruire « l'Ordre Ancien » pour le remplacer par une dystopie bizarre, solipsiste, violente et dépravée.

Ces psychopathes contrôlent le crédit de notre gouvernement et les médias de masse. Ainsi, ils parviennent à acheter nos dirigeants et à duper la société afin qu'elle embrasse sa propre chute.

La Kabbale est une supercherie

Par Richard Evans et Henry Makow

En 1946, George Brock Chisholm, premier Directeur de l'Organisation Mondiale de la Santé (O.M.S.), donna trois conférences posant les fondations de l'éducation sexuelle et des formations à la sensibilisation à mettre en place au sein des écoles publiques américaines.

Leur but était « d'arracher les croyances et la moralité des enfants à l'influence de leurs parents. » La méthode des formations à la sensibilisation qu'il proposait avait été importée de l'Allemagne Nazi et de l'Union Soviétique. Chisolm déclara qu'elle « remplacerait le concept traditionnel du bien et du mal en accord avec la Kabbale ».

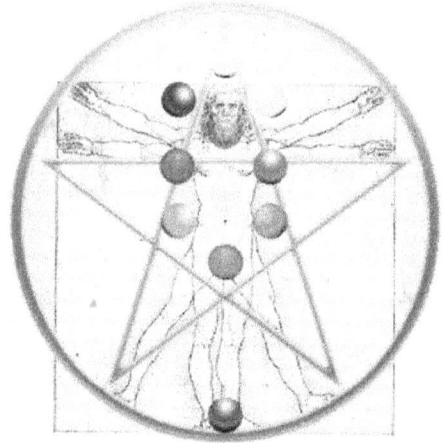

La Kabbale est la religion secrète de l'Occident, un fait qui deviendra de plus en évident avec le temps. Il s'agit du système de croyance de la Franc-maçonnerie et de la Juiverie organisée, les deux forces qui gouvernent le monde. C'est la raison pour laquelle Dieu et les Dix Commandements ont été bannis de la vie publique, et que le Christianisme a été marginalisé puis remplacé par la « relativité » morale.

Dans sa forme actuelle, la Kabbale a été créée par Isaac Luria (1534-1572). Elle puisait sa source dans le Zohar, l'œuvre comportant 23 volumes écrite au 13ème siècle par un Juif espagnol, Moïse de Léon.

D'après Wikipédia, Moïse « savait comment charmer par de brillantes phrases évocatrices n'exprimant jamais aucune pensée bien définie. Il était un écrivain habile qui rédigea plusieurs travaux kabbalistiques. »

Ces livres constituaient une argumentation contre l'assignation de quelque attribut moral que ce soit à Dieu ou « l'infini » (En Sof). Il prétendait que la distinction entre le bien et le mal plaçait des limites à l'infinité de l'En Sof. De surcroit, il avançait que l'En Sof est si transcendant que Dieu n'est pas présent dans l'univers et n'a pas d'interaction directe avec lui, mais qu'il peut être connu à travers les dix émanations ou les énergies qualifiées appelées les « Dix Sephiroth. »

Les Sephiroth sont les dix cercles dépeints sur le diagramme de « l'Arbre de Vie » du Zohar et de la Kabbale. Ces éléments médiévaux mystérieux continuent d'intriguer les esprits crédules et contribuent à en faire le best-seller moyenâgeux par excellence.

L'ORIGINE DE LA SUPERCHERIE

La kabbale est essentiellement basée sur le Zohar. D'après la *Jewish Encyclopaedia*, voici son origine :

« Une histoire circule disant qu'après la mort de Moïse de Léon, un homme riche d'Avila nommé Joseph offrit à sa veuve, qui se trouvait dans un grand dénuement, une forte somme d'argent en échange des écrits originaux que son mari avait copiés ; et elle confessa ensuite que son mari lui-même était l'auteur du livre. Elle déclara lui avoir demandé à plusieurs reprises les raisons pour lesquelles il avait attribué ses propres enseignements à un autre, et il lui avait toujours répondu que le fait de faire croire que ses préceptes provenaient de Simeon ben Yohai le grand pourvoyeur de miracle, serait une source de profits importants. »

La notion spécieuse d'une école secrète des mystères Juifs pleine de systèmes de divination et d'altération de la réalité par l'usage de la magie, fit sensation parmi les Juifs d'Europe. Cependant les dirigeants Juifs Séfarades de l'Espagne Maure répudièrent le Zohar comme une supercherie remplie d'idées dangereuses et hérétiques, aussi n'eurent-ils aucune hésitation à le bannir.

Lorsque les Catholiques reprirent le contrôle de l'Espagne des mains des Maures et expulsèrent (ou convertirent) les Juifs en 1492, la domination de la culture Séfarade sur la Juiverie vint à diminuer.

Beaucoup d'intellectuels s'en furent en exil à Jérusalem, où Isaac Luria enseignait le Zohar. L'interdiction d'étudier le Zohar fut levée en 1540 lorsque le pouvoir passa entre les mains des rabbins ashkénazes. La Kabbale de Luria fut publiée après sa mort, et la Kabbale vint à remplacer la Hakirah (*Mishne Torah*) en tant que fondement de la théologie du Judaïsme.

La raison principale derrière la propagation de la Kabbale reposait sur le fait d'étayer la croyance en la venue du Messie et avec lui de la domination Juive sur le monde. La rumeur que l'arrivée du Messie était imminente se répandit comme une trainée de poudre.

LES SATANISTES EMBRASSENT LA KABBALE

C'est au milieu de cette ferveur illusoire que le fameux Kabbaliste Sabbataï Tsevi (1626-1676) annonça a Smyrne en 1666 qu'il était le Messie. Plus d'un million de Juif à travers le monde devinrent ses adeptes, les Sabbatéens. Jacob Frank (1726-1779) reprit le flambeau au 18ème siècle et le mouvement qui créa les Illuminati fut appelé les « Frank-istes-Sabbatéens ».

Sabbataï Tsevi prêchait la doctrine satanique : *Gloire à celui qui permet l'interdit.*

Il professait que le fait de faire le bien maintenait l'univers en équilibre et ralentissait le retour de Dieu. Ainsi le péché devint une vertu ; et l'observance de la moralité exprimée dans la Torah était un péché. L'essence du Satanisme est de faire passer le bien pour le mal et vice-versa.

Le mouvement de Sabbataï Tsevi se développa jusqu'à ce qu'il promette de renverser le Califat d'Istanbul. Le Calife lui donna alors le choix de se convertir à l'Islam ou bien d'être exécuté. Sabbataï Tsevi se convertit sans hésitation, disant à ses disciples d'en faire de même.

La conversion à l'Islam était un peu excessive pour beaucoup de rabbins qui excommunièrent les Sabbatéens. Cependant un ensemble de fidèles se convertirent à sa suite.

Le rabbin Martin Antelman pense qu'un nombre inconnu de Sabbatéens regagnèrent le courant de base du Judaïsme tout en continuant secrètement à pratiquer le culte.

Le conteur Yiddish Prix Nobel Isaac Bashevis Singer, raconte les légendes circulant parmi les Juifs polonais de villages entiers qui adhérèrent à la doctrine de ces Kabbalistes Satanistes. Son roman *Satan in Goray* est consacré à ce sujet.

Le Sabbataïsme rentra dans la clandestinité et fut ranimé un siècle plus tard au sein du culte semi-secret de Jacob Frank (1726-1791). Lorsque la branche des Illuminati d'Adam Weishaupt fut découverte, Amschel Mayer Rothschild installa Frank et son culte à Frankfort, en faisant de lui le nouveau dirigeant des Illuminati.

Frank suivait la stratégie de Sabbataï Tsevi consistant à se convertir faussement à une religion ciblée de manière à l'infiltrer pour mieux la détruire. Frank retourna plus tard en Pologne avec ses disciples et se « convertît » au Catholicisme. Son parrain était le Roi de Pologne. Mais dès la première année son infamie fut mise en évidence et il fut emprisonné.

CONCLUSION : UN ÉCRAN DE FUMÉ

La Kabbale est une supercherie, mais qui n'en gouverne pas moins notre société trompée et dégénérée.

Pour le Kabbaliste, le bien et le mal sont « relatifs » donc le mal est une illusion. Au lieu d'être juste ou injuste, la Kabbale déclare que toute action est semblable à la Lune, révélant un côté clair et un côté sombre. Les Kabbalistes expliquent que l'adepte doit embrasser son côté sombre afin de devenir un « être humain pleinement intégré ».

Tous ceux qui étudient la Kabbale ne deviennent pas des Satanistes. Mais la Kabbale est un prérequis pour tous les pratiquants Lucifériens. Albert Pike, le « Pape de la Franc-maçonnerie » du 19ème siècle, a déclaré que la maçonnerie vénérait le Diable.

« La Religion Maçonnique doit être, par nous les initiés des plus hauts grades, maintenue dans la pureté de la doctrine Luciférienne. Si Lucifer n'était pas Dieu, Adonaï et ses prêtres le calomnieraient-ils ?

Oui, Lucifer est Dieu, et malheureusement Adonaï aussi est dieu. Car la loi éternelle est qu'il ne peut y avoir de lumière sans ombre, de beauté sans laideur, de blanc sans noir, car l'absolu ne peut seulement exister qu'en deux divinités... » (*Morals and Dogma* Albert Pike, cité dans *Occult Theocracy* de Lady Queensborough, pp. 220-221)

Il n'y a qu'un seul Dieu. Lucifer est le vide terrifiant résultant de l'absence de Dieu. La Kabbale est une supercherie qui permet à ses adeptes de modifier la réalité pour servir leurs propres intérêts égoïstes. C'est pourquoi ils enseignent que « la vérité est par nature subjective ».

La Kabblale : le Sexe est devenue notre Religion

Le sexe, l'amour et les « relations » sont devenus l'ersatz religieux de la société moderne.

Le message implicite que le *Sexe est le chemin vers Dieu* se trouve au cœur de notre culture depuis au moins les années 60.

Les films dépeignent les relations sexuelles en termes mystiques, des corps parfaits s'accouplant sous les chants des anges.

L'industrie Illuminati de la musique met en avant le thème induisant que l'amour romantique et le sexe permettent de nous relier à Dieu. Prenez *Kathy's Song* (1965) de Paul Simon :

"So you see I have come to doubt / All that I once held as true / I stand alone without beliefs / The only truth I know is you."

"Ainsi vois-tu j'en suis venu à douter / De tout ce que je tenais pour vrai / Je me retrouve seul et sans croyance / Tu es la seule vérité que je connaisse."

Y-a-t-il une manière plus directe de l'exprimer ? Je reconnais avoir été profondément influencé par cette propagande.

Ceci fut suivi de cette exégèse universitaire : l'homme est « aliéné » et seul dans l'univers. La vie n'a aucune valeur intrinsèque alors nous devons lui en trouver une. L'homme transcende sa séparation avec Dieu à travers les relations sexuelles, qui sont de nature mystique. En d'autres termes, l'homme parvient à ne faire qu'un avec Dieu en copulant.

Nous étions loin de nous douter que la mythification du sexe est de la pure Kabbale. La Kabbale, la religion des Illuminati, est du Satanisme.

LES RELATION SEXUELLES SE SONT CHANGÉES EN EXPÉRIENCE MYSTIQUE

Dans *Sigmund Freud & the Jewish Mystical Tradition (Sigmund Freud & la Tradition Mystique Juive)* 1958, le professeur de psychologie Juif David Bakan écrit :

« L'âme, d'après le Zohar [la Kabbale] éprouve un besoin inextinguible d'être réunie à sa source en Dieu. Cette union est une métaphore caractéristique de la relation sexuelle. En général, l'union de l'homme et de la femme est prise comme la forme idéale de l'existence. Ainsi les relations sexuelles humaines deviennent les véhicules symboliques des actes Divins ; et la création Divine est elle-même perçue comme revêtant un caractère profondément érotique. » (p. 273)

D'après la Kabbale, Dieu a un côté féminin, appelé la Shekinah.

Tout comme l'homme cherche l'unité avec Dieu à travers le sexe, Dieu est supposé chercher de son côté l'union avec sa nature féminine. En d'autres termes, l'homme imite et aide Dieu en ayant des rapports sexuels.

La clef permettant de modifier le monde est la manipulation magique au sein du royaume surnaturel, ce qui est la définition de base de la sorcellerie. Tel est le raisonnement derrière le *Tikkun Olam,* la « guérison » du monde perpétrée par la Kabbale.

Lorsque le Kabbaliste prie, c'est afin que les dieux puissent accomplir leur désirs incestueux dans l'au-delà pour que les choses aillent mieux sur terre.

D'après Israel Shahak : « le devoir des Juifs pieux est de restaurer à travers leurs prières... l'unité divine parfaite, sous la forme de l'union sexuelle entre les déités masculines et féminines... » [La prière correspond aux différents stades des préliminaires] (*Histoire Juive, Religion Juive : Le poids de trois millénaires,* p.34)

Tout cela n'est que non-sens. Comme nous l'avons vu, même les sources juives démontrent que la Kabbale est un canular. Néanmoins, ce canular est pourtant ce qui avec le Talmud, définit le Judaïsme.

POURQUOI SATANIQUE ?

Voici deux raisons supplémentaires démontrant que la Kabbale est de nature satanique.

Premièrement, en faisant du sexe un moyen d'atteindre Dieu, les kabbalistes mettent en place un faux Dieu. D'après les kabbalistes, la relation sexuelle est l'équivalent de l'union mystique. L'orgasme est la révélation.

En fait, l'union avec Dieu est atteinte par la grâce, l'adoration, la dévotion, le désintéressement, la méditation et la discipline spirituelle, non pas en copulant. Mais tout comme les homosexuels s'adonnent à l'excès sexuels pour compenser l'absence de saine intimité entre un homme et une femme, les hétérosexuels en viennent à les imiter pour compenser la perte de Dieu. Evidemment, les Illuminati veulent que nous imitions les homosexuels.

Deuxièmement, Bakan écrit : « l'ascétisme sexuel n'a jamais fait partie des valeurs religieuses de la tradition Juive. » (272) Rien que cela disqualifie le Judaïsme en tant que religion. Toutes les véritables religions prônent le renoncement au désir charnel.

Loin de tout ascétisme, le Talmud et la Kabbale font l'apologie de tout ce qui est dégénéré, ouvrant la voie à la pédophilie et à l'inceste. La Kabbale prétend aussi que l'homme est bisexuel, ce qui explique la promotion Illuminati de l'homosexualité et de l'androgynie, ainsi que de tout ce qui renverse l'ordre naturel et permet de cracher à la face de Dieu.

La plupart des Juifs n'ont jamais entendu parler du Talmud ou de la Kabbale, peu d'entre eux les ont lu ou compris. Ils ne savent pas que le Judaïsme est un culte satanique qui se fait passer pour une religion. On pourrait dire la même chose des dupes se faisant appeler les Chrétiens Sionistes.

LES DÉESSES

Ainsi, la Kabbale est la raison pour laquelle le vagin est le Saint Graal et les jeunes femmes sont idéalisées comme des déesses.

Ce culte sexuel païen est colporté par les médias contrôlés par les Illuminati. Voici quelques gros titres récents du *Huffington Post,* qui se considèrent lui-même comme une source journalistique sérieuse :

28 janvier : « Oups Amanda Seyfried a perdu sa culotte »

« La robe de Jennifer Lawrence s'est-elle déchirée au SAG Awards ? »

31 janvier : « Chloé Kardashian : Mon vagin sent la rose »

1er février : « Jennifer Lawrence décrit ses seins »

3 février : « La robe de star des filles laisse voir leurs nichons »

3 février : « Miss France fait un appel de phare » (montre ses seins)

Sommes-nous des adultes ? Apparemment non. "Adulte" est devenu synonyme de pornographie, de violence et de développement arrêté. Après tout, nous sommes leur *goyim* (bétail). Cette préoccupation constante sur le sexe et la nudité est conçue pour les normaliser, leur donner une importance primordiale et nous maintenir enchainés.

L'élévation des jeunes femmes au statut de déesse va bien au-delà du désir sexuel. Hollywood les dépeint aussi comme des guerrières et des génies. Dans « *Zero Dark Thirty* », une Jessica Chastain pesant 60 kilos a l'insigne honneur de traquer et de tuer Oussama Ben Laden. Même les lesbiennes ont trouvé que le film était de la « propagande ». Mais les réalisateurs de films Illuminati pensent que de dépeindre le mensonge en le faisant passer pour vrai est suffisant pour qu'il le devienne. Comme l'a fait observer George Orwell, lorsque tout le monde est dysfonctionnel (malade), la déviation devint la nouvelle norme.

La concentration sur les femmes se reflète aussi à travers l'obsession pour les « relations », encourageant ainsi un peu plus la vénération à l'égard des femmes et la dépendance envers elles. Les « relations » sont une préoccupation féminine. Rien de tout cela ne signifie que les Illuminati se soucient des femmes. Ils en font la promotion afin de féminiser la société pour mieux la déstabiliser, et parce que les femmes sont plus facile à manipuler et à contrôler que les hommes.

NOTE : AU SUJET DU CULTE SEXUEL DES ILLUMINATI

D'après le livre de David Livingstone *Surrendering Islam, (S'abandonner à l'Islam)*, le Kabbalisme est un culte sexuel lié au cycle des saisons. Il se voue à l'accouplement incestueux du Dieu et de la Déesse afin d'assurer la fertilité.

La Kabbale est basée sur les anciennes mythologies païennes relatant l'histoire d'un Dieu originel ayant créé l'Univers et d'un dieu usurpateur (Lucifer) qui parvient à le vaincre et diriger l'Univers à sa place.

Lucifer est le rejeton du dieu-père et de sa femme, la déesse. Mais le fils-dieu épouse également sa mère. Le dieu-fils était identifié avec le soleil tandis que la déesse correspondait à la planète Vénus, la première étoile visible à l'aurore.

« Essentiellement, le dieu et la déesse étaient considérés comme deux aspects d'un seul Dieu. » écrit Livingstone. « En tant que tel, les autres noms de Satan étaient : « Prince de l'Aurore » ou « Fils de l'Aurore ».

Lucifer, qui personnifiait le mal, était connu comme le « Dieu mourant » parce que chaque hiver il mourait et descendait aux enfers où il régnait sur l'esprit des morts.

Lucifer exige des sacrifices. Il doit être apaisé afin de diriger sa malfaisance vers nos ennemis. Le sacrifice le plus important est celui d'un enfant. Livingstone explique :

« Ce sacrifice devint la base de ce culte et il était pratiqué au sein du monde ancien. Les rituels basés sur la mort et la résurrection personnifiaient celle du dieu [Lucifer]. Les adeptes consommaient des substances hallucinogènes et dansaient au rythme de la musique de manière à parvenir à un état extatique favorable à leur possession par un Jinn [démon], grâce auquel ils pensaient pouvoir obtenir des capacités surnaturelles comme le fait de changer de forme, d'être clairvoyant et de revêtir d'autres formes de pouvoirs magiques. Dans cet état, ils sacrifiaient un enfant et manger sa chair tout en buvant son sang afin que le dieu renaisse en eux. »

Des transfuges Illuminati témoignent que ces pratiques se poursuivent aujourd'hui. Livingstone déclare que ces rituels impliquent d'habitude des orgies sexuelles où un prêtre et une prêtresse personnifient le dieu et la déesse accomplissant un « mariage sacré ». Ils deviennent possédés et produisent un « fils de dieu » qui sera destiné à régner.

Telle est la base du culte sexuel satanique qui domine secrètement le monde.

« C'est cette religion secrète qui est si souvent définie comme l'occultisme. Ses promoteurs ont favorisé l'avancement du plan satanique pour l'établissement d'un Nouvel Ordre Mondial et l'élimination de l'Islam. » (*Surrendering Islam* pp. 11-13)

CONCLUSION

D'abord, seul le Juif kabbaliste et ses disciples sont séparés de Dieu. Ils en sont séparés en vertu de leur rébellion luciférienne reposant sur leur désir d'être Dieu. Ils ont convaincu l'humanité de rejoindre leur rébellion et de se sentir « aliénée ». Je soupçonne que la plupart des dysfonctionnements trouvent leur origine dans cette raison fondamentale qui constitue l'essence de la « modernité ». En lieu et place de la réalité, nous vivons dans un solipsisme Juif Maçonnique (c'est-à-dire une réalité auto engendrée). Vous remarquerez que Dieu n'en fait pas partie. Dieu est un vilain mot.

Grâce à leur contrôle des médias, les Illuminati ont convaincu l'humanité que l'union sexuelle restaurait l'unité avec le Divin. Cela est de la Kabbale.

Premièrement, elle nie notre connexion avec Dieu et la manière dont Il nous parle à travers notre esprit Divin (l'âme).

Deuxièmement, la Kabbale prêche que Dieu est sans forme et inconnaissable. Le but de la religion est de vénérer Dieu (lui obéir). Comment pouvez-vous obéir à quelque chose qui est « sans forme » et « inconnaissable » ? Naturellement les Satanistes convaincront les ignorants que Dieu est inconnaissable.

Troisièmement, le « Dieu » de la Kabbale combine le bien et le mal. Quelque part, le bien émane du mal. Encore une fois, tout cela n'a aucun sens. Dieu est moral. Il est la perfection.

Ainsi la Kabbale est typiquement Satanique : faisant passer le mal pour le bien, le mensonge pour la vérité, ce qui est malsain pour quelque chose de normal, et vice-versa.

Les Illuminati ont utilisé Sigmund Freud, un kabbaliste, afin de convaincre le monde que la continence sexuelle conduisait à la névrose et à la maladie.

Les êtres humains sont des animaux étranges. S'ils sont hypnotisés pour leur faire croire que les relations sexuelles sont mystiques, ils vont vouloir en faire l'expérience. Mais finalement, ils réaliseront qu'il ne s'agissait de rien d'autre que d'infatuation et d'effet de mode. Le sexe, selon les propres termes d'Andy Warhol, pourtant un autre pion Illuminati, est : le « plus gros néant au monde ».

Néanmoins, la société a été complètement sexualisée. Trente pour cent de tout le trafic internet est de la pornographie. Malgré 50 ans de féminisme, ou à cause de cette idéologie, les femmes définissent leur valeur en termes de sex-appeal, tout comme les homosexuels.

La société est saturée de sexe, ce qui dégrade toutes les relations humaines, les réduisant au dénominateur commun le plus bas, y compris avec les enfants.

La culture populaire est de plus en plus imprégnée par la mort, la destruction, la pornographie et l'occulte. Nous voyons rarement une vision positive et réjouissante. A cause de la haine Juive Kabbalistique (maçonnique) multiséculaire pour les autres Juifs, Dieu et l'humanité, la dépravation et les divagations occultes passeront toujours pour de la culture. Le « progrès » et le « changement social » feront toujours la promotion de la désintégration sociale.

La Participation de Freud
à Notre Possession Satanique

La carrière de Sigmund Shlomo Freud illustre la manière dont les Illuminati diffusent à grande échelle le sort satanique qu'ils ont jeté à l'humanité.

Sigmund Freud (1856-1939) était un Sabbatéen qui a vendu au monde ses croyances sataniques perverses sous couvert de science et de médecine. Les médias et le système éducatif contrôlés par les Illuminati le tiennent pour un grand prophète.

Les Sabbatéens s'adonnaient à toutes les perversions sexuelles imaginables dans le but de cracher à la face de Dieu. C'est de cette façon que les Satanistes se comportent pour exprimer leur négation de Dieu : l'inceste, la pédophilie, les orgies, l'homosexualité, et la pratique de tout ce qui est antinaturel et malsain.

Sigmund Freud

Freud et ses parrains du B'nai Brith (Illuminati) ont convaincu le monde que le désir sexuel (la libido) est la motivation première de la vie humaine, et que la satisfaction sexuelle est la panacée universelle. Freud déclara que le fait de réprimer son désir sexuel est dangereux et se transforme en névrose. Les hommes expérimentent l'angoisse de la castration et les femmes souffrent du manque du pénis.

Comme une introduction à l'inceste et à la pédophilie, il suggéra que les enfants éprouvent des désirs sexuels pour leur parent du sexe opposé. Poussé à l'extrême ce « Complexe d'Œdipe » indique qu'un garçon veut inconsciemment tuer son père et violer sa mère.

Le philosophe Karl Popper a déclaré que la psychanalyse Freudienne est dénuée de tout fondement scientifique et s'apparente à la lecture des lignes de la main. Le Complexe d'Œdipe de Freud « n'a absolument aucune base scientifique ».

D'après Wikipédia, Freud est « considéré comme le penseur le plus important de la première moitié du 20ème siècle, en termes d'originalité et d'influence intellectuelle. »

L'ENSEIGNEMENT D'UN SATANISTE

Après avoir intégré le réseau maçonnique Juif du B'nai B'rith en 1897, la carrière jusque-là médiocre de Freud, connue une ascension météorique.

Le professeur de psychologie David Bakan décrit la psychanalyse Freudienne comme une émanation de la Kabbale Lurianique et du Zohar. La Kabbale Lurianique est une formulation Gnostique remontant au 2ème siècle qui fut réactivée par l'hérétique Juif Sabbataï Tsevi [*Sigmund Freud and The Jewish Mystical Tradition*, (Beacon Press, Boston 1958)]

Freud fut initié à la Kabbale par le rabbin Chaïm Bloch en 1920. Le rabbin déclara au Professeur Bakan qu'il avait remarqué la présence de livres dans le bureau de Freud permettant de l'identifier comme un disciple de Sabbataï Tsevi, (le fondateur des Sabbatéens).

Lors d'un discours devant une assemblé du B'nai B'rith à l'occasion de son 70ème anniversaire, Freud souligna sa judéité. Il déclara qu'il avait rejoint la loge maçonnique Juive à cause de « beaucoup de forces émotionnelles ténébreuses » qui rendent les « Juifs et le Judaïsme irrésistibles. » Il avait été attiré par « la claire conscience de notre identité profonde, l'intimité qui provenait de la même structure psychique. » (Bakan, p. 305)

En effet, plusieurs membres de la loge fournirent le cadre initiatique fondateur de la charlatanerie psychanalytique.

D'après E. Michael Jones, l'Association Psychanalytique de Freud était structurée selon le modèle d'une société secrète. (*Libido Dominandi*, p. 122) Supposément, elle poursuivait le même but que le B'nai B'rith, de subvertir, d'exploiter et de réduire l'humanité en esclavage.

LE VÉRITABLE VISAGE DE FREUD

Les lettres de Freud révèlent qu'il considérait ses patients comme des imbéciles. Il se comparait lui-même au Lion d'un dessin animé qu'il avait vu. Le lion regarde sa montre à l'heure du diner et demande : « où sont mes nègres ? » Freud appelait ses patients ses « nègres » (Jones, p. 116)

Freud refusa un jour une invitation à voyager sous le prétexte : « une de mes patientes très riche pourrait se sentir mieux durant mon absence. »

« Mon humeur dépend beaucoup de mes gains. L'argent est pour moi un gaz hilarant », écrivait-il. (116)

Appelée la « cure de bavardage », la psychanalyse est une arnaque. Comme l'explique Michael Jones : moyennant finance, les gens riches recevaient l'absolution pour leurs plaisirs coupables et obtenaient ainsi la permission de continuer.

Jones pense que la psychanalyse est basée sur le rituel d'initiation Illuminati et en ce sens, ne serait qu'une forme déguisée de contrôle mental.

« Les deux pratiques reposent sur le fait de maintenir le patient ou l'adepte, dans un état profond, quasi-confessionnel, « d'examen de conscience » au cours duquel il raconte au contrôleur Illuministe ou au psychanalyste, des détails de sa vie personnelle pouvant plus tard être utilisés contre lui. L'Illuminisme et la psychanalyse ne sont que des formes élaborées de contrôle psychique, où le contrôleur vient à apprendre la passion dominante de l'adepte et peut ainsi parvenir à le manipuler en conséquence. » (p. 127)

CONCLUSION

En fin de compte, les psychanalystes appartiennent à cette société secrète sataniste. Le véritable but des Illuminati est de rendre les gens malades et de leur soutirer de l'argent. Cela expliquerait pourquoi les psychanalystes administrent des médicaments à des millions de gens, y compris aux enfants. Voir aussi en ligne : *The Soviet Art of Brainwashing*. (*L'Art Soviétique de Lavage de Cerveau*)

Ce modèle de société secrète s'applique à la profession médicale dans son ensemble, ainsi qu'à d'autres professions.

Freud fut un précurseur d'Alfred Kinsey, le pervers qui contracta une maladie mortelle à cause d'une automutilation. Kinsey remplissait ses célèbres rapports financés par Rockefeller avec la description du comportement de ces amis homosexuels. Ainsi, il parvint à convaincre les américains que la promiscuité et la déviance étaient la norme.

De la même manière, Freud eut une relation avec la sœur de sa femme, Minna Bernays, qui tomba enceinte de ses œuvres. Ses théories psychiatriques au sujet de l'inceste et du sexe n'étaient qu'une tentative pour s'exonérer lui-même. Ironiquement, Adam Weishaupt, l'organisateur des Illuminati, mit lui aussi sa belle-sœur enceinte.

Freud traversa une période au cours de laquelle il prit de larges doses de cocaïne. Lorsque certains de ses amis devinrent accros, il parait qu'il y renonça. Cependant Wikipédia indique : « Certains critiques ont suggéré que la plupart des théories psychanalytique n'étaient que la conséquence de son addiction à la cocaïne. »

Sigmund Freud illustre la façon dont la culture moderne est déterminée par des Satanistes en cols blancs.

Les Illuminati ont rendu les jeunes accros à la Pornographie

« Nous voulons corrompre afin de mieux contrôler. »
- Giuseppe Mazzini (1805-1872)Dirigeant Franc-maçon.

L'humanité a été colonisée par un culte satanique, les Illuminati, les banquiers Juifs Kabbalistes & les Francs-maçons utilisant leur monopole frauduleux sur le crédit du gouvernement (la monnaie) pour acheter le monde entier et maintenir l'humanité dans la servitude par la dette.

American Pie

Leur contrôle sur la culture est si efficace que l'humanité réalise à peine être l'otage d'un état policier en pleine émergence.

Nous devons prendre conscience que la « libération sexuelle » et la pornographie sont des armes politiques conçues pour nous dégrader et nous contrôler.

Les Illuminati savent que de vrais hommes soutenus par des femmes loyales défendront leurs familles pour faire en sorte que leurs enfants vivent au sein d'un futur salutaire.

Ainsi, il faut transformer ces hommes et ces femmes en obsédés sexuels qui trahissent leur conjoint pour un frisson passager.

Le porno est littéralement une arme de guerre. Dans la Pologne occupée, les Nazis s'employèrent à corrompre la société Polonaise :

« Les autorités n'intervenaient pas pour mettre fin à la distribution illicite d'alcool. À Varsovie, des salles de jeu furent ouvertes que seuls les polonais étaient autorisés à fréquenter. La prostitution était tolérée. L'impression et la distribution de matériel pornographique étaient encouragées. » (*Poland Under Nazi Occupation* 1961, p.218 – *La Pologne pendant l'occupation Nazie*)

Le jeu, la prostitution, la pornographie. Cela vous dit quelque chose ?

Le porno est l'arme favorite des colonisateurs. Lorsqu'Israël s'est emparé des chaines de télé de la bande de Gaza, ils ont massivement diffusé des films pornographiques. Après l'invasion de l'Irak par les États-Unis, la pornographie s'est également répandue.

Pour la plupart des gens, le sexe s'est transformé en addiction. Le porno est le nouveau crack. Au cours du 19ème siècle, les britanniques ont provoqué la Guerre de l'Opium parce que les Chinois ne voulaient plus prendre leur « médicament ».

Au cours des 50-100 dernières années, cette arme a été utilisée contre nous et de plus en plus, la pornographie impose ses normes à la société.

L'ARME PORNOGRAPHIQUE

Tout comme les « changements sociaux » ne sont vraiment que de « l'ingénierie sociale », le divertissement hollywoodien n'est rien d'autre qu'une modification du comportement et une forme de possession occulte.

Le film *Risky Business* (1985) est présenté comme une « comédie pour la jeunesse », alors qu'il a été conçu pour attirer toute une nouvelle génération vers la pornographie. Tom Cruise interprète Joel « Goodson » (Bonfils), un adolescent innocent dont les fantasmes deviennent réalité lorsqu'une jeune prostituée avenante (Rebecca de Mornay) aménage chez lui pendant que ses parents sont en vacances.

Le film contient beaucoup de scènes évocatrices et cautionne la prostitution et le sexe comme une fin en soi. Cela n'est pas une coïncidence qu'il ait été produit par David Geffin, un Juif homosexuel ainsi qu'écrit et dirigé par Paul Brickman, un autre Juif dont la « préférence sexuelle » est inconnue.

Ce film sert de référence à la série des *American Pie* (1999-2012) une autre « comédie pour la jeunesse » des Illuminati Juifs relatant les tentatives de quatre adolescents qui se promettent de perdre leur virginité avant l'obtention de leur diplôme. Taper « Shannon Elizabeth »/« American Pie » sur Google image achèvera de vous démontrer qu'il s'agit bien de pornographie, destinée aux adolescents.

Dans la suite, *American Wedding,* (2003), la future mariée administre une fellation au fiancé sous la table d'un restaurant bondé.

Lors du mariage, l'ami du fiancé a une relation sexuelle avec la grand-mère de l'heureux élu dans un placard sombre, en pensant qu'elle est la sœur aguicheuse de la jeune mariée.

La grand-mère est si contente qu'elle donne sa bénédiction au mariage de son petit-fils avec une « shiksa ». Dans la scène finale, un autre ami fait un cunnilingus a la mère de son camarade de classe dans un bain moussant.

Cet assaut psychologique grossier sur notre morale et notre décence fait partie de la stratégie haineuse (Talmudique) pour détruire l'institution de la famille.

Dans ce contexte, Ça chauffe au lycée Ridgemont (1982), et *Pretty Women* (1990) sont emblématique pour leurs scènes de nudité et leur légitimation de l'avortement et de la prostitution.

Tous ces films ont joué un rôle majeur dans l'abolition des barrières morales et permettre à l'obscénité, au porno et au Satanisme de se répandre au sein des médias de masse d'aujourd'hui.

Il est bien plus facile de créer un État policier si les gens se comportent eux-mêmes comme des esclaves.

Le Système de Contrôle Maçonnique

Par Stephen Knight

(Stephen Knight 1951-1985, fut assassiné pour ses révélations sur la Franc-maçonnerie dans son livre « The Brotherhood » 1983. Ceci est un extrait des pages 140-149)

J'avais reçu un coup de téléphone d'un homme disant qu'il aimerait beaucoup me rencontrer.

« Christopher » était grand, plus d'un mètre quatre-vingt, mince et âgé d'environ cinquante ans. Tout en lui respirait l'abondance, à part ses lunettes payées par l'assurance maladie. Nous nous rendirent à son club, qu'il me demanda de ne pas nommer car cela pourrait servir à l'identifier.

Je me demandais ce qu'une personne avait à craindre des Francs-maçons si les circonstances venaient à faire de lui, disons une menace dans le monde des affaires ; ou s'il venait à découvrir qu'ils utilisaient la Franc-maçonnerie pour des cas de corruption ; ou... s'il ne respectait pas les menaces le prévenant de ne pas s'attaquer à eux.

« Ce n'est pas difficile de ruiner un homme », m'expliqua-t-il. « Et je peux vous dire que cela se produit régulièrement. Il y a plus d'un demi-million de frères sous la juridiction de la Grande Loge... »

Il apparait que Christopher faisait partie d'un petit groupe impopulaire au sein de la Franc-maçonnerie qui au début des années soixante-dix avait décidé qu'ils devaient faire quelque choses pour « stopper le pourrissement » que les membres aveugles de Great Queen Street se refusaient à voir...

Stephen Knight

La position du pouce sur l'articulation est un signal de collusion entre Tony Blair et Ratzinger

UN « RÉSEAU DE RENSEIGNEMENT PRIVÉ »

Christopher m'a expliqué que la Franc-maçonnerie mondiale réunit des hommes de tout horizon et fournit ainsi un des réseaux de renseignement privé les plus efficaces jamais connu.

Des informations de nature privée au sujet de n'importe qui dans le pays peuvent normalement être trouvées très rapidement à travers une succession infinie de contacts maçonniques – police, magistrature, huissiers, directeurs de banque, personnel des postes (« très utile lorsqu'il s'agit de fournir des copies du courrier de quelqu'un »), docteurs, fonctionnaires, dirigeants d'entreprises publiques, etc. Un dossier de données personnelles peut être monté sur n'importe qui très rapidement.

Lorsque les faits saillants de la vie d'un individu sont connus. Les points vulnérables deviennent apparents. Peut-être est-il en difficulté financière ; peut-être a-t-il quelque vice social – s'il est marié il entretien peut-être une maitresse ou un penchant à visiter des prostitués ; peut-être y-a-t-il dans son passé des épisodes qu'il souhaite garder confidentiels, une condamnation criminelle (pouvant facilement être obtenue par la police Franc-maçonne), ou bien d'autres faits concernant son caractère : tout cela et beaucoup d'autres choses peut être découvert à travers le réseau étendu de la maçonnerie de plus de 600,000 membres, dont un grand nombre est disposé à accorder des faveurs en retour pour les privilèges échus à ceux qui rejoignent ses rangs...

Parfois ce processus de recueil d'information – impliquant souvent une longue chaine de contact maçonniques au travers de tout le pays et possiblement à l'étranger – n'est même pas nécessaire. Car l'essentiel peut être connu en avance sur un adversaire pour initier une action de représailles contre lui.

Je lui ai demandé sous quelle forme cette « action » peut se manifester.

« Les avocats sont très bons pour ça », m'a déclaré Christopher. « Faites en sorte que votre cible soit impliquée dans quelques chose d'illégal – cela n'a pas besoin d'être sérieux – et vous l'avez. » Il m'expliqua que les avocats sont passés maitres dans l'art de causer des retards, de générer de la paperasse inutile, d'ignorer les instructions, de facturer des frais énormes, et également de tromper leurs clients en leur faisant prendre des décisions nuisibles à leurs intérêts.

La police maçonnique peut harceler, arrêter sur de fausses accusations, et même fabriquer de fausses preuves. « Un homme d'affaire vivant au sein d'une petite communauté ou un fonctionnaire arrêté pour trafic de pornographie infantile, pour atteinte aux bonnes mœurs, ou pour trafic de drogue, est au bout du rouleau. » M'a expliqué Christopher. « Il ne travaillera plus jamais. Certains se sont suicidés après des expériences de ce genre. »

LE CRÉDIT EST COUPÉ

Les maçons peuvent provoquer une situation où les compagnies de crédit et les banques retirent tout soutient à des clients ou des commerçants, déclare mon informateur. La banque peut les mettre en faillite. Les gens ayant besoin du téléphone pour leur travail peuvent voir leur ligne coupée pour de longues périodes. Les employés maçons des autorités locales peuvent organiser une inspection du système d'évacuation chez une personne et lui facturer ainsi d'énormes sommes en réparation. Des ouvriers peuvent prendre en charge les travaux et causer des dommages supplémentaires.

« Également, en ce qui concerne les affaires légales, un traitement équitable est difficile à obtenir lorsqu'un homme ordinaire se trouve en difficulté financière. S'il essaie de s'opposer à un groupe de francs-maçons agiles en utilisant le « réseau » cela lui sera impossible car le ministère de la santé maçonnique et la sécurité sociale également sous la coupe des francs-maçons, ainsi que les magistrats peuvent retarder une plainte indéfiniment.

« Les employeurs, qu'ils soient francs-maçons ou non, peuvent recevoir des informations confidentielles sur un homme qui se trouverait être un ennemi de la franc-maçonnerie. Au pire il peut être licencié (si l'information est correcte) ou délibérément maintenu à l'écart de toute promotion. »

« La plupart des gens, qu'ils soient combatifs ou pas, sont cependant vaincus à la fin. Car... voyez-vous, vous finissez par ne plus savoir à qui vous pouvez faire confiance. Vous ne trouvez personne pour vous aider car votre histoire a des relents de paranoïa tels, qu'on vous prend pour un fou, un de ces types qui pense que le monde entier est une conspiration contre eux. C'est un phénomène étrange. En mettant en place une situation que la plupart des gens considèrent comme un fantasme, ces gens peuvent empoisonner chaque domaine d'une vie humaine. »

« S'ils renoncent, les maçons regagnent le secret. S'ils ne renoncent pas, cela ne fait jamais que retarder l'échéance parce que s'ils continuent de se battre, un tel malheur sera déclenché sur leur entourage que... même leur propre famille prise de désespoir se retournera contre eux. Lorsque cela se produit et qu'il ne leur reste plus aucun ami où qu'ils se tournent, ils deviennent une proie facile. La presse n'a même pas besoin de les calomnier... »

« Il n'y aucun moyen de défense possible contre un mal dont seuls la victime et les préparateurs connaissent l'existence. »

Le Manifeste Anti-Juif (1882) révèle la signification du Nouvel Ordre Mondial

Aucun homme n'osait dire ouvertement quoi que ce soit à son sujet [Jésus] par peur des Juifs. (Jean 7:13)

Le dernier effort important pour la défense des valeurs nationales Chrétiennes prit la forme de la « Première Conférence Internationale Antijuive » qui se tint à Dresde en septembre 1882.

La conférence, qui attira 300 personnes parmi lesquelles d'éminents hommes d'affaire, des aristocrates, des politiciens, des membres du clergé, des avocats, des scientifiques, des fermiers et des intellectuels venant d'Allemagne, d'Autriche, de Hongrie et de Russie, produisit un Manifeste adressé aux « Gouvernements et aux Peuples des Nations Chrétiennes menacés par le Judaïsme. »

Le document montre comment il y a maintenant 130 ans, l'hégémonie juive était déjà un fait accompli, et il explique pourquoi l'héritage Occidental Chrétien et la cohésion raciale sont toujours l'objet d'attaque aujourd'hui.

Adolf Stoecker (1835-1909) était un théologien allemand luthérien qui fonda le Parti Chrétien Social et aida à organiser la « Conférence Antijuive » de 1882

L'INVASION CULTURELLE ET FINANCIÈRE

Le Manifeste débutait en disant que l'Europe avait été envahie par une race étrangère plus dangereuse et insidieuse que les Arabes, les Tartares ou les Turcs ne l'avaient été par le passé, à « cause des moyens à sa disposition et de ses objectifs ».

« L'émancipation » Juive ayant suivi la Révolution Française (« Liberté, Égalité, Fraternité ») a fait sauter le verrou qui protégeait la nation « d'une race dont toutes les pensées et l'énergie sont tournées vers la mise en esclavage morale et matérielle des autres nations… »

« D'après les traditions religieuses et nationales des Juifs, tous les peuples n'ont été créés que pour les servir. Le principe d'égalité a été appliqué envers une race qui ne souhaite pas être notre égale, mais se considère elle-même comme un peuple privilégié par Dieu et [considère] le reste de l'humanité comme des êtres inférieurs, des animaux impurs. Le principe de fraternité fut également adopté envers une race qui ne reconnait même pas les non-Juifs comme leurs prochains et leurs semblables en tant qu'êtres humains, et envers lesquels le Talmud prescrit l'éradication. »

« Mieux encore, les tromper, les voler, les saigner à blanc, les ruiner, les calomnier, les déshonorer et même les tuer constitue une activité plaisante aux yeux de leur Dieu. Il n'est donc pas étonnant que le libéralisme moderne s'identifiant de plus en plus avec l'ascension des Juifs, ait de ce fait pris la forme d'un pseudo-libéralisme. Entre les mains des Juifs, il est devenu un outil efficace pour réaliser leurs plans de domination mondiale et leur mainmise sur les peuples européens. »

À cause du monopole Juif sur le gouvernement et la finance, « le fermier, le propriétaire terrien, l'industriel, l'artisan, le marchand, etc. sont tous tombé sous la dépendance matérielle des Juifs... ils se sont changés en serviteurs obéissants et sont devenus leurs vaches à lait. De surcroit, les Juifs recrutent des hommes d'influence qui jouent un rôle actif dans la vie publique en occupant des positions privilégiées et hautement rémunératrice, au sein des banques, des sociétés de chemin de fer, des compagnies d'assurance, etc. Ces individus sont ainsi virtuellement les vassaux des Juifs et sont les plus zélés et les plus influents supporter du pouvoir Juif au sein de la magistrature et des gouvernements. »

À cause des guerres instiguées par les Juifs Illuminati, « les gouvernements des pays endettés se sont mués en institutions Juives et en agence de recouvrement Juive. Cela explique la complète passivité de ces gouvernements à l'égard de la question Juive, ainsi que leur comportement hostile contre leur propre population en faveur de la Juiverie. »

LES MÉDIAS DE MASSE

À cause de leur contrôle des média, « jusqu'à récemment aucun journal d'Europe Centrale n'aurait osé parler librement de la Juiverie. Ainsi les Juifs sont devenus les maitres absolus, les fabricateurs de l'opinion publique. La moindre critique à leur endroit, bien qu'elle puisse être justifiée, est supprimée. Le moindre article qui aborde le sujet de la domination juive est censuré. »

L'avancement politique « dépend des bonnes dispositions à l'égard de la presse Juive... Ainsi, l'esclavage intellectuel et la lâcheté morale à l'égard de la Juiverie est une des caractéristique de notre époque. »

Les Chrétiens ambitieux « sont devenus les hommes de mains du pouvoir Juif ; ils sont des traitres à leur propre nation ainsi qu'envers leur propre descendance. Dans beaucoup de pays, les Juifs ont infiltré le système des loges maçonnique, les ont vidées de toute substance en les dégradant pour en faire un des instruments les plus dangereux et efficace du pouvoir Juif. »

« Principalement au moyen de la presse, la Juiverie détruit de plus en plus la religion Chrétienne, qui... à l'époque Romaine... avait sauvé la race arienne Européenne de la faillite morale d'un côté, et de la barbarie de l'autre, tout en la régénérant. Elle fit tout cela en ancrant la civilisation et la culture de la race arienne Européenne sur des fondations religieuses, morales et sociales fermes.

« La religion Chrétienne est le mode de réaction le plus puissant contre la volonté Juive de parvenir à la domination mondiale. Elle constitue une protestation absolue contre l'élévation de la race sémitique au-dessus de la race arienne, et il est ainsi bien naturel que le clan Juif soit l'ennemi juré mortel de cette religion et de son fondateur. »

« Ainsi, la Juiverie ne parviendra à établir fermement sa supériorité et son règne en tant que race sémitique, que lorsqu'elle sera parvenue à vaincre la réaction naturelle qui s'oppose à ses desseins, et à détruire les institutions de la Chrétienté. »

CONCLUSION

Ce Manifeste de 1882 décrit en profondeur l'impuissance des dirigeants Chrétiens qui demeure tout aussi évidente aujourd'hui. Il n'y a jamais eu de « Seconde Conférence Internationale Antijuive ». Les participants reconnurent qu'ils se battaient pour une cause perdue. Ils ne proposèrent pas de solution parce que « cette nation de parasites est devenue trop profondément implantée au sein de notre société et de notre état, pour que ce premier congrès nourrissent la moindre illusion sur le fait que ses propositions détaillées soient mises en pratique de nos jours. »

En dépit du fait que le philosophe et économiste Eugen Duhring ait préparé un programme détaillé dans son ouvrage On the Jews (1881). Ironiquement, ils exigèrent que les Nazis parrainés par les Juifs Illuminati mettent en pratique la plupart des propositions de Duhring, qui étaient en tout point semblable à la politique raciale en vigueur en Israël aujourd'hui.

L'ascension des Nazis a conduit au génocide d'environ six millions d'allemands antisémites (les Nazis) au cours de la Deuxième Guerre mondiale et de quelques 50 millions d'autres non-Juifs. Étant donné le Manifeste de 1882, pensez-vous que les Nazis auraient pu parvenir au pouvoir sans avoir été soutenus par les Juifs Illuminati ? Comme aux échecs, souvent ils arrivent qu'il soit nécessaire de sacrifier un pion (c'est-à-dire les Juifs non-Sionistes) pour remporter la partie.

Le ton du Manifeste est raciste, dénonçant le fait que tous les Juifs sont des cosmopolites n'ayant aucune loyauté à l'égard de leur pays ni aucun attachement à la patrie, incapable de faire preuve d'honnêteté, d'accomplir un travail honnête ou d'être pourvue de créativité scientifique ou de la moindre originalité, ainsi que de systématiquement spolier les fermiers par leur pratique de l'usure.

Je suis d'accord avec la description faite dans le Manifeste concernant les dirigeants Juifs et leurs objectifs. Cependant, beaucoup de Juifs étaient patriotes, travaillaient dur, et souhaitaient s'assimiler. Dans les années 1930, 60% des mariages Juifs étaient interraciaux. Les Illuminati durent créer Hitler afin de les envoyer de force en Israël.

Les dirigeants Chrétiens auraient dû encourager l'assimilation. Au lieu de cela, la Conférence de 1882 conclue que la seule solution était l'expulsion.

« L'Europe appartient aux peuples Chrétiens et ne devrait nullement servir de cobaye à la soif de pouvoir d'éléments hostiles et dominateurs non-Chrétiens. L'histoire des siècles passés prouve que les dispositions légales restreignant la race Juive – aussi strict soient-elles – ne parviennent pas à endiguer le phénomène. »

Quoi que nous pensions de ce Manifeste, il fournit une perspective historique unique sur notre monde d'aujourd'hui. Nous vivons présentement le crépuscule de la Civilisation Chrétienne, qui a souffert toute une série d'échecs colossaux et de défaites ayant été déguisés en guerre justes, crises économiques, droits des gays, diversité, libération sexuelle, etc. Mais cette perspective peut nous aider à renforcer notre résolution à s'opposer à la dégradation programmée de la société par les Illuminati Satanistes.

Les Symboles Sataniques sont Partout

Le démon païen Baphomet est représenté avec une lune croissante en haut à gauche, et une autre en bas à droite.

Les motifs et symboles Illuminati sur les logos des sociétés indiquent aux initiés leur contrôle.

La trainée oblique est une référence à l'horizon, le soleil levant, le Fils de l'Aurore, Lucifer.

BAPHOMET
KNIGHTS TEMPLARS' GOD

Le point dans un cercle symbolise le pénis à l'intérieur du vagin. Il s'agit d'un symbole sexuel. VOA et CBS.

Voice of America

Le logo d'Obama utilise le soleil levant

Ci-dessus, 666 et Disney

Le logo de la Ville d'Ottawa. Le 666 figure sur tous les noms de rues, sur chaque bus de ville et voiture de police.

Le logo de Winnipeg comprend une trainée et un 666 stylisé.

Monster drink, 666 en hébreux.

OBAMA'08

L'œil d'Horus sur les logos de Time Warner et APTN

aptn

MONSTER
RIPPER
ENERGY JUICE

Ottawa

Winnipeg

Logos comportant un Pentagramme :

Logos présentant le symbole du Soleil levant ; sur le logo de la Colombie Britannique, l'arche dorée, le soleil, est semblable à un œil au sommet de la pyramide/montagne. À droite figure l'emblème du parti socialiste qui dirige la Grèce.

Soleil levant, point dans un cercle ;

motifs en forme de Pyramide, le Kangourou illustre un œil d'Horus

Trainée et soleil levant ;

Deux tours

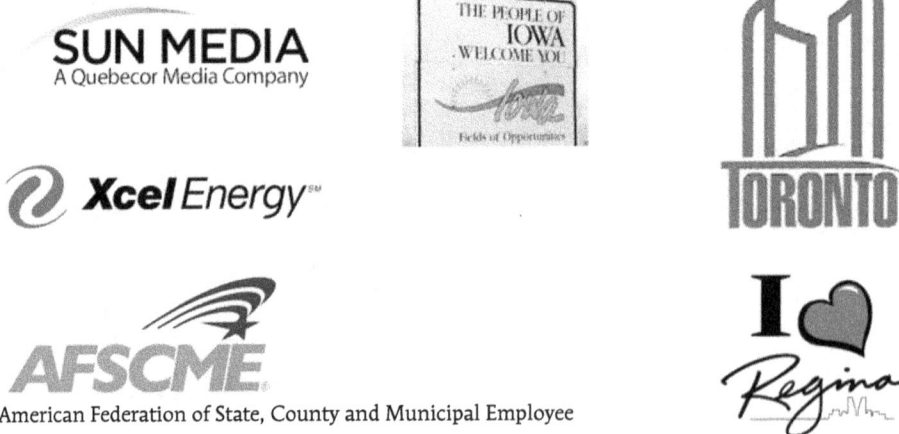

L'American Federation of State, County and Municipal Employee

Est-ce que le Diable possède toutes ces compagnies ???

Un lecteur, DD, écrit : « Notez que tous les logos des corporations comportent à présent le croissant de lune en forme de faucille. Par exemple Bud Light, AOL, Capital One, Minuteman Press, Weight Watchers, Comcast, Ryder Trucking, Newport cigarettes, Sandisk, Washington Wizards, et beaucoup d'autres – bien trop pour que cela ne soit qu'une simple coïncidence. Avec toutes les lois sur le copyright etc. Pourquoi utilisent-elles toutes la demi-lune croissante ? Sont-elles toutes possédées par les Francs-maçons ?

La Vénération de Satan : La Future Religion Unique Mondiale

Par James Perloff

Les Illuminati cherchent systématiquement à détruire la Chrétienté et toute
croyance en Dieu. Avons-nous besoin de
preuves supplémentaires pour comprendre que nous sommes dirigés par un culte
satanique ?

La Bible et les Protocoles s'accordent pour
nous annoncer la venue d'un gouvernement mondial unique dirigé par les Illuminati.

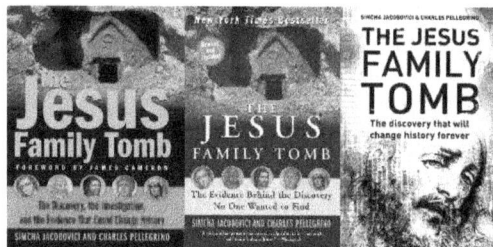

Les Juifs Illuminati discréditent la Bible et la Chrétienté en prétendant qu'une tombe contenant les os
de Jésus et de Marie-Madeleine a été découverte.

L'Apocalypse 13:7 déclare que l'Antéchrist aura « autorité sur toute tribu, tout peuple, toute
langue et toute nation. » *Les Protocoles 5:11* déclarent que les Illuminati prévoient « d'absorber tous les États du monde afin de former un super-gouvernement. »

L'Apocalypse 13:8 annonce que « les habitants de la terre vénèreront la bête. » *Les Protocoles
15:20* se vantent « ils reconnaitront l'autorité de notre dirigeant avec une dévotion proche
de la vénération. [Glorification semblable à celle rendue à Dieu] Il sera le véritable Pape de
l'univers, le patriarche de l'église internationale. » (17:4)

Afin que Satan parvienne à diriger la Terre de manière absolue, il ne doit pas seulement an-
nexer les différents gouvernements et leurs différentes devises monétaires, mais également
les systèmes de croyances variés des peuples. Mais comment peut-il unifier des choses aussi
diverses que les religions du monde ?

LE PLAN

La stratégie sur le long terme : 1) Diviser la religion en différentes sectes selon le principe
du « diviser pour régner » ; 2) attaquer les fondements de la religion, créer le doute au sein
des croyants ; 3) finalement, coaguler ce qui reste avec les autres religions, c'est-à-dire
l'œcuménisme.

Voyons comment cela a été appliqué au Christianisme. *Les Protocoles 17:5* expliquent au sujet des églises : « nous devons les attaquer par une critique destinée à provoquer le schisme. »
Au cours des siècles, la Chrétienté a été divisée en un nombre incroyable de sectes. Par
exemple, les Témoins de Jéovah ont été fondés par un franc-maçon, Charles Taze Russell.

Pour instiller le doute dans l'esprit des croyants, la théorie darwinienne de l'évolution fut présentée comme une alternative « scientifique » à la création par Dieu. *Protocoles 2:3* se vante « du succès que nous avons arrangé pour le Darwinisme. »

Les attaques sur la Bible ont accompli ce que *Les Protocoles 17:2* qualifient « d'un ravage complet de la religion Chrétienne. » Les Rockefeller ont financé des séminaires qui remettaient en question les Évangiles, particulièrement l'Union Theological Seminary. À la fin du 19ème siècle, le professeur de ce séminaire, Charles Briggs, rédigea une forme de « Critique Élaborée » en Amérique en prétendant que la Bible était mensongère.

En 1922, Harry Emerson Fosdick donna un sermon fondateur qui répandit le doute au sujet du fait que la Bible représente la parole de Dieu, la Vierge Marie, la Seconde Venue, et la mort du Christ une expiation pour les péchés. Il déclara que ceux qui défendaient ces croyances étaient « intolérants ».

Son sermon fit scandale et Fosdick fut forcé de démissionner. Cependant, il fut immédiatement engagé comme pasteur par la Riverside Church – fréquentée et construite par John D. Rockefeller Jr, pour 4 million de dollars. Rockefeller finança l'impression et la distribution de 130,000 copies du sermon de Fosdick, aux tenants du magistère. Raymond, le frère de Fosdick, était président de la Rockefeller Foundation.

Les vues exprimées par les théologiens comme Briggs et Fosdick sont définies comme du « Modernisme », ce qui comprend la négation de la divinité du Christ, ses miracles et sa résurrection. Le Modernisme ne consistait pas à ergoter sur certains points obscurs de la théologie, il s'agissait d'une répudiation totale des fondements de la Chrétienté. Grâce au financement des Rockefeller, il infiltra les séminaires et les églises.

Récemment, le Modernisme est allé plus loin : le Séminaire de Jésus (les soutiens financiers secrets) a déclaré que 80 pour cent des paroles attribuées à Jésus n'étaient pas authentiques. Le Code de Vinci – ce best-seller du siècle, que John Coleman pense être une création de l'institut Tavistock – prétend que Jésus n'est pas ressuscité et épousa Marie Madeleine. Peu après la sortie du film, un documentaire de Discovery Channel annonça qu'une tombe contenant les os de Jésus et de Marie Madeleine avait été découverte.

L'ŒCUMENISME ET LE SOCIALISME REMPLACENT LA FOI

La consolidation des églises nécessitait une certaine organisation. Les Rockefeller financèrent le National Council of Churches. John Foster Dulles fut choisi pour être le fer de lance de l'élan œcuménique. Dulles était le beau-fils de Rockefeller, président de la Fondation Rockefeller, ainsi que membre fondateur du CFR qui rédigea la Charte des Nations Unies (dans laquelle ne figure aucune mention à Dieu).

En 1942, Dulles présida une réunion de 30 membres, appelant à « un gouvernement mondial auquel tous les pouvoirs seraient délégués. » Non content d'unifier les églises de l'Amérique, Dulles participa à la fondation du World Council of Churches en 1948.

Parmi ces pièges œcuméniques aujourd'hui, nous trouvons la Tony Blair Faith Foundation. L'ancien Premier Ministre Britannique – un initié – a déclaré qu'il souhaitait :

« promouvoir le respect, l'amitié, et la compréhension entre les différentes fois religieuses » car « la mondialisation nous rapproche inexorablement. »

Mais même après avoir mis en place les structures pour amener à cette consolidation, la question demeurait : comment motiver les églises à s'unir ? Comme les représentants sont souvent en désaccord sur la théologie, la stratégie était d'encourager la collaboration sur les points d'accord comme certaines valeurs (nourrir les pauvres et aider les malades). Ceci prit la forme d'un programme d'action appelé « l'Évangile Sociale » (la religion se changeant en socialisme).

Walter Rauschenbusch reçut sa formation au Rochester Theological Seminary, une institution financée par les Rockefeller. Il devint par la suite le « Père de l'Évangile Sociale », déclarant que « le seul pouvoir pouvant permettre au socialisme de triompher, est la religion. »

Peut-être le plus célèbre promoteur de « l'Évangile Sociale », fut le révérend Harry F. Ward soutenu par Rockefeller, qui enseigna pendant longtemps à l'Union Theological. Le patron de syndicat Samuel Gompers appelait Ward, le premier président de l'ACLU, « le membre du clergé le plus ardemment pro-bolchévique de ce pays. »

Ward participa à la création de la Methodist Federation for Social Action, qui recommande aux Chrétiens de s'éloigner de l'Évangile pour se battre pour la justice sociale, l'amélioration des conditions de travail, et pour la « paix mondiale », c'est-à-dire tous les buts que les Marxistes soutenaient.

Les œuvres missionnaires étaient directement ciblées. En 1930, John Rockefeller Jr. créa le « Laymen's Foreign Missions Inquiry », qui recommandait aux missionnaires de minimiser les doctrines Chrétiennes et de rallier les autres religions pour accomplir les bonnes œuvres. Bien que la plupart des participants se montrèrent critiques, l'ancienne missionnaire Pearl Buck fut acclamée par les médias. Peu après, son roman *The Good Earth (La Terre Chinoise)* reçu le Prix Nobel.

Rick Warren, l'auteur de l'ouvrage *The Purpose Driven Life* (plus de 30 millions d'exemplaires vendus), est le représentant actuel le plus influent de l'Évangélisme Social. En 2008, soutenu par une donation de 2 millions de dollars de Rupert Murdoch, Warren lança la Coalition de la Paix. Le *Time* magazine titra : « RICK WARREN GOES GLOBAL ». (« RICK WARREN DEVIENT MONDIAL ») Warren a déclaré que l'objectif de la coalition était de « mobiliser 1 milliard de Chrétiens à travers le monde. »

Warren, qui est membre du CFR, dirigea la prière lors de l'inauguration d'Obama, et fut intronisé : « pasteur de l'Amérique » par CNN. Il a reçu l'extrême onction, mais des mains de qui ?

LES CATHOLIQUES

Les Illuminati n'ont pas oublié le Catholicisme. *Protocole 17:3 :* « Lorsque le moment sera finalement venu de détruire la cour papale... nous pénétrerons jusqu'en son sein. »

Comme les autres églises, les Catholiques ont récemment été les témoins de développements œcuméniques majeurs, tels que : la signature de la Déclaration Conjointe de la Doctrine de la Justification par des représentants Luthériens et Catholiques (1999) ;

le dialogue avec l'Église Orthodoxe d'Orient, se soldant par la Déclaration Commune du Pape Benoit XVI et le Patriarche œcuménique Bartolomé Iᵉʳ (2006) ; un sommet Catholique-Musulman sans précédent au Vatican (2008) ; et la visite en Israël du Pape Benoit XVI et à la Grande Synagogue de Rome (2009).

Puis le Catholicisme a expérimenté à son tour son propre mouvement « d'action sociale » - comparable aux tactiques d'Harry F. Ward et de Rick Warren – comme dans la doctrine de la libération théologique, qui était très répandue en Amérique Latine dans les années 1950 et 1960, où l'Évangile fut reléguée au second plan afin de se battre contre la pauvreté et pour la justice sociale à l'aide des préceptes Marxistes.

Protocoles 17:2 : « en ce qui concerne les autre religions nous aurons encore moins de difficulté à les gérer, mais il serait prématuré de parler de cela à présent. »

UNE RELIGION MONDIALE UNIQUE

Le mécanisme final pour la mise en place d'une religion mondiale peut s'apparenter au Projet Blue Beam. D'après Serge Monast, des hologrammes projetés par satellite dans le ciel (l'image de la bête prédit par la Bible), seront adaptés aux différentes populations religieuses de la Terre.

Pour provoquer la vénération, l'Antéchrist n'apparaitra pas initialement comme un tyran, mais comme un « sauveur ». Pour nous sauver de quoi ? Probablement du chaos que les Illuminati satanique auront créés : des guerres provoquées par des attentats sous faux drapeau, des famines générées par des pénuries de nourritures artificielles, des épidémies issues de virus de synthèses créés en laboratoire, de tempêtes et de tremblements de terre générés par la géo-ingénierie de type HAARP, et peut-être même une fausse attaque d'aliens façon « Blue Beam », simulée grâce à des hologrammes de vaisseaux spatiaux.

Ayant provoqué ces désastres, il lui sera facile de les arrêter. En arrêtant le système HAARP, par exemple, il apparaitra comme reproduisant la prouesse de Jésus calmant la tempête de la Mer de Galilée. Ces « miracles » générés par de la haute technologie, lui permettront d'être accepté comme Dieu, un Christ de retour.

Mais tout cet « enthousiasme » sera de courte durée. Lorsqu'il se verra couronné à Jéru-salem (l'objectif final du Sionisme), Satan usera de sa dictature absolue pour assouvir ses cruautés les plus extrêmes sur le monde. La vénération de l'Antéchrist comprendra sans aucun doute les sacrifices humains – une pratique depuis toujours associée avec le culte de Satan, depuis les sacrifices des enfants sur l'autel du Baal démoniaque rapportés dans l'Ancien Testament, aux sacrifices d'aujourd'hui perpétrés par l'élite américaine au Bohemian Grove.

Les gens de foi devraient s'unir ; non au sein d'une religion mondiale, mais contre les Illuminati.

Jésus nous a prévenus : Prenez garde des faux prophètes, qui viennent à vous habillés en brebis, car ils ne sont que des loups féroces.

Protocole 11:4 : Les goyim sont un troupeau de moutons, et nous sommes leurs loups. Et vous savez ce qui se produit lorsque les loups s'emparent du troupeau ?

Livre Deux

La normalisation de la perversion sexuelle

La Signification de La Perversion

Comme le monde est contrôlé par un culte satanique, le sens du mot « perversion » est naturellement occulté.

La perversion est définie par tout ce qui s'écarte de ce qui est naturel et sain. Le mot « pervers » est synonyme de « malsain, malade ».

Depuis plus de 100 ans, les Illuminati ont fait la promotion du sexe comme une fin en soi sous le couvert de « l'amour libre » et de la « libération sexuelle ».

Les Satanistes inversent ce qui malsain et ce qui est sain. La perversion est présentée comme une « libération ».

Après l'instinct de survie, celui de se reproduire est notre instinct naturel le plus puissant. Le but du sexe est de s'assurer de la survie de l'espèce et de la continuité de la civilisation. En faire une fin en soi, pour l'accomplissement du plaisir sensuel, est une perversion.

Le sex-appeal des femmes est surtout fonction de leur fertilité. Après la ménopause, les femmes sont rarement attractives aux yeux des hommes. L'attraction sexuelle masculine repose pour la plus grande part sur une programmation naturelle en vue de la reproduction.

Dans une société saine, les relations sexuelles sont réservées au mariage ou au moins pour des relations sur le long terme. Ainsi, l'énergie sexuelle vient renforcer les liens du mariage et fournit une fondation stable pour la vie familiale. Les femmes veulent être désirées exclusivement plutôt qu'utilisées et jetées comme des kleenex.

D'un autre côté, la « libération sexuelle », affaibli l'institution du mariage en normalisant la promiscuité. Elle nous déshumanise en promouvant l'intimité physique dénuée d'intimité humaine.

Les jeunes femmes ont été élevées dans l'idée que la promiscuité était une forme de « pouvoir ». En fait, c'est le mariage qui est un vecteur de pouvoir, car le mariage permet que la femme soit aimée en tant qu'être humain.

Les femmes ont toujours été chéries pour l'amour qu'elles procurent à leurs maris et à leurs enfants. Aujourd'hui, le féminisme les a reprogrammées pour être égoïstes et arrivistes, ainsi les jeunes femmes n'ont à présent plus rien d'autre à offrir que leur corps. Elles ont été transformées en salopes potentielles et en star du porno. Ceci est une perversion et une confirmation de la possession satanique.

La société reste sourde face à la guerre psychologique menée contre les hétérosexuels

Chaque jour, les hétérosexuels sont immergés dans un bain toxique fait de lesbianisme, d'homosexualité, d'obscénité, de pédophilie et de promiscuité sexuelle, tout cela afin de les transformer ainsi que l'ensemble de la société. Et pourtant ils ne sont aucunement conscients de cette attaque.

Le 10 juin 2011, la police de New York a délivré une amende à deux femmes assises sur un banc dans un parc, en train de manger des beignets.

Elles avaient violés une loi (une parmi les 15 figurant sur un panneau), interdisant aux adultes d'entrer sur une aire de jeu à moins d'être accompagnés d'un enfant.

Cela est supposé décourager les pédophiles. Les autres villes des États-Unis, y compris Miami Beach et San Francisco, comportent des prescriptions similaires ayant été étendues aux bibliothèques et aux musées pour enfants.

L'hiver dernier, sept newyorkais furent verbalisés pour avoir joué aux échecs sur une aire de jeu. Dans l'Idaho, un homme fut arrêté après avoir pris des photos d'un enfant qui n'était autre que son petit-fils.

C'est la « panique du pédophile », explique l'écrivain newyorkais Leonore Skenazy. « Tout le monde est un pédophile jusqu'à ce qu'il puisse démontrer le contraire. »

Par un glissement habile, ils transfèrent la stigmatisation des pédophiles sur les hétérosexuels. Les études montrent pourtant que les homosexuels constituant seulement 2% de la population, contribuent pour environ 25 à 40% de la maltraitance enfantine. Mais le but est de dénoncer l'hétérosexualité comme une pathologie (ex:la violence domestique, etc.)

« Cela ne me dérangerait pas qu'il y ait une femme ou deux de plus assises sur une aire de jeux, comme paire d'yeux supplémentaires, écrit Skenazy. « Lorsque vous commencez à criminaliser tout le monde, vous ne pouvez plus appartenir à une communauté. » (*Playground Panic, Maclean's, 5 septembre 2001*)

Tout juste. Au lieu d'une grande famille humaine, nous sommes un monde de prédateurs sexuels. Il faut reconnaître que les satanistes savent comment créer l'enfer.

L'HÉTÉROSEXUALITÉ EST NIÉE

Les Illuminati tentent de transformer notre identité humaine en tant que père, mère, mari, épouse, sœur, frère, fils et fille afin de nous réduire au statut de drone solitaire travailleur-consommateur.

Si nous voulons des familles saines, la société doit encourager les hommes et les femmes à se consacrer eux-mêmes à cette noble tâche. Nos enfants représentent notre croissance organique, notre lien avec l'éternité.

Au lieu de cela, les hétérosexuels subissent une attaque psychologique constante.

Des jeunes femmes « progressistes » manifestent pour le droit de se comporter comme des « salopes ». Le système scolaire favorise les homosexuels pour l'obtention des bourses. Des chansons pop comme celle de Katy Perry *I Kissed A Girl* (*et j'ai aimé!*) font quatre millions de téléchargements payants. Des séries TV tout public dépeignent des gays et du porno gay. Les enseignants encouragent les enfants à s'adonner aux relations sexuelles et de faire l'expérience des relations homos sous le prétexte de « l'éducation sexuelle. » Les petites filles sont sexualisées. *Sesame Street* s'est battue pour que deux de leurs marionnettes, Bert et Ernie, servent de modèles positifs pour le mariage homosexuel.

Tout cela sape le mariage et la famille. Près de 50% des femmes qui ont perdu leur virginité pendant leur adolescence étaient divorcées au cours des 10 années suivantes. Quarante-trois pour cent des femmes nées entre 1965 et 1978 ayant suivies des études à l'université, sont sans enfants.

Notre société a été subvertie par les banquiers centraux Juifs satanistes (kabbalistes) et leurs sbires maçonniques traîtres œuvrant à ce que l'État prenne en charge la procréation, (tel que dépeint dans *Le Meilleur des Mondes* d'Aldous Huxley). Nous sommes reprogrammés pour mieux les servir.

La raison pour laquelle nous restons sourds et aveugles face à cette attaque sournoise sur notre identité, c'est qu'ils la déguisent en « droits des homosexuels », et traitent ensuite toute opposition « d'homophobie ». En fait, ils pratiquent eux-mêmes « l'hétérophobie », même si ce terme ne figure pas dans le dictionnaire. Nous vivons dans un monde Orwellien.

Une simple recherche sur Google illustre comment cette agression vicieuse hétérophobe reste indétectable.

Si vous cherchez « hétérophobie » (c'est à dire la peur de l'hétérosexualité), vous obtiendrez 115,000 entrées, ce résultat n'ayant rien à voir avec ce qui se passe réellement.

Par contre, cherchez sur Google « homophobie » (c'est à dire la peur de l'homosexualité) et vous obtiendrez 9,270,000 entrées, quatre-vingts fois plus de références, principalement désobligeantes. Comme les gays constituent environ 1/50ème de la population, la disparité de sensibilisation est d'environ 4000 pour un.

J'ai d'abord remarqué cela lorsque j'ai cherché des images Google concernant hétérophobie. Il y en avait 11,700, mais aucune ne correspondait vraiment. Par contre pour l'homophobie cela montait à 979,000 images, 836 fois plus.

L'homosexualité obtient presque sept fois plus de résultats que l'hétérosexualité, en dépit du fait qu'elle ne constitue que 1/50ème du segment démographique.

Nous sommes contrôlés et manipulés et nous n'en n'avons même pas la moindre idée.

LA NÉGATION DU GENRE SEXUEL = DÉNI DE RÉALITÉ

Les genres sexuels masculin et féminin sont répandus au sein de la nature, des êtres humains aux créatures marines les plus rudimentaires. Les différences entre les sexes sont documentées et confirmées par la science :

« Il y a jamais eu une plus grande fracture entre ce que toute personne intelligente, à l'opinion éclairée suppose - que les hommes et les femmes ont le même cerveau - et ce que la science sait : que cela n'est absolument pas le cas », écrit la neuropsychologue Anne Moir.

« Les recherches scientifiques présentent une vérité irréfutable : La différence entre les hommes et les femmes n'est pas seulement d'ordre physique. Elle est également de nature neurologique. Le cerveau des hommes et des femmes est constitué différemment, nous faisant penser, ressentir, réagir et répondre de manières radicalement différentes ». (http://www.brainsexmatters.com/index.php)

Les femmes sont différentes parce qu'elles font des enfants. Les enfants doivent être conçus dans l'amour et élevés dans un environnement sûr et sain. Les hommes et les femmes ont des rôles complémentaires basés sur des compétences et des tempéraments différents.

L'hétérosexualité et l'homosexualité ne sont pas compatibles. Si les hétérosexuels ne déterminent pas les normes sociales, la minuscule minorité homosexuelle le fera (grâce au soutien des Illuminati). Comme cela est en train de se produire, la majorité s'érodera jusqu'à ce qu'elle finisse par devenir une minorité avant de disparaître pour de bon.

Le plan occulte de 1852 pour la vénération des femmes & l'affaiblissement des hommes

M. Comte vise à établir... un despotisme de la société sur l'individu, surpassant tout ce qui fut jamais conçu en termes d'idéal de discipline politique la plus rigide par les anciens philosophes – John Stuart Mill

Dans son Meilleur des Monde (1931), Aldous Huxley prévoit que les bébés seront un jour conçus dans des éprouvettes. Mais dès 1852, le philosophe Illuministe (Illuminati) Auguste Comte, formulait déjà dans ses écrits une vision similaire d'une refonte totale de la société. Selon lui, le progrès social nécessitait que la reproduction humaine « dépende uniquement de la femme ». Les hommes devaient ainsi être écartés de la famille.

« Si dans la reproduction humaine, la contribution de l'homme s'apparente à un simple stimulus, un accompagnement accidentel de la véritable utilité de son système reproducteur, alors il est tout à fait envisageable que nous puissions substituer à ce stimulus un ou plusieurs autres devant être mis librement à la disposition des femmes... »

Auguste Comte

Le but semble d'éliminer également l'attraction sexuelle.

« Les femmes, même de par leurs fonctions physiologiques, deviendront indépendantes des hommes... Le processus de reproduction de l'espèce ne sera plus à la merci d'un instinct capricieux et incontrôlable, dont le réfrènement a été jusqu'ici le fondement de la discipline humaine. » (*Système de Politique Positive,* 1851-1854, Vol. IV, p. 60-61)

Faisant montre d'une prescience à vous donner le frisson, il écrit : « Une femme amie, bien choisie, désirant elle-même devenir un membre de la famille, ferait dans la plupart des cas mieux que le père lui-même. » (Vol. IV, p.195)

Les Illuminati croient pouvoir contrôler la société en « libérant les femmes » du mariage. Comte anticipe ici l'émergence de la « mère célibataire ».

« Ce changement parachèvera la juste émancipation des femmes, ainsi rendues complètement indépendantes des hommes, y compris physiquement, il ne sera donc plus

possible de contester la pleine ascendance du sexe affectif sur les enfants, qui seront alors exclusivement les siens. » (Vol. IV, p. 244)

L'humanité ne formera plus qu'une seule famille de « descendants issus de mères sans maris. » (Vol. IV, p. 359)

LA VÉNÉRATION DE LA FEMME

Comte explique que la première étape nécessaire à la future « vénération de l'humanité » (l'Humanisme d'aujourd'hui), est de changer les femmes en déesses.

« En substituant les déesses aux dieux, nous sanctionnons la prééminence légitime des femmes... En un mot, la nouvelle doctrine instaurera la vénération de la Femme, publiquement et en privé, d'une manière bien plus parfaite que cela a jamais été possible. Il s'agit de la première étape permanente vers la vénération de l'humanité. » (Vol. 4, p. 446 ; Vol I, p. 205)

Tandis que Comte passe pour ne pas avoir été Franc-maçon lui-même, d'après certains, la philosophie du positivisme dont il est à l'origine : « a joué un rôle particulièrement important au sein de la Franc-maçonnerie française du 19ème siècle. Une des raisons de ce partenariat se trouvait dans la résistance politique du positivisme à l'égard des moyens autoritaires de la connaissance, notamment ceux de l'Église.

CONCLUSION

Grâce aux « Lumières », les Illuminati ont forgé le projet multi-générationnel d'arracher l'humanité à ses amarres naturelles et spirituelles, afin de la remodeler en une sorte de colonie pénitentiaire au service de leurs propres intérêts.

À la religion, qui permet de se conformer et d'obéir aux desseins du Créateur, les Illuministes ont substitué la religion de l'homme, c'est-à-dire l'Humanisme.

L'homme devient « son propre Dieu », tandis qu'il fait du monde un paradis. Cela n'est qu'une ruse pour le reconfigurer d'après les spécifications de l'élite. Auguste Comte est connu pour être le « père de la sociologie » - c'est la preuve que les sciences sociales n'ont pas d'autre but que d'établir une société totalitaire.

Substituer quoi que ce soit à Dieu, est d'ordre satanique. Auguste Comte est la preuve que les normes sociales modernes – l'idéalisation des femmes, la destruction du mariage et de la famille – ont des origines sataniques aux racines profondes et lointaines.

Cet article est basé sur les recherches d'Erica Carle en 2010. http://www.newswithviews.com/Erica/Carle172.htm

Les preuves irréfutables montrant que des prédateurs sexuels sont à l'origine de « l'éducation sexuelle »

Nous ne devrions pas oublier le cas de l'ancien ministre adjoint à l'éducation de l'Ontario, Benjamin Levin. Libéré le 9 juillet 2013 sous une caution de 100,000$, Levin avait été condamné pour la fabrication et la distribution de pornographie infantile. En tant que ministre adjoint à l'éducation, il avait conçu un programme « d'éducation sexuelle » afin de sexualiser les enfants de la province d'Ontario.

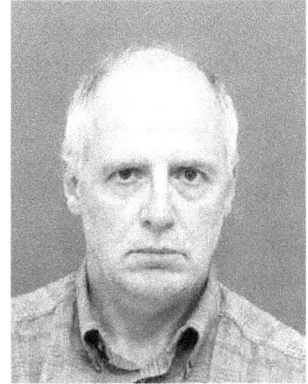

Cet incident est une preuve supplémentaire confirmant qu'un culte sexuel satanique maçonnique (Juif Kabbaliste) contrôle la société en utilisant les gauchistes (libéraux) et les groupes « progressistes », comme couverture. Il s'agit d'un ancien professeur à l'Université de Toronto ; un de ses frères y officiant également comme greffier et un autre étant ambassadeur du Canada à Cuba. Un autre de ses frères est l'éditeur du *Globe and Mail* de Toronto.

Ben Levin

PAR *REALITY* (LES FEMMES VÉRITABLES DU CANADA – SEPTEMBRE 2012)

De 2004 à 2009, Ben Levin a occupé le poste de ministre adjoint à l'éducation de la province d'Ontario sous la direction de la ministre de l'éducation lesbienne, Kathleen Wynne, qui est actuellement (2014) la dirigeante libérale de la province.

Au cours du mandat de Levin, un nouveau programme d'éducation sexuelle appelé la Stratégie de l'Éducation Inclusive et Équitable (EIES), a vu le jour. D'après ce programme, les enfants de 6 ans devaient se voir enseigner « l'identité de genre » en primaire, l'orientation sexuelle au cours moyen, la masturbation en 6ème, et la fellation et la sodomie en 5ème.

Dans une lettre, datée du 6 avril 2009, M. Levin déclarait : « Aujourd'hui, la ministre a lancé son programme d'EIES, réalisant les promesses de la diversité... Cette stratégie à grande échelle de la province a été une priorité de notre ministre de l'éducation Kathleen Wynne, ainsi que de moi-même. »

Ce programme fut mis en application en septembre 2010. Les parents horrifiés soulevèrent une telle tempête de protestations que le Premier Ministre d'alors, Dalton McGuinty, fut forcé de retirer le programme après seulement deux jours. Inébranlable, Wynne qui a succédé à McGuinty, a annoncé en janvier 2013 qu'elle prévoyait de rétablir ce programme d'éducation sexuelle controversé.

En juin 2013, M. Levin publia un article dans la *Revue Littéraire du Canada* qui critiquait la décision de la Province de rendre obligatoire l'accès au casier judiciaire de tous les adultes travaillant avec les enfants. Il prétendit que cela établissait une barrière au partenariat entre les écoles et la communauté.

M. Levin était si bien vu par l'actuelle première ministre Wynne, qu'elle l'avait nommé membre de son équipe de transition en janvier 2013. Il siégeait également avec fierté au premier rang auprès de Madame Wynne, ainsi qu'au côté du dirigeant libéral fédéral Justin Trudeau, et de l'ancien directeur Bob Rae à la Gay Pride de Toronto en juin 2013.

M. Levin a à présent été accusé de réalisation de contenus pornographiques pédophiles et de détournement de mineur. Deux autres chefs d'accusation furent aussi présentés contre lui pour possession et distribution de matériels pédopornographiques.

LA SCOLARITÉ DU PRIMAIRE ET LES PRÉDATEURS PÉDOPHILES

Cela n'était en aucune façon une coïncidence que M. Levin, en tant que ministre adjoint de l'éducation, fasse la promotion de l'éducation sexuelle auprès des enfants. En sexualisant les enfants avant qu'ils ne soient prêts – psychologiquement, émotionnellement et physiquement – les enfants pourraient alors penser qu'il est normal et acceptable d'avoir des relations avec des prédateurs.

Cela les rend à la fois vulnérables et en fait des proies faciles. Seul le bon sens et l'intuition des parents inquiets a permis à ce programme d'éducation sexuelle d'être supprimé en Ontario.

La Province du Manitoba inculque l'homosexualité de force aux enfants

Nous devons introduire au sein de leur éducation tous ces principes qui ont si brillamment brisés leur ordre. —Protocoles des Sages de Sion (16)

En décembre 2012, Nancy Allan, la ministre de la rééducation et de la famille, a annoncé une loi coercitive pour persécuter les étudiants qui s'opposeraient à l'homosexualité, s'assurant ainsi que les enfants scolarisés soient consentant à l'égard des pédophiles homosexuels.

Nancy Allan

Le « plan anti-maltraitance » qui a pris force de loi le 9 octobre 2013, enseignera aux enfants comment dénoncer les enfants émettant des réserves au sujet de l'homosexualité. Cela a été étendu au-delà de l'école pour inclure tous les lieux, y compris sur Internet et sur les réseaux sociaux. Des commissaires politiques suivront un entrainement pour recevoir les plaintes, condamner et intimider les contrevenants. (Source : *CBC Information Radio Interview* avec Allan)

Toutes les écoles seront forcées d'adopter une charte de la « diversité humaine » qui souligne « l'inclusion », c'est-à-dire l'approbation du « style de vie homosexuel ». Cette charte encourage à ce que des alliances « homo-hétéro » soient passées au sein de tous les établissements scolaires de la province du Manitoba. Ces endroits sont des lieux de rencontre où les enfants hétéros pourront s'invertir et connaitre leur première expérience sexuelle gay. Ces laboratoires d'essais ont jusqu'ici été mis en place dans 31 écoles du Manitoba.

Les Illuminati ont toujours de bonnes et véritables raisons. Ils parlent de rendre les écoles « sûres » et « amicales » envers les gays. La véritable raison est d'encourager l'expérimentation homosexuelle. Les écoles du Manitoba ne sont plus « sûres » pour 98% des enfants qui les fréquentent, c'est-à-dire les hétérosexuels. Nos dirigeants politiques font ainsi montre d'une haine subversive à l'égard de la société hétérosexuelle et de ses institutions.

Je vis à Winnipeg. Le gouvernement du Manitoba est membre de l'Internationale Socialiste, une façade communiste (maçonnique Illuminati). Leur logo constitué d'un poing et d'une rose rouge, est un symbole communiste. Les Illuminati ont franchi la ligne rouge.

Ils ont été pris la main dans le sac en train de procurer des enfants aux pédophiles. Ils parient que la population est trop stupide et lâche pour le reconnaitre et résister.

LA GUERRE PSYCHOLOGIQUE

Vous pouvez reconnaitre qu'il s'agit d'un acte de guerre psychologique lorsque les gouvernements locaux et fédéraux, les grandes entreprises, les célébrités et les médias de masse sont tous en phase et répètent le même refrain.

Cette opération de guerre psychologique est une forme de « terreur morale » qui se répand à la vitesse d'une épidémie. L'administration Obama « estime que la maltraitance affecte 13 millions d'étudiants, ou à peu près un tiers des élèves. »

Un tiers des élèves ? Avez-vous déjà entendu un tel non-sens ?

Dans les années 1950, j'ai été victime de harcèlement dans la cour de récré de la Fairfield school. Je ne me suis pas précipité sur YouTube pour demander l'aide du gouvernement ou des spectateurs.

J'ai recruté un gamin costaud du nom de Louis et il se chargea du problème. Ça ne m'a couté que quelques billes.

Certains gamins m'ont plus tard ostracisé. Et alors ? Je les évitais. Les conflits de personnalité et les désaccords font partie de la vie. Ils ne nécessitent pas le recours aux lois à moins qu'ils ne soient l'expression d'une volonté expresse de nuire à autrui.

La « maltraitance » n'est pas ce qui est vraiment en cause dans ce cas. La « maltraitance » n'est qu'un prétexte pour criminaliser la non-acceptation de l'homosexualité.

Les enfants homos sont dépeints comme une minorité persécutée. Tous ceux qui refusent d'expérimenter l'homosexualité sont catalogués comme des « brutes » ou des « haineux ».

« Lady » Gag veut faire de la « maltraitance » un « crime de haine ». Savez-vous que la plupart des homosexuels préfèrent les hétérosexuels ? Ils n'aiment pas le rejet.

Regardez le reportage du 6 décembre 2011 sur ABC News. Il montre la salope sataniste Lady Gag se rendant à la Maison Blanche pour discuter de la maltraitance. Mais on comprend très vite que ce qui pose problème n'est pas tellement la maltraitance mais plutôt la résistance contre l'homosexualité.

La vidéo de Jonah Mowry est encensée et Jonah est cité, déclarant que Gag l'avait inspiré grâce à sa campagne « born that way » (« né comme ça »).

Atterris Jonah. Très peu d'homosexuels sont « nés comme ça ». La plupart le deviennent à cause de problèmes familiaux (père abusif ou absent, mère abusive) ou par des abus sexuels perpétrés par un membre du même sexe plus âgé.

[Kevin est un lecteur vivant à San Francisco. Il a posé aux hommes gays des questions du type : « Avez-vous toujours été attiré par les hommes ? » TOUS LES HOMOSEXUELS AUXQUELS IL A PARLÉ avaient été soit abusés par leur père, ou (plus fréquemment) par leur beau-père, ou bien violés par une personne d'autorité ; tout cela alors qu'ils étaient jeunes ou adolescents.]

Leur dysfonctionnement est ce que les Illuminati pervers ont l'intention de normaliser. C'est pourquoi ils forcent les bébés et les enfants à se faire vacciner contre les MST (Maladies Sexuellement Transmissibles).

Ne vous faites pas d'illusions au sujet des monstres qui nous gouvernent. Ce sont des Satanistes pratiquants. Ils se foutent pas mal des gays, des femmes, des enfants ou qui que ce soit d'autres exceptés eux-mêmes. Mais ils feignent toujours une attitude pieuse et respectable pour faire avancer leurs objectifs pervers.

Je pense que l'homosexualité est un désordre du comportement et que les gays devraient être traités comme tous ceux qui présentent un problème de santé, avec compassion et soutient. Je n'encourage ni ne soutient aucun comportement violent ou nuisible.

Ne vous y trompez pas. La « maltraitance » ne concerne en fait que la coercition exercée sur les hétérosexuels pour qu'ils expérimentent l'homosexualité. Ceux qui vous maltraitent sont les traitres pervers du gouvernement et des médias de masse.

Nancy Allan a été révoquée du Cabinet en octobre 2013, une semaine après que sa loi hétérophobe ait été votée.

PREMIER COMMENTAIRE DE JUDITH REISMAN PH.D. AUTEUR DE *SEXUAL SABOTAGE (SABOTAGE SEXUEL)* 2010

Il s'agit d'un compte rendu exact de la programmation de type pédéraste/pédophile que l'on constate de plus en plus de par le monde. Seule une institution d'envergure mondiale pourrait produire la même « ligne » directrice sexuelle. La campagne de sexualisation de tous les bébés et enfants afin d'en faire les victimes potentielle d'abus horribles, émerge en tant que « Anti Bullying Action Plan » (« Plan d'Action Anti Maltraitance ») dans la Province du Manitoba. Le programme inclut l'expérimentation sexuelle par les enfants – du type de celle encouragée par les sexologues issus de l'institut Havana au Brésil, et celle des défenseurs de la pédophilie en Grande-Bretagne, aux USA et dans le monde entier, sous la bannière de l'International Planned Parenthood (Mouvement pour le Planning Familial).

Ces programmes sont une étape intermédiaire du trafic sexuel des enfants – une industrie financièrement en pleine croissance. Imaginez des pervers assis autour d'une table de conférence depuis 20 ans qui planifient la meilleure manière de « détourner les enfants du contrôle de leurs parents et de la religion pour les rendre complètement vulnérable. Appelons-le anti-maltraitance, crime de haine. Une fois que nous les aurons tous formés sexuellement, nous les contrôlerons totalement. »

Ridicule, dites-vous ? L'époque nous indique que ça n'est malheureusement pas du tout le cas.

Judith Reisman, Ph.D.
Professeur de droit
Liberty University School of Law

Le guide de l'homosexualité de Nancy Allan

Nancy Allan était la Ministre de l'Éducation du Manitoba jusqu'en octobre 2013. Les écoles du Manitoba sont parmi les plus mauvaises du Canada en termes de résultats. La solution : Enseigner aux enfants comment manger de la merde (c'est-à-dire le « rimming » - Anulingus)

Oui, littéralement. Elle veut que les élèves des écoles du Manitoba se convertissent à l'homosexualité. Sa loi 18 force les écoles à établir des « alliances homos-hétéro » et criminaliser la résistance à l'homosexualité en la qualifiant de « maltraitance ».

Durant ces réunions, je m'imagine que les leçons porteraient sur les domaines suivants :

1. Le sexe anal est un des principaux plaisirs de la relation homosexuelle. La sodomie est semblable aux rapports sexuels normaux. Ignorez le fait que l'anus n'a pas été conçu pour être un réceptacle. Ignorez le fait que lorsque cet acte s'accomplit, la poussée intérieure provoque l'élargissement du canal anal et parfois même des fissures occasionnant des saignements. Cela peut provoquer toutes sortes de maladies.

2. L'Anulingus. Cette pratique consiste à lécher l'anus, et souvent ingérer des matières fécales – en d'autres termes, manger de la merde. S'ils ne mangent pas de la merde, certains homosexuels défèquent les uns sur les autres. Cette pratique bizarre est connue sous le nom de scatophilie. L'urination dans la bouche et sur le corps sanglant du partenaire... est une pratique tout aussi commune. Cela s'appelle une douche dorée ou du sport aquatique. Allez les enfants, essayez-le !

3. Le Fisting consiste à insérer la main ou le poing dans l'anus. Bien qu'il soit difficile de croire qu'un poing puisse être inséré dans un rectum humain, c'est tout à fait possible. Ne vous inquiétez pas de savoir que les dommages résultant de la pratique du fisting peuvent occasionner une sphinctérotomie ou une colostomie.

Essayez de descendre encore plus bas que tout ça dans les profondeurs de la dépravation. Les poings ne sont pas les seuls objets pouvant être insérés, il y aussi les jouets « sex toys », les vibromasseurs, les godes, etc. Cela conduit à de sérieux dommages intérieurs ; en particulier le long du canal intestinal mais aussi contribue à répandre des matières fécales dans l'abdomen, ce qui peut causer la mort. Mais au moins vous mourrez d'une manière politiquement correcte.

Un magazine américain a déclaré que les sex toys sont : « en général assez petit, mais des médecins ont du intervenir pour sortir des objets tels que des bouteilles d'un litre de

Coca-Cola, des stylos, et une tête de vibromasseur. » Le record consiste en une bouteille de lotion longue de 14,2 cm et de 21,5 cm de circonférence.

4. Une autre pratique homosexuelle est le sado-masochisme. Environ un tiers des homosexuels s'adonnent à la torture sexuelle. Les plus grands meurtriers en série des Etats-Unis étaient tous gay. Grâce au Ministère de l'Education du Manitoba, vous pouvez blesser sérieusement ou même tuer quelqu'un, ou bien être à votre tour blessé ou tué.

5. Comme les sensations fortes diminuent, vous aurez besoin de recourir à la drogue pour maintenir votre expérience. La prise de drogue est sept fois plus élevée chez les homosexuels. La méthadone et la cocaïne sont les plus répandues.

6. En tant qu'homosexuels vous profiterez d'un degré de promiscuité extraordinaire. Vous connaitrez des dizaines de partenaires chaque année, des centaines au cours de votre vie. Les « mariages » sont rarement exclusifs.

Denis Altman, un vétéran de cet effort courageux pour redéfinir la nature humaine, a écrit : « Les luxueux palais immenses où tout le monde est un partenaire sexuel potentiel, constituent un fantasme sexuel très répandu ; il n'y a pourtant que pour les homos qu'il s'agisse d'une réalité vécue... Les hommes présents dans ces lieux parlent rarement, c'est tout à fait commun de voir une relation sexuelle se produire sans que le moindre mot ait été échangé, encore moins les noms respectifs. »

Altman prétend qu'il s'agit d'une marque de fraternité : « la volonté d'avoir des relations sexuelles immédiates, intenses, et avec des gens dont on ne sait rien et dont on ne demande que le contact physique, peut être considérée comme une sorte de démocratie Whitmanesque, un désir de connaître et de faire confiance aux autres hommes à la manière d'une fraternité. »

En dehors de ces lieux de débauche, les homosexuels s'adonnent souvent à des relations sexuelles dans les toilettes publiques - une pratique connue comme du « cottaging » - ainsi que dans les parcs publics et ailleurs. Les colonnes des magazines homosexuels sont remplies de publicités pour des putes masculines - des garçons à louer.

Penchez-vous les enfants ! C'est du Nouvel Ordre Mondial qu'il s'agit : l'intronisation à un culte sexuel satanique. Quiconque refuse est un « malfaisant » et sera poursuivi en conséquence.

Les enseignants approuvent la défense de la pédophilie

Malgré le fait que 3000 personnes aient signé une pétition pour bannir James Kincaid du Canada, il n'y avait aucun manifestant lorsque ce défenseur de la pédophilie a pris la parole lors d'une conférence sur le thème : *Bodies at play ; sexuality, childhood and classroom life (Jeux des corps ; la sexualité, l'enfance et la vie scolaire)* à l'Université de Toronto, le 19 octobre 2013. Cette intervention était parrainée par le *Centre pour l'Etude de la Diversité Sexuelle*. (Cela devrait s'appeler la « *perversité sexuelle* ».)

Bien que 125,000 membres de l'Institut des Valeurs Canadiennes et de l'Action Canadienne pour la Famille, aient envoyé une pétition au gouvernement, le seul contestataire présent était un lecteur d'henrymakow.com, Nathan Wiedmann, 32 ans, père de trois enfants et commercial, qui a conduit trois heures de nuit pour être présent là-bas.

Nathan pensait y joindre d'autres dissidents. Comme aucun ne s'était manifesté, il décida d'assister à la conférence.

Normalement, il devait s'enregistrer à l'avance mais les organisateurs le laissèrent entrer malgré l'important dispositif de sécurité posté à l'extérieur. Grâce à l'enregistrement que Nathan fit de l'intervention de 45 minutes, je peux rapporter ce qui s'y est dit.

Kincaid, un professeur émérite âgé de 76 ans de l'Université de la Californie du Sud ne s'est pas présenté directement comme un défenseur de la pédophilie. Il s'est plutôt contenté de minimiser les points négatifs, tout en faisant la promotion en termes détournés du côté positif à voir de plus en plus les enfants dépeints sous un jour érotique. L'euphémisme qu'il emploie à la place du terme érotique est celui : « d'enfant surréaliste ».

Kincaid est un orateur efficace et charmant tel que peut l'être un professeur d'anglais à la retraite. Le public l'a écouté comme un gourou et un réformateur social, et non comme l'idéologue pédophile qu'il est en vérité.

L'assistance a ri à ses blagues et la conférence s'est terminée par des applaudissements. Aucune question ne fut autorisée, mais les gens purent l'approcher individuellement.

LE MESSAGE SOUS-JACENT

La première partie de la conférence présente ce type « d'érudition » inintelligible que les professeurs utilisent pour hypnotiser leur audience. Puis Kincaid a enfin placé son message sous-jacent. Il affirme que tout le monde est sexuellement attiré par les enfants mais que seuls les pédophiles sont assez honnêtes pour l'admettre.

Telle est la stratégie que les activistes homosexuels utilisent toujours. Quiconque ne souhaite pas que leur « mode de vie » devienne la norme sociétale doit forcément être lui-même un homosexuel refoulé.

Kincaid explique qu'il n'est nul besoin de protéger les enfants des prédateurs. Les conservateurs ont soi-disant créé cette peur pour maintenir l'institution dépassée de la famille et « l'identité des Etats-Unis ». La société est hypocrite parce qu'elle permet l'érotisation des enfants et qu'en même temps elle persécute les pédophiles.

Je me permets de faire remarquer que ce sont les ingénieurs sociaux Illuminati, comme le professeur Kincaid et les pervers homosexuels pédophiles, qui sexualisent les enfants. La société s'y oppose parce que nos valeurs n'ont pas encore été complètement vaincues.

Le public a éclaté de rire lorsqu'il a comparé les prédateurs sexuels pédophiles à des agents du FBI préparant un coup monté. Il décrit deux agents du FBI en train de procéder à une attribution. « Il ne se passe jamais rien », dit-il. « C'est un crime de pensée. »

Pardon ? Il ne se passe jamais rien lorsqu'un pédophile rencontre un enfant ?

Il déclare qu'il n'y a que 115 enlèvements d'enfants par an aux Etats-Unis, et que l'hystérie au sujet de la pédophilie accapare des moyens qui seraient plus utiles à la résolution de problèmes plus urgents comme par exemple les 750,000 fugues.

Comme si les « enlèvements d'enfants » étaient le seul critère de mesure de la pédophilie. Il ne s'agit sans doute que des cas enregistrés et il y en a probablement bien davantage. La pornographie infantile est un marché de 20 milliards de dollars rien qu'en ligne, et Kincaid pense que la pédophilie peut être évaluée par 115 enlèvements.

Il dit que 90% des abus sexuels se produisent au sein du « milieu familial ». Les pédophiles servant de boucs émissaires pour protéger « l'unité familiale chancelante ».

C'est ce que les activistes homosexuels appellent le « brouillage ». Affirmer des choses indéfendables comme s'il s'agissait de faits avérés. Il accuse ici la famille traditionnelle, la protectrice naturelle des enfants, de se trouver à l'origine de la pédophilie.

Il déclare que nous avons protesté contre le fait que Calvin Klein utilise des enfants en sous-vêtement sur ses affiches publicitaires, parce qu'en fait nous sommes attirés par eux. Il explique que des gens ont prétendu que les formes génitales des garçons avaient été retouchées sur le catalogue de sous-vêtement de Sears. Il affirme que ça n'est pas vrai et qu'il aurait apporté les photos en question pour le prouver mais qu'il avait peur d'être arrêté à la frontière. Il a ricané et le public a éclaté de rire.

MON MESSAGE A KINCAID

Les adultes normaux veulent protéger, défendre et nourrir les enfants. Seuls les malades veulent avoir des relations sexuelles avec eux.

Kincaid affirme que les enfants prépubères ont une sexualité. Je ne le crois pas, mais quoi qu'il en soit, ils ne sont pas prêts pour avoir des relations de cette nature. Ils ne doivent pas servir de gibier à ceux qui sont incapables de contrôler leurs pires pulsions.

Kincaid ne se rappelle-t-il pas de ce qu'est l'enfance ? Les enfants sont vulnérables et extrêmement dépendants. La compréhension leur fait défaut. Ils sont encore à l'état incomplet.

Les pédophiles ne voient-ils donc pas le mal qu'ils font aux enfants ? Ne voient-ils pas les horribles conséquences de leurs agissements ? Pourquoi ne pensent-ils qu'à eux ?

Kincaid a conclu par une rhapsodie dionysiaque sur la beauté merveilleuse des enfants. Cela ressemblait à une invitation à la sexualité exprimée en termes spirituels : « océan de bénédiction », « ivresse extatique » ; « retrouvons ce que nous avons perdu » ; « le moment est tout ce qui compte » ; « seules les expériences comptent » ; « tout le reste n'est que mort », etc. etc.

DU SATANISME

Il finit par condamner l'éducation comme un obstacle sur la voie de l'épanouissement de ces merveilleuses créatures, les enfants, qui devraient enseigner à la place des enseignants. Le public de 50 étudiants a poliment applaudi et l'organisateur a remercié Kincaid pour cet « excellente conférence ». Soit ils n'ont rien compris, ou bien ils ont en effet perdu tout repère moral.

Une dissonance cognitive se produit et la réalité se met à nous échapper lorsque des gens bien intégrés socialement disent des choses horribles et irrationnelles, tout spécialement lorsque ces choses sont prononcées dans un langage vague et élaboré.

Kincaid a probablement été payé 5,000$ plus les frais pour venir à Toronto avec sa femme et loger dans un hôtel haut de gamme. Est-ce donc vraiment de cette manière que nos impôts doivent être dépensés ?

Les tribunaux aident les homosexuels à corrompre leurs fils

Par Miriam Silver

Mon fils de 11 ans m'a raconté avoir vu l'amant de son père homosexuel le masser dans son lit (en portant un sous-vêtement), et qu'il ne voulait plus visiter son père lorsque cet homme était présent à la maison.

J'ai essayé de parler à son père, mais il m'a expliqué qu'il souhaitait que son fils prenne l'habitude de le voir être touché par un autre homme, que cela était tout à fait naturel.

Mon avocat a rapporté tout ceci auprès du juge et s'est vu immédiatement réduit au silence. Le juge rédigea une note dans laquelle il me traita de menteuse et précisant qu'il ne nous laisserait plus, ni moi ni mon fils, témoigner à nouveau.

Mon fils qui est à présent un grand garçon a commencé à se battre physiquement avec son père lors de ses visites, car il ne voulait pas se trouver en présence de son petit ami...

J'ai été accusé « d'aliénation parentale », bien que l'homme dont se plaignait mon fils ne fût pas son père, mais son compagnon homosexuel.

Le juge me déclara qu'il n'avait pas à suivre les lois des USA et que mon fils devait s'habituer au mode de vie homosexuel, puis il ordonna que je n'ai plus aucun contact avec mon fils.

Mon fils m'a supplié de l'aider, alors nous avons fui. Des détectives furent engagés, des enquêteurs se mirent à suivre toute ma famille ; tous nos téléphones furent mis sur écoute ; les comptes en banque de ma famille furent gelés, et tous les courriers adressés à mes parents furent envoyés à la police avant qu'ils ne puissent les recevoir.

Finalement, en février 2002, j'ai été placé sur la liste des « dix personnes les plus recherchées » du FBI, au côté d'Oussama Ben Laden.

Je me suis volontairement rendu avec mon fils après que le juge ait été démis pour partialité, mais il était trop tard, car le nouveau juge confirma les décisions prises par son prédécesseur...

J'ai fait 6 mois de prison, passé des heures entières en maison d'arrêt et me suis vue interdire tout contact avec mon fils qui demandait pourtant constamment à me voir.

Mon cas n'est pas isolé. A l'heure où j'écris, 2,2 millions de mères ont été interdite de contact avec leurs enfants, par décision de justice.

http://www.workingmother.com/special-reports/custody-lost

Mon fils a témoigné contre moi après que son père l'ait fait mettre en famille d'accueil pour lui faire peur. Nancy Grace est intervenue dans ce procès, en se demandant pourquoi j'avais été condamnée.

Je suis une libertarienne et si vous avez des réserves sur le fait qu'Obama ne se conforme pas à la loi, cela ne vous surprendra pas beaucoup.

Petit à petit, notre gouvernement essaie de prendre le contrôle de nos enfants. Si vous pensez que perdre votre docteur ou votre assurance maladie est grave, imaginez le fait de perdre votre enfant. C'est pourtant le cas. Notre gouvernement a déjà commencé à pratiquer les méthodes de l'Allemagne Nazie et personne ne veut l'admettre.

Mon livre est disponible sur mon site internet : www.protectingmychild.org. Je vous supplie de ne pas ignorer cette histoire. Combien doivent être menacés, moralement dévastés, sexuellement abusés et tués avant que quelqu'un dans les médias ne mène la moindre enquête ?

Je pense que notre gouvernement a franchi la ligne rouge.

Miriam Silver est le nom de plume d'une mère en Floride.

Disgrâce : le Canada protège une juge reine du porno

Lorsque la société ne parvient plus à reconnaître et à combattre le mal, et au lieu de cela vient à le récompenser, il y a un vrai problème.

Lors d'un jugement sans précédent daté du 21 novembre 2013, un panel de juges chargé de démettre une juge des affaires familiale dont les photos de nus avaient circulé sur internet, ont renoncé et démissionnés à cause du manque de soutien des Francs-maçons et du gouvernement fédéral conservateur.

Les médias de masse ne mentionnent nullement cela. A la place, ils ont indiqué que les délais de procédure étaient en cause, comme si le fait de tout recommencer n'aller pas retarder le processus. L'enquête avait déjà coûté 3 millions de dollars.

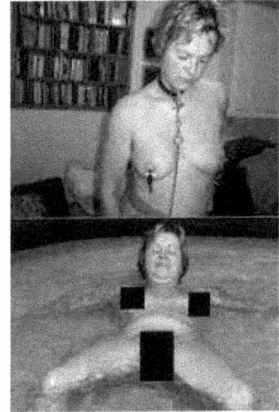

La Juge en Chef adjointe, Lori Douglas

Avant de devenir juge aux affaires familiales à Winnipeg en 2005, Lori Douglas avait été comme il se doit, soumise à une investigation préalable sur ses antécédents. Elle dissimula qu'elle avait posé et servi de modèle pour d'innombrables photos pornographiques dégoutantes diffusées sur Internet. Elle camoufla également que son mari Jack King avait sollicité un client noir, Alex Chapman pour participer à des prises de vues encore plus obscènes.

Lorsque Chapman fit ces révélations en 2010, Douglas était déjà juge en chef adjoint du Manitoba *en charge des affaires familiales*. Elle aurait normalement dû être contrainte de démissionner.

Au lieu de cela, l'élite maçonnique de Winnipeg se solidarisa avec elle, déclarant que sa vie privée n'interférait pas avec ses capacités professionnelles. L'éditorialiste du *Winnipeg Free Press (Franc-maçon)* Lyndor Reynolds, expliquant : « il n'y a pas de raison à ce qu'elle ne puisse exercer sa fonction de juge. L'une n'a rien à voir avec l'autre. »

Dans le cas où elle occuperait un poste dans le privé, pourquoi pas. Mais le juge des affaires familiales est un poste public. Les citoyens honnêtes doivent-ils permettre à une dégénérée de décider de leur sort ?

Le professeur de droit de l'Université du Manitoba, Karen Busby, une féministe revendiquée, a déclaré : « La plupart des gens ont des photos compromettantes quelque part, sinon il serait impossible pour quiconque de devenir juge. »

A-t-on déjà entendu une chose plus ridicule ?

Les Francs-maçons prétendent que Douglas ignorait ce que son mari faisait des photos. Alex Chapman n'est pas de cet avis. Il avait eu des rendez-vous à ce sujet, et elle le savait parfaitement.

Au lieu de démissionner, Lori Douglas s'est vu octroyer un plein salaire de 315,000$ pour diverses « tâches administratives ». Cela fait déjà trois ans. Combien de temps les contribuables vont-ils tolérer cela ?

LE CONSEIL CANADIEN DE LA MAGISTRATURE

En 2011-2012, une enquête du Conseil Canadien de la Magistrature débuta afin de déterminer si Douglas devait être destituée. Le Conseil était constitué des premiers présidents des provinces du Newfoundland et de l'Île du Prince Edouard, présidé par la juge en chef de l'Alberta, Catherine Fraser.

En juillet 2012, l'audience se déroulait plutôt mal pour Douglas. Après quelques vérifications foudroyantes, son avocate Sheila Block accusa le comité de faire preuve de partialité et demanda un sursis à statuer. Sa motion fut rejetée par le comité.

Néanmoins, elle parvint à présenter son accusation de partialité devant le Tribunal Fédéral. Cela relève bien entendu d'une tactique d'obstruction. Au lieu de la rejeter, le Tribunal Fédéral, fit durer la motion pendant plus d'un an et demi, jusqu'à mars 2014 lorsqu'il finit par la rejeter.

Entre temps, le Conseil Canadien de la Magistrature s'était retiré avec dépit. « Ce comité ne reconnaît pas la compétence juridictionnelle de la Court Fédérale pour se prononcer sur une instance conduite par un comité étant censé détenir des prérogatives plus étendues d'après l'article RSC 1985, c. J-1. »

À la section 9, le Comité cite de nombreuses occasions où le Franc-maçon Peter MacKay, le Procureur Général du Canada, s'abstint de défendre le Conseil Canadien de la Magistrature lors des audiences du Tribunal Fédéral.

Par exemple : « Le Procureur Général ne s'est pas opposé aux audiences exigées par le juge qui furent accordées de manières successive, sans jamais rencontrer la moindre opposition. Le Procureur n'a pas non plus fait appel d'aucune des décisions prises par le Tribunal Fédéral de refuser l'octroi du statut d'intervenant au Comité ou de la restriction du statut du Conseil et du nouveau Conseil Indépendant, malgré avoir pourtant d'abord consenti à ces applications. »

Le Comité conclu : « Il n'y a pas d'élément de défense pour soutenir le processus et le rôle du Comité. Ainsi cette étape fondamentale du processus a été réduite au silence et paralysée. »

CONCLUSION

L'audience devait se poursuivre avec le témoignage du juge Martin Freedman de la Cours d'Appel du Manitoba, qui est impliquée dans l'attribution du poste de juge à Lori Douglas.

L'enquête sur Lori Douglas menaçait de dévoiler le contrôle maçonnique du système judiciaire. Évidemment, ce contrôle s'étend jusqu'au bureau du Procureur Général du Canada, Peter MacKay, et du Premier Ministre, Stephen Harper.

Lori Douglas avait été nommée juge justement parce qu'elle avait participé à de la pornographie, et non pas malgré cela. Les Francs-maçons doivent être vulnérables au chantage de manière à pouvoir être contrôlés.

Pendant que les médias restaient concentrés sur le frivole, l'incapacité ignominieuse du système judiciaire à expulser une juge incompétente fut largement passée sous silence.

J'ai envoyé cet article à MacKay et reçu une réponse le 2 décembre 2013, précisant qu'il agirait sur recommandation du Conseil. Le Conseil Canadien de la Magistrature annonça la nomination d'un nouveau panel de juge le 13 mars 2014. J'espère que l'avocate de Lori Douglas ne les accusera pas de partialité, cette fois-ci.

PREMIER COMMENTAIRE D'ALOYSIUS FOZDYKE

(Un Sataniste, membre de la Loge Alpha à Sydney, Australie)

« Nous sommes parvenus à affaiblir la société par des réformes qui affaiblissent l'autorité, tout en détruisant l'identité nationale commune, par l'instauration d'un système judiciaire complexe et pro-criminel. »

Un tueur en série canadien lié à l'élite sataniste

En février 2010, le paradigme mental des Canadiens fut fracassé lorsque le Commandant de la plus grande base aérienne de CFB Trenton, le Colonel Russel Williams, fut arrêté et accusé d'agression sexuelle et du meurtre de deux femmes.

« L'accusation secoua l'armée et le peuple Canadien. Le Colonel Williams avait été sélectionné et formé pour gravir les plus hauts échelons des forces aériennes. Il formait les nouveaux pilotes, pilotait l'avion du Premier Ministre et avait pris le commandement l'été dernier de S-Wing Trenton, la plus grande base aérienne du pays, avec un effectif de 2300 hommes et femmes. » (*Globe and Mail*, 17 avril 2010)

Le tueur en série Russel Williams, au centre, avec l'ancien Ministre de la Défense du Canada, Peter MacKay, à droite, et le Chef d'État-Major Walter Natyneck. Russel Williams en petite tenue.

le 21 octobre 2010, Williams a reçu deux condamnations à perpétuité pour le meurtre d'une subordonnée, Marie-France Comeau, à son domicile en octobre dernier ; ainsi que celui d'une autre femme, Jessica Lloyd, le 28 janvier. Il avoua s'être introduit par infraction chez d'autres femmes, les avoir déshabillées avant de les frapper puis de les photographier nues. Il s'est également rendu coupable de plus de 80 vols de culottes dans des maisons habitées par des femmes.

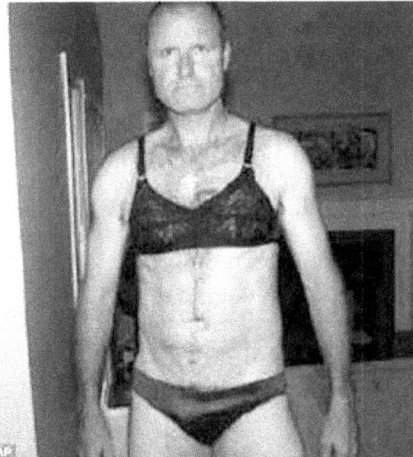

Il continuera de toucher sa pension de 60,000$ par an en purgeant sa peine de prison.

Il a été arrêté par la police d'Ontario à un croisement lorsqu'un officier de police s'est aperçu que ses pneus correspondaient aux traces trouvées près de la maison de Mme Lloyd.

Les Canadiens sont éberlués. Comme le *Globe and Mail* l'a fait remarquer : « Comment se fait-il qu'une personne si éduquée et formée à de hautes responsabilités puisse se rendre coupable de tels crimes ? »

Les Canadiens continueront d'être perplexes jusqu'à ce qu'ils réalisent que ce genre d'évènements, y compris des cas de personnes disparues et d'agressions d'enfants, sont symptomatiques de la présence d'un culte satanique, les Illuminati, occupés à subvertir la société « respectable ». Cela est valable pour la plupart des pays.

PAUL BERNARDO

Le 12 février, le *Ottawa Sun* a révélé que Russel Williams était un ami d'enfance de Paul Bernardo qui avait assassiné et démembré trois adolescentes ainsi que violé 19 autres à Toronto à la fin des années 1980. Ils ont tous deux étudiés l'économie sur le campus Scarborough de l'Université de Toronto.

La police soupçonne qu'il ait pu exister une forme de « compétition » entre eux en termes de crimes sexuels. De sa prison, Bernardo a suggéré à la police de revenir 20 ans en arrière et de tout examiner, parce c'est à ce moment que sa testostérone aurait été à son point culminant.

Ce que le procès de Bernardo a dissimulé et que les journaux ont ignoré, c'est que les meurtres de Bernardo étaient tous de nature satanique. Ils étaient si horribles que les détails du procès ne furent pas rendus publics. Bernardo et sa femme Karla Homolka tournaient des films snuff pour des Satanistes Illuminati de haut rang. Telle est la véritable raison pour laquelle le procès fut interdit d'accès par la presse.

Cette information figure dans un ouvrage encyclopédique intitulé *New World Order - Corruption in Canada* (1994) édité par Robert O'Driscoll et Elizabeth Elliot. Les éditeurs ont bénéficié de contact au sein des Illuminati. Il leur a été expliqué que ces meurtres rituels étaient une source de pouvoir spirituel pour les Satanistes.

« La dissection du corps à laquelle se livre le meurtrier en série s'apparente à une tentative de vivisection de l'âme. Dans la plupart des cas, les membres du corps sont gardés à proximité pendant de longues périodes avant qu'ils ne se décomposent ; Dahmer aux Etats-Unis, gardait des parties du corps dans son frigo pour sa consommation personnelle. Les rapports de ces vivisections (et des films snuff) remontent directement aux Illuminati ou à leurs agents politiques ainsi qu'à d'autres membres de l'Église de Satan, se trouvant parfois aussi loin qu'au Japon.

CONCLUSION

Nous continuerons d'être choqués et surpris jusqu'à ce que nous cessions de regarder les symptômes et commencions à examiner la cause véritable : un vaste réseau sataniste occulte dont les membres sont des citoyens respectables le jour et des monstres la nuit.

Russel Williams est la preuve que ses tentacules atteignent les plus hauts degrés de la hiérarchie de la direction du pays.

Des pédophiles satanistes dirigent la Grande-Bretagne

Par David Richards

La pédophilie est très répandue au sein de l'establishment britannique, même si c'est difficile à croire pour le peuple. A notre niveau, la pédophilie est un crime sévèrement puni par la loi et condamné par les médias.

Cependant les membres des Illuminati sont au-dessus des lois et appartiennent à des cercles pédophiles sans craindre les poursuites.

Jimmy Savile et le jeune Tony Blair

Les Illuminati gèrent des cercles pédophiles pour trois raisons principales :

1. La plupart des membres du culte ont des tendances psychopathes et sadomasochistes, ils éprouvent donc des désirs sexuels pervers.

2. Les réseaux pédophiles fonctionnent sur un système de chantage permettant de renforcer l'adhésion forcée au Nouvel Ordre Mondial. Tous les membres de l'establishment sont surveillés par les services de renseignements. Des caméras sont dissimulées lors des parties fines afin de recueillir des preuves compromettantes.

3. La perversion est la manière dont les Satanistes pratiquent leur culte. Tout comme les Chrétiens sont impliqués dans des œuvres de charités, les Satanistes visent à corrompre les enfants.

QUATRE EXEMPLES DU SATANISME DE L'ÉLITE

Les exemples suivants prouvent l'existence de réseaux pédophiles parmi l'élite en Angleterre.

1) Gordon Brown – Le journaliste anglais Mike James prétend que le Premier Ministre Brown est un pédophile bien connu. James travaillait dans les médias mainstream et fut renseigné sur les perversions de Brown par Norman Lamont (Chancelier de l'Échiquier de 1990 à 1993) lors d'une réception privée en 1986.

Il mena plus tard ses propres recherches à son sujet et écrivit en 2010 : « Gordon Brown, l'actuel Premier Ministre est un pédophile pratiquant dont les méfaits sont non

seulement connus des services de renseignement britanniques, américains, et israéliens, mais également de Rupert Murdoch et de son rédacteur en chef du *Sunday Times*. »

Le fait que les services aient des preuves incriminantes sur Brown signifie que l'homme est sous contrôle. Brown est devenu Premier Ministre grâce à ses perversions, et non malgré elles.

Mike James identifie Brown comme membre d'un réseau de vieux pédophiles britanniques, y compris Lord Robertson et Lord Peter Mandelson. Tous sont également des membres éminents des loges maçonniques.

2) Le réseau pédophile de Thatcher – Un réseau pédophile opérant au sein du gouvernement Thatcher (1979-1990) a été découvert.

Dans les années 1980, un adolescent prostitué s'adressa à la police, prétendant que lui et d'autres garçons subissaient des abus sexuels de la part de gens hauts placés.

Les réceptions étaient organisées par des millionnaires et y assistaient des politiciens britanniques, des juges, des hauts fonctionnaires et des membres de l'élite européenne. Certains des VIP étaient même transportés par la RAF (Royal Air Force) de Northolt dans la banlieue de Londres.

Ce dossier a été découvert par un ancien policier mécontent qui a interrogé le garçon victime. Il déclare que lorsqu'il commença à examiner la plainte, son supérieur lui demanda de laisser tomber.

« C'était un cas typique du genre laisse tout tomber, ne dis pas un mot à personne. On m'a clairement fait comprendre que le fait de continuer à poser des questions compromettrait ma carrière. »

3) Sir Jimmy Savile (1926-2011) – Pendant plus de 40 ans Savile présenta des émissions télévisées destinées aux plus jeunes.

Ces derniers mois il a été dénoncé comme un pédophile violent ayant violé des enfants pendant plus de 4 décennies.

Avec le temps, de plus en plus de gens osent témoigner contre le présentateur à présent décédé. La police recueille actuellement des centaines de témoignages de victimes.

Les détails sont stupéfiants : il violait les enfants qui participaient à son programme de télé, organisait des fêtes pédophiles avec d'autres stars du divertissement, et abusait des enfants malades dans les hôpitaux. Un ancien chroniqueur radio de la BBC a déclaré qu'il était également un adepte de la nécrophilie.

Cependant, les rapports les plus incriminants – et les moins commentés dans les médias dominants – sont ceux qui révèlent la participation de Savile aux réseaux pédophiles de l'establishment.

En 2011, le journal *News of the World* révéla que « Savile était bien connu pour fournir des enfants à de nombreux membres du parlement britannique afin de les abuser sexuellement. »

L'article révélait que Savile était un visiteur régulier de la célèbre maison de soins du Haut de la Garenne à Jersey dans les années 1970, et fut plusieurs fois aperçu en train d'amener des jeunes garçons à bord du yacht du Premier Ministre Ted Heath.

L'ancien commissaire adjoint de Jersey Lenny Harper explique la manière dont les enfants étaient traités sur l'ile :

« Nous savons à partir des dossiers de l'instruction et les témoignages recueillis par mon équipe [au cours d'une enquête menée en 2008] que les enfants de l'orphelinat de Jersey étaient « loués » à des membres de la fraternité du yacht club et à d'autres citoyens de premiers plans, sous prétexte de voyage récréatifs mais au cours desquels ils étaient sauvagement agressés. Lorsque ces enfants se plaignaient, ils étaient battus et enfermés dans des caves [du Haut de la Garenne]. »

Des rumeurs circulèrent des années durant au sujet de Savile, mais grâce à ses soutiens au sein de l'establishment il était protégé. En 1990, la Reine l'a fait Chevalier (Membre de l'Ordre de l'Empire Britannique).

Les révélations ont fait surface à présent que Savile est mort depuis octobre 2011 et ne peut plus être protégé par les lois sur la diffamation.

LES RÉSEAUX SATANISTES

Le 13 janvier 2013, the *Daily Express,* un important journal Britannique s'impliqua carrément et déclara dans un gros titre : « Jimmy Savile faisait partie d'un réseau satanique. »

Jimmy Savile a battu et violé une fille de 12 ans au cours d'un rituel satanique secret s'étant déroulé à l'hôpital.

La star perverse portait une robe à capuche et un masque tandis qu'elle abusait de sa victime terrifiée dans un sous-sol éclairé par la lueur des bougies.

Il a également chanté un hymne à Satan en latin tandis que d'autres pédophiles adorateurs du diable se joignirent à lui en violant la fille à leur tour à l'hôpital de Stoke Mandeville dans le Buckinghamshire. Cette agression, qui s'est produite en 1975, dévoile le côté sinistre de l'ancien présentateur dont le règne de la terreur a duré pendant 54 ans.

Savile, qui est mort à 84 ans en octobre 2011, est à présent considéré comme le pire criminel sexuel d'Angleterre, après que la police ait révélé qu'il avait fait au moins 450 victimes, âgées de 8 à 47 ans.

Une des victimes se souvient d'avoir été conduite dans une pièce éclairée par des bougies au niveau le plus bas de l'hôpital, un endroit qui n'était pas souvent utilisé par le personnel. Plusieurs adultes se tenaient là, y compris Jimmy Savile qui, comme les autres, portait une robe et un masque.

Elle l'a reconnu à cause de sa voix particulière et le fait que ses cheveux blonds dépassaient de son masque. Il n'était pas l'élément dirigeant mais il était considéré comme important à cause de sa notoriété.

Elle raconte avoir été maltraitée, violée et battue, tout en entendant des : « Ave Satanas », une version latine d'un hymne à Satan que les participants chantaient. Elle ne mentionne pas la présence d'autres enfants et elle ne parvient pas à se rappeler combien de temps l'agression a duré mais qu'elle en est sortie extrêmement effrayée et secouée.

http://www.express.co.uk/news/uk/370439/Jimmy-Savile-was-part-of-satanic-ring

(David Richards, 25 ans, est un britannique qui enseigne l'anglais en Mongolie)

La bestialité & la pédophilie figurent sur la liste de la prochaine Révolution Sexuelle

Par Ron

Comme vous l'avez fait correctement remarqué, la bestialité est la prochaine étape du Nouvel Ordre Mondial pour nous réduire davantage en esclavage. Cela a déjà était tenté dans l'histoire. Un examen de l'histoire montre qu'au cours des années 1970, les Illuminati ont mis en avant une jeune danoise malade nommée Bodil Joensen, en filmant ses performances pornographiques avec des animaux.

En bref, le porno bestial semblait promis à devenir normal et répandu avant d'être contré par les efforts de gens décents et déterminés. La pauvre Miss Joensen est morte dans les années 80, alors qu'elle était devenue une prostituée sans le sou, après que l'industrie du porno ait fini de l'exploiter.

Comme ils n'y sont pas parvenus la première fois, les Illuminati tentent une approche différente. L'entrée Wikipédia sur la zoophilie évoque ce sujet en détail, y compris la commercialisation de jouets sexuels ayant la forme de pénis d'animaux.

Une femme nommée Hani Miletski diplômée d'un Ph.D. et d'origine israélienne, fait partie de ceux qui mènent la charge en faveur de la normalisation de la bestialité aujourd'hui. Sans surprise, elle bénéficie de soutiens puissants au sein des think tanks et des agences gouvernementales, suggérant une implication des Illuminati.

Sa promotion de la bestialité dans son livre Understanding Bestiality and Zoophilia, (Comprendre la Bestialité et la Zoophilie), prend la forme de ce à quoi l'on pouvait s'attendre – le désir d'avoir des relations sexuelles avec les animaux n'est rien d'autre qu'une orientation sexuelle de plus. Cette approche a fonctionné avec l'homosexualité et ce type de procédé est à nouveau utilisé pour promouvoir et normaliser l'inceste, la bestialité, et la pédophilie.

L'INTERNET

En ce qui concerne l'Internet, comme vous le faites remarquer, la pornographie dicte les normes. Il existe une « application » appelée Vine qui est une version vidéo de Twitter. Vine permet aux utilisateurs de poster des vidéos de 6 secondes, imitant les tweets composés de 140 caractères de Twitter. Si vous chercher le mot « coquin » sur Vine vous trouverez des vidéos mises en ligne par des adultes et non des stars du porno. Ces femmes et ces hommes s'exhibent en faisant des gros plans sur leurs parties génitales.

Beaucoup se masturbent en exclusivité pour Vine. Il existe également des sites internet qui récupèrent ces vidéos pour une diffusion massive sur Internet...

Vous avez également mentionné le fait de dévoiler son vagin en public, et la manière dont ce phénomène prenait de l'ampleur jusqu'à devenir commun. Avant que je n'arrête ma carrière de professeur, il m'arrivait dès 2003 de voir des parties intimes dévoilées en classe par des filles ne portant pas de culotte.

Le narcissisme, l'addiction aux frissons de l'interdit, et l'influence de la pornographie ont selon moi joué un grand rôle. Une « célébrité » du nom de Paris Hilton avait même pour habitude de montrer son sexe rasé aux Paparazzis ; je pense que ce comportement a influencé de nombreuses filles sur le campus. Depuis lors une grande partie de ces « célébrités » sans talent se sont livrés à ces jeux indécents. Ce n'est plus du tout choquant pour eux de le faire, alors pourquoi serions-nous choqués du fait que la fille d'à côté le fasse aussi ?

Beaucoup de célébrités sont des créations des Illuminati, elles-mêmes esclaves des méthodes de contrôle mental inventées pour le Nouvel Ordre Mondial. Elles ne promeuvent pas seulement un mode de vie pornographique, mais également le Satanisme. De Madonna à Lady Gaga, et maintenant la pauvre Miley Cyrus, elles ne sont que les instruments de la subversion Illuminati pratiquant une ingénierie culturelle à grand échelle ; n'ayant pour but que de nous enchainer à nos appétits charnels.

LA PÉDOPHILIE, LA NÉCROPHILIE & LE SEXE ANAL

La pornographie est peu à peu introduite au sein de la vie des enfants de manière nouvelle et créatrice. Cela devrait alerter les parents inquiets du bien-être de leurs progénitures. Les poupées *Bratz* ressemblent à des prostitués ou des stars du porno.

Les nouvelles poupées *Monster High* ressemblent davantage à des prostitués ou à des stars du porno mortes. Je considère ces jouets comme une entrée en matière avant l'introduction de la pornographie nécrophile. À mesure que les enfants jouent avec leurs poupées *Monster High*, les poses suggérant la nécrophilie seront à leur disposition sur Internet. Je soupçonne qu'il se trouvera bien des scientifiques corrompus pour prétendre qu'il ne s'agit juste que d'une autre orientation sexuelle. Généraliser et normaliser tout ce qui est dégénéré et corrupteur fait partie du plan des Illuminati.

Ce qui me conduit au sujet du sexe anal. J'ai l'impression que l'industrie du porno met en avant le sexe anal au-delà de ce que le consommateur typique voudrait voir. Dans le monde réel, le sexe anal n'est pas si populaire – encore. Mais en le promouvant sur Internet, l'industrie du porno essaie de créer une nouvelle éthique sexuelle autour du sexe anal. Soyons clair, ce type de pratique est incompatible avec la loi naturelle. Elle s'est trouvée associée avec les rituels sataniques tout au long de l'histoire. Les Satanistes pensent que l'acte de sodomie ouvre pour le partenaire réceptif, la possibilité d'être pénétré par des forces démoniaques. Il est ainsi raisonnable de soupçonner que l'industrie elle-même se trouve sous la direction de Satan et de ses représentants sur terre.

Je ne suis pas un coincé. La nudité de bon goût ne me dérange pas. Mais l'industrie pornographique va bien au-delà de simples photos ou vidéos de nus, entrainant les consommateurs vers leur propre esclavage. De la chirurgie vaginale aux implants mammaires, en passant par les danses suggestives pour les enfants de six ans, ainsi que le twerking pour les adolescentes, l'industrie pornographique est la bête qui dévore notre culture et avec elle nos vies et celles de nos enfants. À moins que nous identifiions cette peste sous toutes ses formes, nous sommes tous foutus.

« Furries » une étape vers la bestialité

Par Don

À Noël, nous avions invité un membre de la famille qui avait fréquenté l'Augsberg College de Minneapolis. Au cours du diner, elle nous a conté une expérience troublante qu'elle avait vécue au Lycée.

Sans savoir pourquoi, elle avait été placée dans un dortoir « LGBT » pourvu de douche unisexe et de toilettes sans fermeture. Inutile de dire qu'elle était plutôt mécontente et avait dû endurer deux semaines au sein du dortoir avant d'être transférée.

Miley Cyrus avec des « Furries » au MTV Music Awards

Un groupe l'a mettait particulièrement mal à l'aise. En montrant des photos prises sur son téléphone, elle nous raconta que ces étudiants se déguisaient en animaux. Pas seulement au sein du dortoir, mais également en classe. Certains de ces étudiants portaient des costumes de chiens, dormaient dans des niches, et prenaient leurs repas sur le sol dans une gamelle.

Ils portaient également des colliers de chiens dotés de médaillons en forme d'os pour s'identifier entre eux. Bien qu'elle n'ait pas relaté tous les détails, certains de ses étudiants adoptaient également un comportement sexuel déviant appelé « jappement ».

Lorsqu'elle essaya d'expliquer la situation à sa famille en rentrant chez elle, sa grand-mère lui dit de ne pas s'inquiéter parce qu'il s'agissait probablement d'une chose en rapport avec la mascotte de l'école.

L'ORIGINE

Cela était nouveau pour moi, alors j'ai décidé de mener mes propres recherches. En utilisant Google images, je suis parvenu à trouver des termes pour définir ce phénomène.

Les gens vivants dans le dortoir appartenaient à la communauté des « Furries ». Les costumes qu'ils portaient représentaient des animaux ayant des caractéristiques humaines.

Les fans de Furry comprennent une variété de gens comme des artistes ou des créateurs de mode. Ces gens vivent un mode de vie de Furry et portent des costumes en rapport.

La communauté des Furries attire également les gens qui éprouvent des désirs à l'égard des animaux et cherchent des endroits pour exprimer leurs fantasmes sexuels sans être ostracisés. Malheureusement pour les artistes, les déviants sexuels au sein de la population des Furries sont en train d'attirer l'attention.

Il ne fait aucun doute que le fait d'avoir des relations sexuelles déguisé en animal est une étape vers le fait d'avoir des rapports avec de vrais animaux.

Adopter un mode de vie de Furry nécessite de porter un costume. À moins que quelqu'un n'ait les compétences de concevoir son propre costume, il doit l'acheter. De tels déguisements peuvent couter des milliers de dollars. Certains costumes contiennent même des ventilateurs et d'autres aménagements pour procurer à ceux qui le portent un « confort de créature ».

Le mode de vie Furry est considéré comme un mode de vie alternatif bénéficiant de groupes de soutien ainsi que d'aménagements spéciaux au sein de certains lycées. Ils sont même autorisés à porter leur costume en classe. Certains furries se considèrent eux-mêmes comme mâle ou femelle, tandis que d'autres sont asexués.

Certains membres des furries s'adonnent au « jappement » qui consiste principalement à simuler un rapport sexuel tout en portant leur costume, d'après www.urban-dictionnary.com. D'autres ont en fait de réels rapports, toujours avec leur costume sur le dos.

Quiconque nourris encore des doutes à ce sujet, n'a besoin que de taper « fursuit f¤¤king » dans Google ou un autre moteur de recherche, puis de regarder les images. Je ne serais pas surpris qu'il y ait certains furries impliqués dans le Satanisme et dans d'autres activités sexuelles encore plus déviantes. Le Satanisme est basé sur la conjecture que les gens ne sont rien d'autres que des animaux.

Un autre phénomène proche de celui des furries, consiste en jeux de rôle animaux et joueurs de poney s'adonnant à une variante du sadomasochisme, du bondage et de la discipline. Bien que certaines sociétés tribales aient pratiqué le jeu de rôle animal lors de certaines cérémonies ou danses, les pratiquants modernes le font dans un but érotique de fétichisme sexuel.

Les adeptes du jeu de rôle animal semblent être plus âgés que ceux vivant selon le mode de vie des furries. Leurs costumes ne couvrent pas entièrement le corps et sont plus orientés vers la pratique sado-maso. Beaucoup de groupes tels que le Los Angeles Pony et Critter Club ont leur propre site Internet, des activités organisées et participent à d'autres évènements comme la chasse au renard et des concours d'agilité.

Sans surprise, il y a toute une industrie de l'ombre qui fournit les accessoires et la sellerie pour les joueurs de poney tels que brides et licols et aussi des bottes sabots. Vous pouvez également obtenir des avis à propos de ces accessoires et équipements avant de les acheter.

La question se pose, ces gens seront-ils bientôt traités comme une minorité dont les « droits » doivent être protégés contre les persécutions ? Les gens qui ne les acceptent pas seront-ils traités d'intolérants « furryphobes » ? Auront-ils besoin de leur propres dortoirs et toilettes dédiés ?

PREMIER COMMENTAIRE DE DAN :

En voyant cela, j'ai cherché le terme « furries » sur Google et YouTube et assurément, il existe une pléthore d'adeptes discutant de leur « préférence » dans des termes familiers semblables à ceux qu'utilisent les homosexuels. C'est un passe partout légal.

J'ai étudié l'histoire des déviations humaines et cette auto-identification bizarre avec des animaux de dessins-animés s'adonnant à des orgies sexuelles, est une des innovations du 20ème siècle. Nous avons à présent des médias et une industrie musicale qui répandent des choses ne s'étant jamais produites au cours de millions d'années.

Il y a quelque chose de très « Disney » dans cet engouement pour les furries. Qui a introduit ces thèmes dans la culture ? Les représentations d'animaux anthropomorphiques ont inondé les écrans pendant des décennies au sein de films où ils parlent en termes amicaux avec les humains. Les animaux eux-mêmes sont présentés comme entretenant des relations romantiques, avec des baisers langoureux et tout un tas de sous-entendus sexuels. Les animaux de Disney utilisent toujours un langage sexuel corporel subtil. Les gens ont remarqué que cela devenait évident lorsqu'ils regardent les films de Disney sans le son.

Remarquez que la tendance furry n'est pas présentée comme une pratique intime ou n'impliquant que deux partenaires. Le mode opératoire est toujours orgiastique. Il y a une raison à cela. Les fêtes publiques, comme Mardi Gras et les festivals, dissimulent l'identité diminuant ainsi les inhibitions. Ajoutez à ça la drogue et la boisson, et vous avez un week-end typique. Miley a expliqué à Yahoo : « Si vous voulez fumer de l'herbe, vous allez en fumer ; il n'y a rien que deux petites filles ne puissent vous inciter à faire. »

Voici comment l'Amérique est devenue homosexuelle

Jusqu'en 1975, l'homosexualité était reconnue pour ce qu'elle est, c'est-à-dire un trouble du comportement. La gigantesque croisade pour répandre et favoriser l'homosexualité est une caractéristique du satanisme qui entreprend de faire passer un comportement de malade pour celui d'un bien portant, et présente l'antinaturel comme naturel. Cela est la preuve irréfutable que la société est diaboliquement possédée. L'humanité a été colonisée par un culte satanique, la Franc-maçonnerie (Illuminati) qui est un outil de procuration pour le cartel juif kabbaliste des banques centrales.

Sous le masque des « droits des gays », les Illuminati conduisent une attaque vicieuse et malhonnête visant à saper les institutions et les valeurs hétérosexuelles. Par exemple, malgré la propagande mensongère des médias, la Russie ne criminalise pas l'homosexualité, elle ne fait qu'interdire la propagande gay destinée aux enfants. En règle générale, les agresseurs se font passer pour les victimes, alors qu'en fait ils sont eux-mêmes à l'origine de la « haine ».

Charles W. Socarides (1922-2005) était un psychiatre à l'Albert Einstein College de New York.

Nous éprouvons de la compassion pour les individus homosexuels. Mais nous nous opposons au plan des Illuminati qui est de détruire la société par la promotion active de ce trouble jusqu'à ce qu'il soit devenu la norme sociale.

Par le Dr Charles Socarides

(Édité et abrégé par Henry Makow)

Depuis plus de 20 ans, moi et quelques psychiatres nous sentons comme une minorité assiégé parce que nous avons continué à insister sur le fait que les homosexuels n'étaient pas nés de cette façon.

Pendant la plus grande partie du XXème siècle, nous avons considéré ce comportement comme aberrant... une véritable pathologie. Nous avons eu affaire à des patients qui enchaînaient les partenaires sexuels les uns après les autres, y compris au sein d'une même nuit, puis venaient nous voir le lendemain en boitant pour nous avouer à quel point ils souffraient. Comme notre démarche consistait à aider ces gens à cesser de souffrir, beaucoup d'entre nous pensaient que nous faisions œuvre honorable.

Aujourd'hui, selon l'opinion de ceux qui composent la soi-disant élite culturelle, notre approche est « dépassée ». L'élite déclare que nous blessons les gens au lieu de les aider, et que notre démarche est bonne à jeter aux oubliettes de l'histoire. Ils sont parvenus à promouvoir cette façon de voir les choses auprès d'un grand nombre d'américains, rendant ainsi l'homosexualité à la mode et faisant d'un comportement autrefois marginal un « mode de vie alternatif »...

LA RÉVOLUTION HOMOSEXUELLE FUT ORCHESTRÉE

Comment ce changement s'est-il opéré ? Eh bien, la révolution ne s'est pas produite d'elle-même...

Comme l'a avoué un magazine gay, elle provient d'un plan dont l'objectif est de « rendre le monde entier gay ». Je n'invente rien. Vous pouvez lire un compte rendu de la campagne de Dennis Altman, intitulé *L'homosexualisation de l'Amérique*.

En 1982, Altman, lui-même gay, a déclaré avec une joie non dissimulé que de plus en plus d'américains pensaient comme les gays et se comportaient comme tels, en se trouvaient engagés « dans un certains nombres d'aventures sexuelles de plus ou moins courtes durées, à la place de relations à long terme. » Altman a fait remarquer que les équivalents hétérosexuels des saunas gays et l'émergence de soirées échangistes pour les célibataires, étaient des preuves que la « promiscuité et le sexe impersonnel sont davantage déterminés par les possibilités sociales, que par les différences intrinsèques entre les homosexuels et les hétérosexuels, ou même entre les hommes et les femmes. »

Bille en tête, les gays ont déclaré qu'ils pouvaient « réinventer la nature humaine, se réinventer eux-mêmes ». Pour ce faire, ces réinventeurs devaient d'abord se débarrasser d'un obstacle majeur.

Non, ils ne se sont pas attaqués aux membres du clergé. Ils ont pris pour cible les membres d'une prêtrise mondiale, la communauté psychiatrique, en les neutralisant par une redéfinition radicale de l'homosexualité. En 1972 et 1973 ils ont coopté la direction de l'American Psychiatric Association et à travers une série de manœuvres politiques, de mensonges et d'intimidations, ils ont « soigné » l'homosexualité d'un jour à l'autre. Ils ont obtenu de l'APA qu'elle déclare les relations sexuelles de même sexe « non comme un trouble ». Elles devinrent « une condition » aussi neutre que le fait d'être gaucher.

LA HAINE, L'INTIMIDATION & L'INTOLÉRANCE

Cela équivalait à une validation complète de l'homosexualité. Ceux d'entre nous qui ont fait montre de réticence à l'égard de cette redéfinition politique furent bientôt réduits au silence lors de nos propres réunions professionnelles. Nos conférences furent annulées au sein du milieu universitaire et nos recherches écartées de la publication des revues spécialisées. Des choses bien pires suivirent au sein de la culture en général. Les producteurs de télévision et de cinéma commencèrent à promouvoir des histoires où l'homosexualité était présentée comme un mode de vie légitime.

« Depuis de nombreuses années, des homosexuels perturbent nos réunions, vociférant sur les gens qui essaient de présenter leurs preuves scientifiques et documentées, menaçant les docteurs individuels comme moi... Les activistes gays font preuve d'une irrationalité féroce. Ils font du moindre accord scientifique une question politique – ce qui est la seule chose qu'ils sont capable de faire, car l'unique connaissance dont ils disposent, n'est qu'une pseudoscience. » *Homosexuality: A Freedom too Far,* pp. 153-154

Une commission d'examen a indiqué à Hollywood comment l'homosexualité doit être dépeinte. De grands éditeurs ont refusé de publier des ouvrages faisant montre d'objections à l'égard de la révolution gay. Les gays et lesbiennes influencent l'éducation sexuelle au sein des écoles publiques, et leurs représentant ont pris le contrôle des comités de professeur dans les lycées de notre nation. Les organes législatifs étatiques ont abrogé les lois contre la sodomie.

À une époque, la presse écrite accompagna la révolution gay, peut-être parce que beaucoup de journalistes étaient eux-mêmes déjà favorables aux questions gay et se trouvaient être d'ardents défenseurs des homosexuels et de leurs mouvements. Et les journalistes qui n'étaient pas gays semblaient bien trop intimidés par la pensée unique, pour s'opposer à ce qui se passait au sein de leurs propres rédactions.

Et maintenant, qu'arrive-t-il à ceux d'entre nous qui se lèvent pour formuler des objections ? Les activistes gays ont déjà anticipé cela. Ils ont créé une sorte de sagesse conventionnelle : déclarant que nous souffrons d'homophobie, une maladie qui a été créée par les gays en projetant leur propre hantise à l'égard de la société. Et nous sommes ainsi dépeints comme des fanatiques bigots parce que selon eux, nous ne parvenons pas à traiter les gays avec compassion.

Les gays sont aujourd'hui présentés en des termes similaires aux noirs aux hispaniques ou aux handicapés. Comme les gays sont nés de cette façon et n'ont pas le choix de leur orientation sexuelle, toute personne qui vient à désigner leur état comme une aberration est maintenant un bigot antiaméricain. Étonnamment, de nos jours les étudiants de première année rentre à la maison pour leur premier Thanksgiving en annonçant : « Hé, maman ! Hé, papa ! Nous avons adopté un point de vue moral élevé. Nous avons rejoint la révolution gay. »

LE LAVAGE DE CERVEAU

Ma femme Clare, qui possède l'aptitude infaillible d'aller au fond des choses, a déclaré un jour récemment en passant : « je pense que tout le monde est en train de subir un lavage de cerveau intensif. » Cela m'a semblé convaincant. Je sais que le terme de « lavage de cerveau » a été galvaudé. Mais la simple observation de ma femme m'a rappelé une brochure promotionnelle astucieuse que j'avais lue il y a quelques années. Elle était intitulée « Après le bal : comment l'*Amérique va conquérir sa peur et sa haine des gays au cours des années 1990* », par Marshall Kirk et Madsen Hunter.

Ce prospectus s'est avéré n'être qu'une compilation d'instructions utilisées par les militants gay lors de leurs campagnes pour normaliser l'anormal, à travers une variété de techniques de lavage de cerveau qui avaient été condensées par Robert Jay Lifton dans son ouvrage phare « *La réforme de la pensée et la psychologie du totalitarisme : une étude du lavage de cerveau en Chine.* »

Ces militants ont gagné l'attention des médias et de larges financements pour radicaliser l'Amérique par un processus identifié comme la désensibilisation progressive, la confusion, puis la conversion. Ils désensibilisent l'opinion publique en promouvant l'idée que les gays « sont comme tout le monde ». Cela permet aux barrières des préjugés d'être surmontées, c'est-à-dire de permettre aux hétérosexuels d'adopter une attitude neutre ou indifférente.

Ils parviennent ensuite à piéger les gens en les montrant du doigt pour les couvrir de honte et les accabler de culpabilité pour leur propre « bigoterie ». Kirk et Madsen écrivent : « Toutes les personnes normales éprouvent de la honte lorsqu'ils s'aperçoivent ne pas penser, sentir, ou agir comme un membre de la meute... L'astuce est de faire en sorte que le bigot réfractaire éprouve un sentiment contradictoire de honte, lorsque son aversion à l'égard de l'homosexualité vient à faire surface. De cette manière, la publicité peut dépeindre les homophobes comme de vulgaires grandes-gueules haineuses... Elle peut les montrer sous le feu des critiques, de la haine, et de l'isolement social. Elle peut faire croire que les gays sont sujets à des souffrances terribles qui sont le résultat direct de l'attitude hostile dont même le plus réfractaire des homophobes aurait honte d'être la cause.

Puis vient enfin le processus qu'ils ont appelé la « conversion ». Kirk et Madsen ont prédit un changement de paradigme au sein de l'opinion publique y compris parmi les bigots : « si nous pouvons les présenter comme nous. » Ils ont déclaré : « la conversion vise à tout cela... la conversion émotionnelle, intellectuelle volontaire de l'opinion publique américaine, à travers une série d'attaques psychologiques, prenant la forme d'une propagande relayée par les médias à travers tout le pays. »

Dans le film « Philadelphia », nous voyons la technique de l'humiliation et le processus de conversion à l'œuvre au sein du pouvoir médiatique à son plus haut niveau. Nous voyons le personnage de Tom Hanks souffrir (parce qu'il est gay et a été infecté par le virus du Sida), entre les mains des bigots du cabinet d'avocats de Philadelphie au sein duquel il travaille. Nous seulement nous éprouvons de la honte face au comportement ouvertement homophobe des avocats crapuleux, mais nous venons à éprouver de la sympathie pour le sort de Hanks. (Les membres de la Motion Picture Academy ont éprouvé tellement de sympathie à l'égard de Hanks, qu'ils lui ont décerné un Oscar.) Nos émotions ont aidé à l'accomplissement de la stratégie de Kirk et Madsen : « de forcer les américains à changer leur regard, qu'ils le veuillent ou non. »

Bien peu ont osé critiquer le film « Philadelphia » comme un parfait exemple du genre de propagande annoncée par Kirk et Madsen. Depuis la publication du plan Kirk-Madsen, le peuple américain a déjà été reprogrammé. L'homosexualité est désormais simplement devenue « un autre mode de vie ».

Et de surcroit, à cause de la persuasion incorporée dans des milliers de messages au sein des médias, l'acceptation de l'homosexualité par la société paraissait n'être qu'une évolution historique inhérente à l'époque ; oui, une sorte de conversion. Personne ne sait comment cela s'est produit, mais la nation a changé. Nous sommes devenus plus sophistiqués, dispensant plus d'amour à l'égard de tous, même envers ceux qui sont « affligés » de la maladie, pardon, de la condition homosexuelle.

En 1992, le président des États-Unis a déclaré qu'il était temps que les personnes ouvertement gay et lesbiennes ne soient pas écartées des forces armées de la nation. En 1993, les médias du pays ont célébré un immense élan de fierté gay à Washington, les téléspectateurs ont scandé avec un demi-million de manifestants : « Deux, quatre, six, huit ! Être gay c'est vraiment super ! » Cela nous a fait nous sentir bien avec nous-mêmes. Nous étions des américains patriotes. Nous venions encore d'abolir une autre forme de discrimination, nous avions anéanti l'une des affections les plus durables de la société : l'homophobie. Et le meilleur dans tout ça, nous savions maintenant qu'en plus d'être super, le fait d'être gay était à présent librement accessible...

Désolé, mais le fait d'être gay n'a vraiment rien de super. Le fait d'être gay ne relève en rien d'une libre détermination. Comment le sais-je ? Pendant plus de 40 ans, je me suis trouvé solidaire de centaines d'homosexuels, mes patients, et j'ai passé la plus grande partie de ma vie professionnelle à leur prodiguer des « soins pastoraux ».

Mais je ne les ai jamais aidés en leur faisant croire que tout allait bien lorsque ça n'était pas le cas.

Je ne soutiens pas non plus « leurs nouvelles prétentions au respect d'eux-mêmes. »

Dites-moi : Avons-nous renoncé à l'idée que l'estime de soi d'un homme provient de sa propre source intérieure (parfois appelé caractère) ainsi que le fait de recevoir une bonne éducation, un emploi convenable, et une famille épanouie ; pour remplacer cette notion par la perspective de chercher à avoir des relations sexuelles avec les autres hommes ?

En fait, beaucoup de mes patients étaient dotés de caractère ; ils avaient reçu une bonne éducation ; ils étaient respectés et bien insérés dans la société. Mais ils souffraient cependant pour une seule raison. Ils étaient pris au piège d'une pulsion mystérieuse les poussant à désirer des relations sexuelles avec les autres hommes. Ils n'étaient pas libres. Ils n'étaient pas heureux. Et tout ce qu'ils voulaient, c'était de voir s'ils pouvaient changer cela.

Avec le temps, je me suis rendu compte que ceux parmi mes patients qui souhaitent changer le pouvaient vraiment, grâce à la clairvoyance provenant d'une bonne analyse psychologique. Certains trouvaient d'autres thérapies les aidant à s'affranchir de leur pulsion. Tout cela ne demandait que de la motivation et un travail acharné. Aussi difficile que leurs efforts pouvaient être, j'ai connu des centaines, même des milliers d'homosexuels qui sont parvenus à changer. Beaucoup de mes anciens patients homosexuels – environ un tiers d'entre eux - sont aujourd'hui mariés, heureux, ayant des enfants. Un tiers ne parait pas être une bonne moyenne. Mais il s'agit pourtant de la même proportion de réussite parmi les meilleurs centres de traitement pour les alcooliques, comme celui de Hazelden dans le Minnesota et la clinique Betty Ford de Californie.

Un autre tiers de mes patients sont restés des homosexuels, mais ne participent pas à la mascarade de la communauté gay. À présent, après avoir suivi une thérapie, ils ont toujours des relations sexuelles avec le même sexe, mais ont acquis un meilleur contrôle de leurs pulsions, car ils ont compris les causes de leur attirance pour les membres de leur propre sexe. Certains d'entre eux commencent même à se tourner vers le sexe opposé. J'attribue ce tiers à la validité de ma thérapeutique.

Bien sûr, je pourrais dire à tous mes patients en souffrance que leur homosexualité est un « don spécial » et une « libération ». Cela me vaudrait l'approbation de tout le monde, mais ça ne les aiderait pas beaucoup. De plus, cela serait un mensonge, malgré les récentes révélations d'une pseudo-science soutenant l'insanité que les homos sont « nés comme ça ».

Les médias présentent favorablement ce genre de « recherches », mais ils nous enfument. Nous avons maintenant des rapports provenant de revues spécialisés, comme *The Journal of Homosexuality*, expliquant que les études génétiques conduites sur les gays, ainsi que sur leur cerveau, ne résistent pas à l'analyse critique. (L'auteur d'une de ces prétendues « théories du gène gay » fait actuellement l'objet d'une enquête de la part du National Institute of Health pour fraude scientifique.)

LES CAUSES DU DÉSORDRE HOMOSEXUEL

Je ne suis pas surpris d'entendre de telles choses. Ma longue expérience de clinicien, ainsi qu'une bonne dose de pratique psychologique m'indiquent que la plupart des homosexuels réagissent au niveau inconscient, en rapport avec un manque expérimenté durant leurs jeunes années, illustré par une mère abusive et un père faible ou dominé. Au travers de longues observations, j'ai aussi appris que l'homosexuel supposément libéré n'est en réalité jamais vraiment libre. Au cours de ses multiples relations avec le même sexe, même le plus efféminé des gays cherche à incorporer la masculinité des autres, parce qu'il se trouve être habité par une recherche compulsive et sans fin de la masculinité qu'il n'est jamais parvenu à construire au cours de son enfance...

Une fois que mes patients avaient pénétré la dynamique causale de leur état, puis réalisé qu'il n'y avait pas de faute morale impliquée dans leur besoin mystérieux, ils avaient plutôt tendance à s'engager rapidement sur la voie de la guérison. Par conséquent, leur gratitude à mon égard est immense. Et pourquoi ne le serait-elle pas ? Ils étaient auparavant pris par des pulsions qu'ils ne pouvaient ni comprendre, ni contrôler. Ils sont à présent en charge de leur propre existence.

Leur ancienne promiscuité pouvait paraitre comme une forme de libération. Mais il ne s'agissait pas d'une véritable liberté, plutôt d'une forme d'esclavage. Et il ne s'agissait pas davantage d'une mode de vie. Avec l'apparition du SIDA, comme l'a avoué l'auteur dramatique et militant gay Larry Kramer, dans un entretien de 1993, cela était plutôt devenue un mode de mort. J'ai connu certains patients m'ayant confié : « Docteur, si je n'avais pas suivi votre thérapie, je serais mort. »

(De plus, les abus sexuels vécus dans l'enfance sont une cause majeure de l'homosexualité. Une étude de 1992 réalisée sur 1000 homosexuels, a trouvé que 37% d'entre eux avaient subi des violences sexuelles de la part d'un homme plus âgé.)

EN TEMPS DE GUERRE, LA PREMIÈRE VICTIME EST LA VÉRITÉ

Les témoignages de guérisons de mes patients donnent un sens à mes efforts, malgré les tentatives régulières de la communauté gay de me réduire au silence. Que voudraient-ils que je fasse ? Faire ma valise, m'engager dans une autre activité, détruire une vie entière de recherches et d'analyses, cacher la vérité derrière un buisson ? Cela ne fait pas partie de mon devoir de psychologue de dire aux gens qu'ils sont merveilleux, lorsqu'ils ont perdu le contrôle d'eux-mêmes, moins encore de m'engager dans une rhétorique, du genre : « Quel Dieu affligerait les gens d'un « désordre objectif » présent en leur cœur ? »

Attribuer à Dieu la responsabilité de leur homosexualité, est un refrain persistant dans la plupart de la littérature gay d'aujourd'hui. Je suis triste de voir que les gens de bien participent involontairement à ce blasphème. Les gays imputent leur condition à Dieu, mais il ne devrait pas en être ainsi, pas plus qu'il ne doit être blâmé pour les autres maux créés par l'homme comme la guerre, par exemple, qui a fait preuve d'un effet dévastateur sur les hommes et les autres êtres vivants. Dieu ne fait pas la guerre, ce sont les hommes qui l'a font.

Et lorsque l'homosexualité revêt les aspects d'un mouvement politique, cela devient aussi une guerre. Du genre de celle au cours de laquelle la première victime est la vérité, et le butin nos propres enfants. J'exagère ? Eh bien, que faut-il penser lorsque des militants homosexuels cherchent activement à abaisser l'âge du consentement à 14 ans, entre les hommes homosexuels et les jeunes garçons (comme cela s'est produit à Hawaï en 1993), ou 16 ans (comme ils ont tenté de le faire en Angleterre en 1994) ? Lors de la Gay Pride de Washington en 1993, ils ont chanté : « Nous voici, nous les pédés, et nous finirons par avoir vos enfants. »

De quoi d'autre avons-nous besoin pour comprendre ?

QUESTION : - L'HOMOSEXUALITÉ REPRÉSENTE-T-ELLE UNE MENACE POUR LA SOCIÉTÉ ?

Socarides : « Oui, et la chose la plus troublante à mes yeux, est que nous ne le savons pas encore. Les américains ne s'en rendent pas compte. Depuis plus de 40 ans l'institution la plus basique de la société se trouve assiégée, tandis que le gardien traditionnel de la nation, la presse, ignore complètement la chose... La liberté sexuelle ne donne à personne la permission de détruire la société. C'est pourtant ce que s'emploie à faire le mouvement pour les droits des gays, détruire la société, au nom de la liberté, une liberté complètement fictive. » (*Homosexuality : A Freedom Too Far / Homosexualité : Une liberté allée trop loin*)

Le Talmud enseigne la bestialité, la pédophilie et l'inceste

Par Elizabeth Dilling

(Extraits de The Jewish Religion: Its Influence Today, pp. 22-23)/La religion Juive : son influence de nos jours.

St. Paul, qui avait été un Pharisien, ennuyait souvent les Chrétiens qui ne comprenaient pas ce à quoi il faisait référence, dans ses discours sur les Pharisiens. Mais ceux qui connaissent le Talmud, peuvent apprécier ses diatribes contre la « souillure » de ceux, « qui ont changé la vérité de Dieu en un mensonge », ainsi que ceux qui tout en « prétendant eux-mêmes être sages, sont devenus fous », jusqu'à ce que « Dieu les dote d'un esprit dépravé... rempli d'injustice, de fornication et de méchanceté... » (Romains 1:22, 25, 28).

Dans les enseignements « sacrés » Talmudique transmis par les « Sages », préservés depuis 500 ap. J.-C. et répandu aujourd'hui plus que jamais au sein des écoles Talmud-Torah aux USA, il n'y a peut-être rien de mieux pour illustrer les « fous » et les « esprits dépravés », que les préceptes d'un chapitre du Talmud, *Yebamoth*.

Bien que Moïse ait prescrit que si une femme avait des rapports avec une bête, les deux devaient être tués (Lévitique 20:16), et qu'un prêtre ne doit pas épouser une prostitué ou une femme profane (Lévitique 21:7), le Talmud enseigne que les « rapports antinaturels n'empêchent pas une femme d'épouser un Grand Prêtre », car alors « vous ne trouverez pas de femme appropriée... » (Folios 59a-59b)

Les règles des « sages » indiquent aussi : « Une femme ayant eu des rapports avec un animal est apte à épouser un prêtre – même un Grand Prêtre. »... Si elle a des rapports avec un Chien pendant qu'elle nettoie le sol, elle doit être également considérée comme pure et tout à fait appropriée. Car, « le résultat de ces rapports est considéré comme une simple blessure, et l'opinion qui ne se formalise pas d'un hymen accidentellement blessé, ne considère pas non plus ces rapports comme tels. »

Rien que cela donne une idée de la déformation systématique des Écritures par les Pharisiens et la pertinence de la dénonciation du Christ leur reprochant d'avoir rendu les commandements de Dieu ineffectifs par leur Tradition. (Matthieu 15:6)

LES BÉBÉS

D'après le Talmud, les bébés garçons peuvent toujours être utilisés pour la sodomie par des hommes plus âgés. (Ici, le subterfuge Pharisaïque consiste dans le fait que jusqu'à ce qu'un enfant atteigne la maturité sexuelle, et soit capable d'avoir des rapports, il ou elle n'est pas considéré comme une personne, d'où le fait que les lois bibliques contre la sodomie (la pédérastie) ne s'appliquent pas. Tout au long du Talmud « neuf ans et un jour » est l'âge fictif de la maturité chez les hommes.

De la même manière, avant « neuf ans et un jour », Talmudiquement parlant, les « premiers rapports » d'un garçon avec sa mère, ou n'importe quelle femme, sont sans danger,. *Shammai*, pour paraître plus « strict », abaisse l'âge à huit ans dans certains cas. (Voir les extraits 82 du Sanhedrin et 69b du Talmud)

Un long passage est consacré au montant de la Kethubah (compensation en cas de divorce) qu'une femme est censée toucher si sa virginité a été perdue avec un jeune garçon, voir Kethuboth I 1b dans le Talmud. Et donc, la mère peut se voir considérée comme « pure », en fonction de l'âge de l'enfant. Un tel usage dégradant des enfants était typique des mœurs en vigueur au sein du paganisme du monde ancien.

« Lorsqu'un homme adulte a des rapports avec une petite fille cela n'est rien, car lorsque la fille a moins de trois ans, c'est comme si on lui mettait le doigt dans l'œil – les larmes s'écoulent de l'œil encore et encore, ainsi la virginité est reconstituée chez la petite fille lorsqu'elle a moins de trois ans. » (Voir extrait 136, Kethuboth 11b du Talmud)

Telle est la doctrine de base du Talmud concernant les bébés filles. La sodomie et les rapports avec les bébés sont les prérogatives de l'homme Talmudique, par contraste avec les merveilleux enseignements du Christ concernant les petits enfants.

Ce qui suit est également représentatif de l'âge fictif de la maturité sexuelle des bébés filles décrétée par les « sages » Pharisiens : « Une jeune fille âgée de trois ans et un jour peut-être prise en mariage par copulation... » Voir extrait 55 (Sanhedrin 55b), extrait 81 (Sanhedrin 69a-69b), extrait 156 (Yebamoth 57b), et extrait 159 (Yebamoth 60b) ; aussi Niddah 44b...

L'INCESTE

Moïse ordonna aux prêtres de « Ne pas prendre pour épouse une prostitué, ou une femme déshonorée... car vous devez rester purs face à Dieu. » (Lévitique 21:7) Les lois contre l'inceste sont presque véhémentes : « La nudité de ta mère, tu ne devras pas découvrir : elle est ta mère... (Lévitique 18:7) Et dans le Talmud, les « sages » Pharisiens inversent les injonctions bibliques :

« Si une femme se comporte lascivement avec son jeune fils, un mineur et qu'il commet le premier stade de la cohabitation avec elle – Beth Shammai déclare qu'elle ne peut donc plus accéder à la fonction de Prêtrise. » Là une note de bas de page explique qu'elle ne pourrait pas épouser un prêtre, si cela la rendait impure et la citation du Lévitique 21:7 déjà mentionnée, s'applique précisément. (Voir extrait 82)

Nous apprenons ensuite que le problème ne concerne que l'âge du fils, et non la faute de la mère débauchée : « Tout le monde est d'accord sur le fait qu'un garçon âgé de neuf ans et un jour constitue un véritable lien tandis que celui âgé de moins de huit ans n'en n'est rien. [Note de bas de page : « Car s'il est âgé de neuf ans et un jour ou plus, Beth Hillel est d'accord pour affirmer qu'elle n'est plus compatible avec la fonction sacerdotale, tandis que s'il est âgé de moins de huit ans, Beth Shammai indique qu'elle l'est.]...

Source : Elizabeth Dilling – *The Jewish Religion and Its Influence Today, Ch 5 / La Religion Juive et son Influence de nos jours.*

« Talmudic Immorality, Asininity and Pornographie: The Reprobate Mind" / « *L'immoralité Talmudique, son insanité et sa pornographie : L'esprit dépravé* »

http://www.come-and-hear.com/dilling/chapter05.html

Livre Troisième

« Réinventer le Monde »

Les Illuminati contrôlent la culture

« Personne n'est plus esclave que celui qui se croit libre sans l'être. »
-Goethe

W. Eugene Groves était un jeune américain idéaliste désireux de servir son pays.

Après avoir obtenu une bourse d'étude Rhodes, il fut amené à diriger l'Association Nationale des Étudiants en 1966. Mais le Président sortant, Philip Sherburne, lui confia que l'ANE était secrètement financée par la CIA.

Jusque-là, Groves avait été un membre « involontaire », une dupe. Mais en tant que Président, il se devait bien sûr de connaitre la vérité. Il devait devenir un participant « volontaire ».

L'ouvrage *The Mighty Wurlitzer* (2008), écrit par Hugh Wilford, démontre qu'au cours de la Guerre Froide, la CIA finança et contrôla secrètement de nombreuses organisations d'étudiants, d'ouvriers, d'œuvres religieuses, ainsi que des mouvements politiques et artistiques.

Ils étaient tous organisés selon le modèle établi par le propagandiste soviétique Willi Munzenberg basé sur l'organisation du « Front Populaire » qui recrutait les gauchistes occidentaux pour combattre les idéaux « antifascistes ». Ces groupes spontanés étaient secrètement dirigés et financés par Moscou (à travers le CPUSA / Communist Party USA) pour promouvoir subtilement le Communisme. Munzenberg les appelaient ses « clubs d'innocents »

Le fait que la CIA imite des tactiques émanant du Kominterm, n'est pas si étrange. Les deux sont au service des banquiers centraux Juifs Kabbalistes et de leur réseau Franc-maçon, qui ont à présent subvertis toutes les institutions privées et publiques de l'Occident.

Ainsi, tandis qu'Hugh Walford suggérait que la CIA favorisait la gauche « anticommuniste », elle ne faisait en fait que contrôler la dialectique de l'après-guerre, maintenant l'illusion que la Guerre Froide était bien réelle, tout en faisant la promotion d'une mentalité spécifiquement collectiviste.

Comme nous pouvons le découvrir, il n'y a pas de grande différence entre le capitalisme monopolistique et le Communisme. Avec le Communisme, l'État possède les grandes entreprises et les banquiers Illuminati possèdent l'État. Avec le capitalisme monopolistique, les grandes entreprises possèdent l'État, et les banquiers possèdent ces grandes entreprises.

Les Russes disent sur le ton de la plaisanterie : « Sous le capitalisme, l'homme exploite l'homme tandis qu'avec le Communisme, c'est l'inverse. »

Les deux sont conçus pour donner aux banquiers Satanistes un monopole politique, culturel, économique et spirituel, c'est l'essence du Nouvel Ordre Mondial.

La seule différence, c'est qu'en Occident, il existe une illusion de liberté et de démocratie.

Les serviteurs « volontaires » des banquiers Illuminati sont choisis pour diriger les gouvernements et les organisations, tandis que les dupes « involontaires » perpétuent l'illusion d'une société libre. Les masses sont aussi maintenues dans l'ignorance par le système éducatif et les médias de masse.

Le dilemme auquel Eugene Grove faisait face fut résolu lorsque *Ramparts Magazine* et le *New York Times* révélèrent le programme de la CIA pour les étudiants. Pourquoi la presse contrôlée révèle-t-elle le rôle des contrôleurs ? Eh bien, parfois, les dupes jettent une clef à molette dans les rouages du système. Tout ce qui discréditait la CIA et les USA apportaient également de l'eau au moulin des Illuminati. Ils jouent toujours l'affrontement des deux côtés. Mais vous ne verrez jamais le *New York Times* dénoncer le cartel des banques centrales.

Groves supervisa le passage à l'indépendance de l'association des étudiants, puis démissionna. « Le monde a perdu son innocence », déclara-t-il. « Je ne voulais plus en être. » (Wolford, 5)

LA KULTURE

Comment avons-nous appris ce que nous savons ? Les médias de masse et le système éducatifs nous fournissent les informations. Et s'il s'avérait qu'ils aient été subvertis par une société secrète satanique, les Illuminati ?

Le « Modernisme » reflète une perversion graduelle de la réalité et de la morale par les banquiers Illuminati.

Les médias de masse et le système éducatifs font la promotion de cette suspension de la réalité. La vérité est supprimée. Des mensonges sont promus et élevés au rang de vérité révélée. Des comportements négatifs et autodestructeurs sont présentés sous une lumière positive.

Le modernisme est un solipsisme par lequel la perversité des banquiers devient la norme. Par exemple, la CIA a activement promu l'art moderne abstrait, un art déconnecté de toute identité humaine et de ses aspirations, un art qu'un singe ou un enfant pourrait produire.

Ils financent les magazines culturels, (*Encounter, Partisan Review*) les critiques (Clement Greenberg) et les musées, tout cela au travers d'un réseau de fondations privées.

« Beaucoup d'artistes du mouvement avaient un passé gauchiste (par exemple Jackson Pollock, Mark Rothko et Franz Kline…). Leur peinture, avec son expression gestuelle de la conscience de l'artiste et le rejet total de toute représentation, constitue une régression totale à une forme d'art soviétique… » (p.106)

Pas vraiment. Alors qu'elle prétendait rejeter et combattre le réalisme socialiste, la CIA a fait progresser le plan Communiste qui consiste à rendre l'art dissonant, hors sujet et laid.

La même analyse s'applique à l'égard de la littérature moderne où « l'antihéros », c'est-à-dire l'étranger désaxé (c'est-à-dire le Juif Illuminati) devient le héros. Le « héros » n'est pas le bâtisseur au sein de la communauté, mais le rebelle luciférien, le destructeur de la doctrine Kabbaliste. De la même manière, la critique littéraire moderne est une sorte de vaudou linguistique séparé de la réalité sociale de l'auteur, de sa vie ou de ses intentions réelles. La littérature est considérée comme un artéfact autonome. Des mots ou des phrases isolées sont analysés comme s'il s'agissait des Saintes Écritures. Des heures sont consacrées à l'analyse de mots qui ne sont en fait que des fautes d'orthographes. Lorsque je fréquentais l'université, je me demandais toujours pourquoi ces élucubrations étaient présentées comme la « vérité ». Maintenant je sais pourquoi.

La même explication peut être donnée en ce qui concerne la musique, la télévision et les films. Comme nous sommes tous distraits par ces insanités, les pervers et les traitres peuvent accaparer tous les postes dirigeants. Pendant que nous étions en train de dormir, un culte satanique s'est emparé du pouvoir. Pour que l'art est le moindre sens, il devrait décrire ce cancer occulte qui dévore la société.

LE FÉMINISME

La deuxième vague du féminisme ne fut rien qu'un autre « front populaire » parrainé par les Illuminati. Gloria Steinem, une désaxée Juive, pur produit d'un foyer brisé, fut choisie pour en prendre la tête. Clay Felker, qui travaillait avec Steinem dans les années 1950 pour le « Bureau de Recherche Indépendant » de la CIA (une autre façade étudiante), orchestra la campagne médiatique. Apparemment Felker n'était pas Juif.

En 1968, Felker engagea Setinem au magazine *New York*. Il publia la première édition de 40 pages du *MS Magazine*, comme supplément au *New York*.

En 1975, *Redstockings*, un magazine féministe radical révéla les liens de Steinem avec la CIA. Il démontra que le *MS Magazine* était financé par la Warner Communications et Katherine Graham, toutes deux des entités contrôlées par la CIA.

En 1979, lorsque Redstockings essaya de publier ses découvertes dans un livre, l'éditeur Random House reçu des pressions de la CIA et de la Ford Foundation. Ils souhaitaient que le féminisme apparaisse comme un

Clay Felker, le fondateur et rédacteur en chef d'*Esquire*, était un des 600 journalistes travaillant sous couverture pour la CIA. Il fit la promotion de sa collègue agent et fondatrice du Féminisme, Gloria Steinem. Ainsi la CIA a secrètement défini la culture d'après-guerre.

changement social naturel, au lieu de ce qu'il était réellement, c'est-à-dire de l'ingénierie sociale perpétrée par l'élite.

Dans le même temps, des auteurs comme moi-même qui défendent l'hétérosexualité doivent s'auto-publier et sont ignorés par les médias de masse. La Kulture est contrôlée. Nous sommes loin d'être libres.

CONCLUSION

Les banquiers Kabbalistes ont subverti nos institutions politiques et culturelles et utilisent nos gouvernements pour nous réduire en esclavage suivant le plan décrit dans *Les Protocoles des Sages de Sion*. Les peuples du monde et même leurs gouvernements seront traités comme des « enfants en bas-âge », déclarent *Les Protocoles*.

Il y a toujours eu deux sortes de Juifs : d'un côté ceux qui suivaient la loi transmise par Moïse, et de l'autre les adorateurs de Baal. Malheureusement, ces derniers l'ont emporté tout en conservant le prestige des premiers. Et ils ont été rejoints par des membres de tous horizons, prêts à trahir leur prochain contre un gain personnel.

Tout au long de l'histoire, ces Lucifériens ont mené une guerre contre Dieu et son dessein spirituel et naturel inhérent. Ils ont toujours cherché à détrôner Dieu et à réduire l'humanité en esclavage, et sont à présent très proche d'y parvenir.

Cela implique de détruire les quatre sources de notre identité humaine : la race, la religion (Dieu), la nation et la famille (le genre sexuel). Ils veulent accomplir cela par la création d'une seule race, d'une religion unique, et d'un gouvernement mondial.

Pendant ce temps, notre kulture est de plus en plus dépourvue de racine, dépravée et complètement dénuée de sens. Même les bactéries ont une culture. La véritable culture est une quête pour exprimer et réaliser les idéaux spirituels universels tels que la Vérité, la Justice, l'Amour et la Beauté, c'est-à-dire Dieu. Lorsque Dieu est nié, l'homme prend l'autre direction : la dépravation. C'est cela qui passe pour de la culture aujourd'hui.

Confession d'un Juif ex-Luciférien

« Les Juifs ne le savent pas, mais leur Dieu est Lucifer. » - Harold Wallace Rosenthal

C'est de moi dont il s'agit. Je ne suis pas intéressé par la distinction entre Luciférien et Sataniste. Jusqu'à environ l'âge de 50 ans, j'étais un pur produit de masse Juif Luciférien : Sioniste, Gauchiste, Socialiste et Féministe.

Les Juifs Luciفériens sont les « révolutionnaires » - des gens qui nient et souvent défient Dieu en renversant Son dessein, l'ordre naturel et moral de l'Univers. Ils ont défini le monde moderne, qui est bâti sur les ruines de la « superstition » religieuse.

Lorsque j'avais 17 ans en 1966, je me suis trouvé entrainé dans le mouvement anti-guerre. L'invasion américaine du Vietnam

Bien que cette représentation obscène des sept nains en train de s'occuper de Blanche Neige, fût une protestation contre la guerre du Vietnam de 1966, elle exprime la haine viscérale Juive Luciférienne de la vision du monde Chrétienne.

relevait d'une injustice haineuse discréditant tout ce que les US prétendaient représenter.

La caricature obscène de Wally Wood « Disneyland Memorial Orgy » (reproduite ci-dessus) publiée dans le magazine *Realist* de Paul Krassner, exprimait ma révolte contre l'hypocrisie fondamentale de la société. Blanche Neige, l'icône de l'innocence américaine, était violée par les sept nains. L'establishment WASP n'était en fait qu'un ramassis d'hypocrites.

Les révolutionnaires Juifs, comme Paul Krassner et moi-même, n'étions que des idiots utiles. La guerre du Vietnam avait été provoquée par les Juifs Illuminati (Rockefeller, Rothschild) en partie pour aliéner toute une génération. « L'establishment WASP » était leur instrument depuis quelques temps. J'étais sous l'emprise de l'ingénierie sociale. Mon esprit était façonné. Ils m'ont manipulé en utilisant ma jeunesse et mon idéalisme.

Les ingénieurs sociaux Illuminati font la promotion d'un puissant mème Juif : l'univers est « injuste » s'ils ne le dirigent pas. Il faut savoir que les Kabbalistes (Illuminati) Juifs pensent que la volonté de Dieu s'accomplit à travers eux.

Tout au long de l'histoire, cette idéologie démente a pris la forme d'un désir de détruire le monde pour le refaçonner à leur propre image. Ainsi, ils ont fomenté des guerres afin de détruire les Gentils puis concentrer l'argent & le pouvoir entre leurs mains. Ils ont mis au pas l'ensemble de l'élite des Gentils – pour la plupart des collaborateurs Francs-maçons. Cette collaboration est un prérequis à l'obtention du succès dans la sphère publique aujourd'hui. L'humanité est possédée sataniquement.

Leur but était de détruire les vertus épanouissantes pratiquées par les Chrétiens. Par exemple, ils ont mis à bas toutes les restrictions d'ordre sexuel, qualifiant cela (avec leur ruse habituelle) de « libération sexuelle ».

Même avant la guerre du Vietnam, je suivais déjà ce programme Luciférien. À l'âge de 15 ans, j'ai été presque renvoyé du lycée pour avoir fait souscrire à la bibliothèque de l'école un abonnement à PLAYBOY. Toute l'histoire fut rapportée dans le journal local, et le principal était furieux.

J'étais alors loin de me douter que le magazine PLAYBOY avait pour but de faire passer le sexe comme un vecteur de sens à la vie. Cela a contribué à répandre l'obsession adolescente de la société à l'égard du sexe, ainsi qu'à l'affaiblissement du mariage et de la famille.

Bien que mes intentions fussent pures, j'étais un des petits soldats de Satan. Satan adore les idéalistes.

Il les appelle les « Idiots Utiles ». Des millions d'entre eux sont morts en croyant que le Judaïsme Satanique, (le Communisme), défendait vraiment la « justice sociale et l'égalité ». Tous ces slogans n'étaient que des ruses, afin de mettre leurs agents au pouvoir.

LE CULTE SATANIQUE

L'histoire moderne et la culture constituent le récit de l'intronisation de l'homme au Satanisme, c'est-à-dire au Judaïsme Kabbalistique. Tout ce charabia à propos du fait que Dieu n'existe pas, ainsi que « l'aliénation » de l'homme à l'égard de Dieu, n'est que du pur Satanisme.

Depuis quand les valeurs comme l'amour, la paix, la beauté, la vérité et la justice n'existent pas ? Elles inspirent tous les êtres humains. Bien entendu que la création est remplie d'intelligence. Un petit exemple : lorsque je me cogne l'orteil, mon corps fait croitre un ongle de pied tout nouveau. Je n'aurai pas pu faire ça tout seul !

Chaque fois que je mange une orange ou bois de l'eau de source, je sais que Dieu existe. Le bébé de mon ami est un miracle inattendu. Comment pouvons-nous nier Dieu ?

Le « Modernisme » fut orchestré par les banquiers Juifs Illuminati comme une conspiration à long terme pour réduire l'humanité en esclavage.

« L'époque moderne est l'époque Juive, et le Vingtième Siècle en particulier est le Siècle Juif », a déclaré le professeur Youri Slezkine dans son livre *The Jewish Century / Le Siècle Juif*

Au début du vingtième siècle, « les Juifs commencèrent à se considérer comme les véritable porteurs des Lumières... »

À Vienne en 1903, Solomon Ehrmann déclara lors d'une réunion du B'nai Brith (Franc-maçonnerie exclusivement Juive), que le futur serait fondamentalement Juif. « Toute l'humanité sera Judaïsée et jointe à l'unisson par le B'nai Brith. » (Lindemann, *Esau's Tears/Les larmes d'Esaü* p.331)

Séparés de Dieu, tel Lucifer, les Juifs Kabbalistes sont des parias métaphysiques. C'est la raison pour laquelle les Juifs sont si agités ; ils sont « privés » de l'amour de Dieu, c'est-à-dire du lien avec leur propre âme et du sens de l'être. Ils sont constamment à la recherche d'une raison pour justifier leur existence.

Selon le mot e Goethe : « Chaque Juif, même le plus insignifiant, est toujours occupé à accomplir quelque but mondain, temporaire ou momentané. »

D'après Werner Sombart : « Cette activité dégénère souvent en agitation. Il doit être tout le temps en train de faire quelque chose, tout le temps en train de diriger quelque chose et de le concrétiser. (*Jews & Modern Capitalism*)

Les Juifs sont trop performants parce qu'ils ne se sentent pas aimés. À cause de ce manque d'amour et pour l'obtenir, je me suis lancé dans l'écriture de conseils aux parents dans les colonnes de 40 journaux à l'âge de 11 ans.

Les Illuminati contrôlent les médias de masse et les utilisent pour nous convertir à leur cauchemar Kabbaliste. Nous devenons ce que nous voyons : la violence, l'avidité, la luxure (pornographie), l'homosexualité et l'occulte.

L'art et le divertissement sont conçus pour nous séparer de la réalité historique. Y-a-t-il réellement quelqu'un pour croire que le film *Lincoln* nominé aux Oscar, écrit et réalisé par des Juifs Illuminati, nous raconte la vrai histoire ? La véritable histoire, la possession graduelle de l'humanité par une société secrète satanique, n'est jamais racontée.

Comme mon ancien moi, la plupart des gens sont des collaborateurs inconscients. Souvent, ce sont des idéalistes. Mais il n'est jamais trop tard pour faire face à la réalité et reconnaitre que nous avons été trompés.

« Pourquoi les gens détestent-ils les Juifs ? »

En mai 2012, Henry Blodget, l'éditeur du Business Digest.com, a initié un débat en posant la question : « Pourquoi les gens détestent-ils les Juifs ? »

Il faisait remarquer que l'activité de Goldman Sachs avait généré de l'antisémitisme ; Blodget voulait aborder le sujet franchement.

Mais la réaction très négative du public a forcé Blodget à modifier la question en la réduisant à « quelques » personnes, puis enfin à : « Quelles sont les causes de l'antisémitisme ? »

Alors, M. Dieu, avez-vous ou n'avez-vous pas fait usage du mot JUIF ?

Il a fini par publier une rétractation :

« Certaines personnes que j'aime et respectent m'ont dit qu'elles se sentaient insultées et mal à l'aise avec le post... Je suis vraiment désolé pour ceux que j'ai offensés. Je m'en excuse sincèrement. »

Dans un article intitulé « *Est-ce qu'Henry Blodget déteste les Juifs ?* », l'écrivain juif Foster Kamer a commenté :

« La seule motivation possible derrière la publication d'un tel titre est d'attirer l'attention et d'augmenter l'audience, et cela ne fera qu'enflammer les opinions des participants de tous bords (qu'il s'agisse de Juifs, de ceux qui les haïssent, des Juifs affublés de haine de soi, et ainsi de suite). Soyez sûr que quelle que soit la véritable curiosité intellectuelle de Blodget à ce sujet - et sa compassion envers les peuples marginalisés et/ou persécutés, ... elle provoquera une controverse par cet article et en tant que Juif, je veux dire à Blodget que cela ne servira pas nécessairement notre cause. »

Kamer pense, de manière révélatrice, que le but de cette discussion est « de servir la cause juive. » Sa réponse reflète l'illusion des Juifs croyant qu'ils sont « marginalisés et/ou persécutés » plutôt qu'appartenant à une élite dominante et exclusive. Il pense que tout Juif qui fait preuve d'autocritique doit être atteint de « haine de soi » - cette attitude révèle la véritable nature de leur société autoritaire et fermée.

DISTINCTIONS

La cause de l'antisémitisme est que les Juifs Illuminati et leurs sbires francs-maçons usurpent le contrôle de la société. Ils ont tendance à monopoliser le monde des affaires, la politique, les médias et la culture. (Par exemple, y a-t-il des hommes politiques ou des médias importants antisionistes? Pourquoi quatre des neuf juges de la Cour Suprême américaine sont-ils des Juifs Illuminati? Pourquoi les Juifs Illuminati gèrent-ils le FMI et le Ministère des Finances américain?)

Ils ont délibérément subverti les nations chrétiennes d'Europe par la promotion de la pornographie et de la promiscuité sexuelle, ainsi que par l'immigration, le multi-culturalisme, le féminisme et l'homosexualité sous les vocables du Communisme, du libéralisme et du socialisme.

La dure vérité est que le Judaïsme est une secte satanique se faisant passer pour une religion et la plupart des Juifs en sont dupes.

PLEASANTVILLE

Le film de 1998 *Pleasantville* montre que l'humanisme laïc est en réalité de l'oc-cultisme. Le scénariste et réalisateur Gary Ross illustre les méfaits de la croisade juive libérale tout en la faisant paraître comme bienfaisante. Son père, le scénariste Arthur Ross, était un communiste placé sur la liste noire pendant les années 1940 et 1950.

Des conservateurs blancs attendant d'être libérés par les Juifs Illuminati

Gary Ross a récemment co-écrit et réalisé le film Illuminati, *The Hunger Games*. (Le communisme est une création des Illuminati.)

Pleasantville est de la propagande luciférienne sous couvert de science-fiction. David et sa sœur Jennifer sont transplantés de 1998 dans l'Amérique idyllique des années 1950 comme dépeinte dans *Father's Knows Best* ou *Ozzie and Harriet*.

Le slogan du film est « rien n'est jamais tout noir ou tout blanc. » En d'autres termes, il n'y a pas de critères moraux absolus. Tout ça est du Satanisme (l'humanisme laïc.)

Les deux adolescents avisés introduisent la promiscuité sexuelle, l'art moderne, le jazz et la littérature aux habitants robotiques de *Pleasantville*, qui ressemblent à des conser-vateurs chrétiens.

A mesure que ces innocents robots blancs sont exposés aux merveilles de la Culte-ure moderne, ils passent du noir et blanc à la couleur. Tout particulièrement lorsqu'ils s'adonnent au sexe.

La maman de David se transforme en couleur après QUE SES ENFANTS lui aient ap-pris à se masturber. Nous voyons la mère se masturber dans la baignoire, la scène est dépeinte comme le Second Avènement. Ce film a été classé dans la catégorie « Parental Guidance » / « Surveillance Parentale »

Vous souvenez-vous du temps où le terme « aussi américain que la tarte aux pommes de maman » signifiait la bonté et l'innocence ?

Maman rejette immédiatement son rôle de femme au foyer et initie une relation illicite avec le propriétaire de la fontaine à soda qui pratique l'art impressionniste. Inutile de dire que tous ces gens en noir et blanc sont désormais dépeints sous les couleurs les plus vives.

Pendant ce temps, papa est comme le lapin en noir et blanc répétant : « Où est mon dîner » ?

Il s'agit d'une réaction conservatrice typique et « autoritaire », mais David parvient aussitôt à la contrer en évoquant « *les enfants faisant l'amour dans les rues* » et « *les femmes travaillant tandis que les hommes restent à la maison pour cuisiner.* »

(L'Illuminisme est un culte sexuel. La promiscuité sexuelle est fatale pour les femmes. Les hommes ne formeront pas de liens durables avec elles.)

Voyez-vous comment ces Juifs Illuminati sont lucifériens, et inversent le bien et le mal ? Étant eux-mêmes des inadaptés métaphysiques, ils mènent une guerre sans relâche à tout ce qui est innocent, sain et naturel. Pouvez-vous voir comment ils prêchent la rébellion ? Comment ils propagent leur dysfonctionnement ?

L'ironie, c'est que Gary Ross aspirait à une « vie normale » comme celle qu'il voyait à la télévision.

« Mes années 50 furent différentes de celles des autres », dit Ross. « Le mythe ne faisait pas partie de notre monde, Donna Reed et tout ça. J'aspirais, je désirais être comme les autres familles normales que je voyais à la télévision. »

Pourtant, la première chose qu'il fait est de détruire cette vision.

CONCLUSION

L'humanité est la cible d'une attaque satanique multi-générationnelle toujours en cours visant à l'asservir.

Les Juifs sont « haïs », parce que pendant des siècles, la juiverie Illuminati (maçonnique) a servi d'agent pour la mise en pratique de ce plan voulu par les banquiers centraux. Eux et leurs mandataires francs-maçons ont été à la pointe de cette guerre contre les nations Chrétiennes. Mais comme tous les lucifériens, ils sont passés maitres dans l'art de faire passer les ténèbres pour de la lumière, l'agresseur pour la victime, et le véritable haineux comme étant lui-même l'objet d'une haine injustifiée.

Si le monde descend dans le chaos, je m'attends à ce que les Juifs Illuminati rejettent la faute sur les juifs en général. Ils ont fomenté l'antisémitisme à travers l'histoire et sont largement responsables d'avoir incité l'holocauste pour justifier la création de l'état d'Israël.

Les Juifs ordinaires sont aussi dupés et manipulés que les Américains ordinaires dont les impôts financent les guerres Illuminati. Les deux sont contrôlées par les banquiers Illuminati et leurs sbires francs-maçons.

Les juifs ordinaires peuvent faire deux choses.

1) Reconnaître que l'antisémitisme n'est pas motivé par la « haine irrationnelle ». Il est largement justifié par le rôle joué par les Illuminati (Kabbalistes) et les Juifs Pharisiens tout au long de l'histoire. La Juiverie organisée n'est pas du côté des anges.

2) Les Juifs doivent cesser de servir de cheval de Troie pour les Juifs Illuminati et récolter le blâme à leur place. Les Juifs Illuminati ne sont même pas de vrais Juifs. Ils se marient avec d'autres satanistes générationnels (francs-maçons) qui sont présents au sein de chaque organisation.

Au lieu de servir de boucliers humains, les Juifs devraient se joindre à leurs prochains non juifs pour s'opposer à ce complot diabolique qui est en train de dévorer l'humanité.

La société moderne est un solipsisme créée par les banquiers Juifs Illuminati Kabbalistes et leurs sbires Francs-maçons.

Le terme « solipsisme » signifie une réalité auto-engendrée n'ayant qu'un rapport éloigné ou même inexistant avec la Vérité.

Le mot fut formé en 1874 à partir du latin solus « seul » et ipse « soi-même ».

C'est la vision du monde selon laquelle nous sommes nous-mêmes le seul véritable objet de connaissance ou la seule chose qui soit réelle. C'est pourquoi l'art moderne est personnel et subjectif jusqu'à l'absurde, et complètement opposé à ce qui est universel et vrai. Cette subjectivité excessive implique que chaque artiste est divin.

Le Nouvel Ordre Mondial s'emploie à remplacer la vérité par un solipsisme créé par les mêmes personnes qui fabriquent la monnaie à partir de rien pour la prêter à intérêt.

Qu'est-ce que la vérité ? Sur le plan matériel, c'est le dessein naturel, le fonctionnement efficace du royaume naturel. Sur un plan spirituel, il s'agit de Dieu, qui est la réalité ultime, un autre terme pour définir la *vérité absolue, la beauté, l'amour, l'harmonie et la justice,* tout ce à quoi les êtres humains aspirent.

Comme la nature est sauvage, notre mission est d'équilibrer la nature en mettant en application ces idéaux spirituels.

La manipulation psychologique véhiculée par la télévision a ruiné ma vie

Nous devons introduire dans leur éducation tous ces principes qui ont si brillamment brisé leur ordre. - Protocoles de Sion, 16

La télévision est l'autel familial Satanique. La télévision est le principal instrument d'infiltration de la nouvelle religion satanique. - Anton Lavey

Dans les années 50, lorsque j'étais enfant, les programmes à la télévision étaient plutôt sains. C'est pourquoi je restais devant pendant des heures.

J'étais naïf et idéaliste, pensant vivre dans une société libre et bienveillante ayant pour but d'aider à l'élévation matérielle et spirituelle de tous. Je me fiais aux médias de masse et au système éducatif pour trouver des informations, accroitre ma compréhension et me guider dans la vie.

Après avoir vu un documentaire en quatre parties traitant de l'histoire de la télévision *America in Primetime* (2011), j'ai réalisé que la TV n'était pas du divertissement. C'est un outil d'ingénierie sociale et d'endoctrinement occulte. La télévision m'a rendu dysfonctionnel et déprimé. Il en est de même pour des millions de personnes.

America in Primetime est composé d'entretiens avec des dizaines de concepteurs et de producteurs, ainsi que des extraits de leurs émissions. Bien que les homosexuels et les Juifs ne représentent peut-être que 5% de la population, ils constituent 70% des scénaristes et producteurs de télévision. Ils tendent un miroir à leur propre vie. Si les 70% était des Irlandais Catholiques, je dirais la même chose s'ils concourraient à dégrader la société.

Les Juifs et les homos ont en commun d'être des parias voulant que tout le monde voit le monde à travers leur perspective.

La plupart de mes compatriotes Juifs ne savent pas que le Judaïsme est un culte Luciférien, une rébellion contre Dieu. Les dirigeants Juifs Kabbalistes (Illuminati) souhaitent supplanter Dieu et redéfinir la réalité selon leurs intérêts et leur perversité. Tel est le Nouvel Ordre Mondial.

Ils nient qu'il y ait un ordre moral et naturel, le mode d'emploi du Créateur présent dans notre âme, que nous devons suivre pour notre bonne santé spirituelle et notre bonheur. Ils n'ont aucune morale et font ce qu'ils veulent.

Le documentaire prétend que la télévision contemporaine présente la réalité de manière plus fiable. En fait, elle crée cette réalité selon sa propre image pervertie. La télévision est un vecteur d'endoctrinement. Elle a délibérément rabaissé ce qui est sain et inversé ce qui est normal et anormal. Il y a une émission en ce moment qui s'appelle *The New Normal/La Nouvelle Norme*. Une autre s'appelle *The Modern Family/La Famille Moderne*, qui décrit un couple homo élevant un enfant.

Ainsi, la télévision nous convainc qu'il y a quelque chose de salvateur, de noble et d'intrinsèquement humain au fait d'être bizarre, malade et misérable. Je me suis trouvé dans cette catégorie, je suis passé par là. Ça n'est juste que de l'apitoiement sur soi-même.

Nurse Jackie, qui est accro aux médicaments, déchirée entre sa famille, son travail et son infidélité, trouve son lot de consolations. Les héros de *Weeds* et *Breaking Bad* sont des gens normaux de la classe moyenne, qui deviennent des dealers de drogue et des membres de la mafia, tout en trouvant la rédemption. Jack Bauer, le héros de « 24 heures chrono » fait le mal pour nous protéger à tous du mal, mais hé ! La vie est compliquée. Tony Soprano, un mafieux qui vit dans une banlieue du New Jersey, veut les mêmes choses que nous. *Dexter* est un tueur en série qui tue des tueurs en série, mais ne le jugez pas. Lorsqu'il avait cinq ans, il a vu sa mère se faire découper en morceau par une tronçonneuse ! (Au moins il n'a pas été abusé sexuellement).

« Le public est plus sophistiqué », nous disent les scénaristes, « les gens veulent davantage d'ambiguïté ». Vraiment ? Ils normalisent l'immoralité. C'est de la pure Kabbale.

Nous avons atteint le stade où des délinquants amoraux et violents, des désaxés et des déviants sont devenus la norme. Ils sont parvenus à ce que le monde se conforme à leurs vues.

Le documentaire est tout à fait explicite : « Qu'ils soient excentriques, perdants, ou juste bizarres, les personnages désaxés ont dépassé le cadre de stéréotypes comiques et occupent à présent le devant de la scène avec vengeance, refusant de s'excuser pour ce qu'ils sont. »

Ainsi dans la série d'HBO, *True Blood*, les vampires exigent des « droits de l'homme ». Ils veulent être traités comme toutes les autres minorités. Un personnage est encensé lorsque quelqu'un juge tous les vampires sur la base du comportement de quelques-uns d'entre eux. C'est du pur préjugé !

Freaks and Geeks. Six Feet Under. Seinfeld. Glee. Arrested Development. The Office. Les désaxés centrés sur eux-mêmes sont la « nouvelle norme ».

COMMENT EN SOMMES-NOUS ARRIVÉS LÀ ?

Dans les années 50, ils devaient reconstruire, alors les Illuminati nous ont abreuvés de valeurs saines. Ils présentaient des dilemmes moraux.

Le documentaire s'interroge : « À la télévision dans les années 50, l'homme de la maison était le roi de son château. Était-ce une illusion ? » *Father Knows Best. Leave it to Beaver. My Three Sons.*

Était-ce une illusion? Je ne pense pas. Certaines choses ont une origine très profonde. La plupart des hommes veulent gérer leurs propres affaires. Cela ne veut pas dire que nous voulons en imposer à tout le monde. Mais toute organisation réussie nécessite une hiérarchie et cela s'applique également à la famille. Seul un monstre possède deux têtes. La division du travail était parfaitement censée. Si vous voulez qu'un homme soutienne et se sente responsable d'une famille, il doit la diriger. Elle doit être sienne.

Il n'y avait aucune ambiguïté au sujet du genre ou de la morale dans les Western des années 50. Le bien contre le mal. Les hommes étaient des hommes. Ils mettaient leurs vies en jeu pour construire une société juste. Les femmes les soutenaient et les aimaient pour cela.

Puis presque de manière concertée, après avoir établi leur cible, les Illuminati se sont mis à l'œuvre pour la détruire. Les moyens de contraception ont permis à la femme d'être sexuellement indépendante. Pourquoi ne pas l'être aussi financièrement ?

De nouveaux programmes montraient aux femmes que d'être épouses et mères n'était pas épanouissant.

America in Primetime : « Loin d'être le modèle de femmes au foyer qu'elles étaient hier, les femmes à la télé aujourd'hui se soucient moins de faire plaisir aux autres que d'être vrai à l'égard d'elles-mêmes. » (Un euphémisme pour l'égoïsme)

Pourquoi se sacrifier par amour quand on peut être égoïste ? On dirait une injonction de Satan, non ? L'amour est une forme de sacrifice. Comme si la dévotion à l'égard de la famille et de son mari n'était pas compatible avec le fait « d'être vrai à l'égard d'elles-mêmes ». Comme si une carrière était la voie de l'épanouissement pour la plupart des femmes.

Mary Tyler Moore était le prototype de la « femme indépendante ». Lorsque sa mère demande à son père : « As-tu pris ta pilule ? » Mary pense qu'elle s'adresse à elle.

« Oui », répondent tous deux le père et la fille. Ainsi, le programme incitait les jeunes femmes à prendre la pilule et à avoir des relations extra conjugales.

Les femmes se sont calquées sur le personnage de *Mary Tyler Moore*, tout comme elle imiterait celui de *Sex in the City* 20 ans plus tard.

Lauren Hutton explique que *Sex and the City* dépeint des « femmes se comportant comme des homos » ; ce n'est pas surprenant étant donné que son créateur Darren Starr est un Juif homosexuel.

Dans les années 1980, les hommes commencèrent d'être représentés comme des mauviettes. Quelqu'un a écrit que *Thirty Something* devrait s'intituler « Pleurni-cheries et Névroses ». La seule exception à cette mode

Mary Tyler Moore

était *The Bill Cosby Show* où le père était le chef de famille.

Tout comme les hommes, les femmes sont dotées de l'instinct profond d'appartenir à un seul homme qui récompense leur dévotion à son égard. La plupart des femmes veulent mettre la maternité avant leur carrière. Pourtant les abrutis qui contrôlent la culture populaire, les trompent intentionnellement en leur faisant croire que leur instinct biologique naturel a tout faux.

Dans une critique sur Amazon de l'ouvrage de Kevin MacDonald *Culture of Critique*, E. Baumgartner, un ancien scénariste, écrit : « En tant que Juif, je peux vous dire que le Dr. MacDonald a complètement raison. »

« En tant qu'ancien Juif gauchiste d'Hollywood (j'écrivais des séries télés), je peux dire à partir de mon expérience personnelle, que l'analyse du Professeur MacDonald est 100% juste. Les séries sur lesquelles je travaillais : *Mary Tyler Moore Show, That Girl & Love American Style*, parmi d'autres, n'étaient rien d'autre que des outils Juifs (pour la plupart) utilisés afin de dégrader l'innocence de la culture WASP américaine, (du « Marxisme Culturel » comme l'appelle le professeur MacDonald) »

« J'étais gêné par les « règles » éditoriales du studio selon lesquelles les enfants devaient être représentés comme impolis et irrespectueux envers leurs parents. Quelques fois j'ai présenté un script à mon éditeur (également Juif) dans lequel le personnage de l'enfant se comportait poliment et respectueusement à l'égard de ses parents. L'éditeur modifia les dialogues pour rendre l'enfant confrontationnel, puis me déclara : « c'est de cette façon qu'il faut procéder à partir de maintenant, à moins que je ne te dise le contraire. » C'est à ce moment que j'ai commencé à réaliser qu'il s'agissait de bien autre chose que de faire des séries télés. Je pouvais voir les changements au sein de la société américaine résultant de cette propagande télévisuelle. J'ai finalement arrêté d'écrire et suis devenu enseignant. »

CONCLUSION

Comme la télévision et les films étaient mes références, j'ai été dysfonctionnel presque jusqu'à 50 ans. J'étais obsédé par les relations et considérais le sexe comme une panacée. Je ne savais pas comment être un homme. J'idéalisais les femmes et appelais cela de l'amour. Il n'y avait aucun modèle de véritable masculinité. Lorsque des gens dysfonctionnels et malades sont vos modèles, vous finissez par leur ressembler. J'ai souffert d'un développement arrêté, j'étais immature. J'ai connu trois échecs conjugaux. Ma vie était complètement confuse, pleine de période de dépression. (J'admets toute ma responsabilité pour avoir été si crédule et confiant).

Pourquoi y-a-t-il si peu de modèles positifs à la télé ? Pourquoi si peu d'exemples de vie heureuse et saine ?

Ma réhabilitation est venue lorsque j'ai commencé à écouter mes propres instincts à la place des médias de masse.

Les gauchistes aiment à croire que l'évolution des mœurs des 50 dernières années représentent un changement social spontané. Il s'avère que nous avons plutôt été dégradés et intronisés à un culte satanique. Les banquiers Illuminati nous mènent une guerre diabolique et nous ne le savons même pas.

Les films hollywoodiens reflètent le cauchemar juif

Il y a une certaine joie spéciale à regarder les autres se dégrader eux-mêmes.

Les productions de Judd Apatow qui comprennent les séries HBO *Girls* et des films comme *Knocked Up* (2007) et *This is Forty* (2012), est spécialiste de ce genre de voyeurisme dégradant.

En 2007, j'écrivais : « *Knocked Up* » est un voyage psychotique au sein d'un terrier de lapin peuplé de pervers, de bandits et de perdants. Hollywood veut que nous les imitions. À en juger par les dernières critiques, nous sommes satisfaits de le faire. »

Il n'est pas exagéré de définir le film *This is Forty* comme un film de « maison ». Apatow l'a écrit et dirigé. Bien que Paul Rudd interprète le rôle de « Pete », la femme d'Apatow, Leslie Mann joue « Debbie », l'épouse, et ses deux filles, Maude et Iris, jouent les enfants. Comme Malcom Forbes l'a fait remarquer : « le népotisme n'est pas un problème tant que vous le pratiquez en famille. »

En fait, Leslie Mann a eu 40 ans en 2012 et ce film est évidemment inspiré par la vie conjugale d'Apatow, y compris ce qui passe pour des conversations intelligentes sur l'oreiller. Le seul élément fictif concerne les problèmes financiers expérimentés par la famille.

Le film a été présenté par le slogan : « C'est comme ça que nous sommes tous ». Judd Apatow décrit le mode de vie dysfonctionnel des Juifs d'Hollywood, les seules personnes qu'il connaisse.

Avant d'en venir à la famille dysfonctionnelle, je me dois de souligner la vulgarité d'Apatow et son obsession adolescente des fonctions corporelles. Comme je l'ai déjà démontré, les Lucifériens ne définissent pas le « courage » par la capacité à défendre la vérité et la justice, mais par la propension à transgresser les normes et à faire œuvre de mauvais goût.

LA VISION LUCIFÉRIENNE DE L'HOMME

Comme l'homme est un animal dépourvu d'âme divine, il n'est nul besoin de restreindre ses bas instincts. (Cela serait de la répression) Ainsi la « comédie » n'est plus

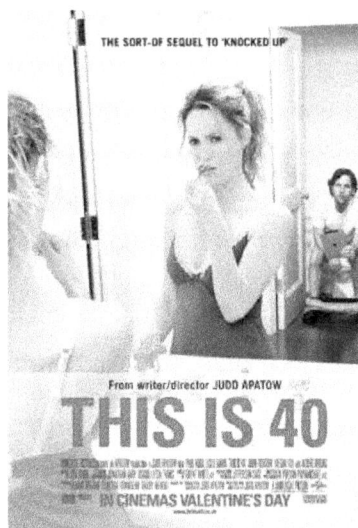

définie par ce qui est « drôle », mais par ce qui est dégoutant. Comme l'homme ne peut pas aspirer à être semblable à Dieu, tout ce qui reste est une chute ininterrompue dans les bas-fonds.

La litanie de vulgarité émanant de la première heure du film comprend : Pete assis sur les toilettes, Pete subissant une colonoscopie, Pete pétant au lit, Pete examinant ses hémorroïdes dans le miroir, Pete regardant sous la jupe d'une femme.

Apatow fait parler une femme pendant cinq minutes sur la manière dont son vagin est devenu flasque à la suite d'une opération, puis ensuite deux homos discutent de fellation. Apatow montre les seins de sa femme, lui fait tâter les seins de Megan Fox (pour voir s'ils sont réels), avant d'administrer une fellation à Rudd et de subir un examen vaginal. Heureusement, il ne fait aucune référence aux parties génitales de sa fille, pour cette fois...

Après avoir catalogué les fonctions corporelles pendant une heure, le film entreprend de dresser l'inventaire des dysfonctionnements affectant les riches familles juives d'Hollywood. Cela inclut des enfants grossiers qui défient leurs parents et puisent leurs repères au sein des réseaux sociaux ; les grands-parents qui commencent une deuxième famille alors qu'ils sont trop vieux et pauvres ; des gens vivant au-dessus de leurs moyens, et un vide intérieur général qui empêche toute solution d'émerger. Les rassemblements avec la famille et les amis sont toxiques, tout le monde à la merci d'une miette d'encouragement, ou à défaut d'une occasion pour exprimer des reproches.

Le problème est l'abdication du père. Le père ne fait plus la loi. Ainsi la famille se trouve dans un état d'anarchie avancée.

Le personnage d'Apatow est un homme faible perdu au sein du monde. Sa société d'enregistrement végète. Il ne parvient pas à suivre un régime. Il ne parvient pas à se contrôler lui-même, alors comment pourrait-il contrôler sa famille ? Sa femme Debbie est le mélange habituel d'insécurité et ils se chamaillent constamment.

« Qu'est-ce que nous sommes en train de faire ? » demande Debbie. « Cela ne me rend pas heureuse. Tu n'es pas heureux. Tu ne m'aimes pas. Je le sens bien. Je ne suis pas aveugle. Nous vivons comme des associés en affaire. Nous sommes comme des frères et sœurs. Il n'y a pas de passion entre nous. »

Le problème n'est pas la passion, mais le pouvoir. Pete doit prendre possession de sa femme et de ses enfants. Ils doivent lui obéir. Il est le chef. Il doit avoir une vision. Lorsque l'homme est émasculé par la femme, le résultat est l'anarchie.

PETE : « Arrêtes de me les casser. »

DEBBIE : « Je ne te casse rien, je suis une fille marrante, j'adore me marrer, je suis Sally la bienheureuse, je danse du hip-hop ! Je ne peux pas croire que j'ai gaspillé toute ma vie à casser ce dont les gens sont dépourvus. Je suis la seule ici qui en est... »

Les Juifs d'Hollywood sont très fort pour créer et répandre leur dysfonctionnement, mais ils ne présentent jamais la moindre solution. Pour eux, la condition humaine consiste à se répandre dans la maladie et trouver le réconfort au sein de l'apitoiement sur soi-même ou dans la sentimentalité. Imaginez si l'histoire montrait un mari réaffirmant son autorité et que sa femme le soutienne ? Mais tout cela serait trop « sexiste ».

En général, Hollywood a agi comme de l'acide chlorhydrique sur la civilisation Chrétienne. Il a corrompu toute forme de cohérence sociale : le mariage et la famille nucléaire, l'homogénéité raciale et la religion. Il a promu l'homosexualité. Tout ce qu'il reste à présent à détruire c'est la dignité humaine et le respect de soi.

Déjeuner de chien chez Tiffany

Avec le recul, le « classique » *Break-fast at Tiffany's/Diamants sur canapé* (1961), fut une salve majeure dans la guerre menée par les Illuminati sur la société hétérosexuelle. Nous pouvons à présent comprendre clairement que leur but n'a rien à voir avec les « droits des gays » ou « l'égalité », mais bien la volonté de faire de l'homosexualité la norme sociétale.

Présenté comme une « romance », ce film est en réalité du poison pour les hétérosexuels. Il a mis en place le modèle des années 60 où les femmes

Un café et un beignet à la main, Holly a appris aux femmes modernes à courir après des chimères et à manger sur le pouce.

ont été encouragées à perdre la tête et les hommes forcés de venir à leur secours. A partir de cette époque, plus rien ne devait compter à part leurs besoins.

Le film a été écrit par un homosexuel, Truman Capote. Tout comme Tennessee Williams, il a été mis en avant par nos Juifs Illuminati contrôleurs de la culture. Et tout comme Tennessee Williams, sa vision malsaine et perverse fut présentée aux goyim comme le dernier cri de la sophistication.

Dans le film, les Adam et Eve hétérosexuels sont dépeints en termes homosexuels. Ils doivent essentiellement contourner un obstacle gay pour parvenir à l'amour et au mariage hétérosexuel, tout comme nous devons le faire aujourd'hui. Pour l'époque (1961), ce film est d'une débilité à toute épreuve. En voici le résumé :

1. Holly Golightly, jouée par Audrey Hepburn, est une prostituée. Sa valeur est strictement basée sur sa « beauté » et sur sa répartie occasionnelle. Le côté prostituée est volontairement occulté et elle est dépeinte comme une « mondaine ». Elle est à la cherche d'une forme de sécurité financière représentée par le magasin *Tyffany's*. Elle passe tout son temps à y trainer en quête d'un mari riche. Et nous sommes censés trouver cette femme attirante.

2. Son soupirant, Paul Varjak, joué par George Peppard, est un écrivain. Il est aussi une sorte de prostitué, entretenu par une vieille femme riche jouée par Patricia Neal, croyant toujours jouer son rôle dans *The Fountainhead /Le Rebelle*.

En d'autres termes, les hétérosexuels sont des gens à louer qui doivent s'habituer à vendre leur âme pour survivre. « J'ai besoin d'argent et je ferai n'importe quoi pour en avoir », avoue Holly.

3. Tout ce que fait Holly est conçu pour émasculer Paul. Elle veut seulement de lui comme « ami ». Juste pour dormir entre ses bras. Elle siffle un taxi quand il n'y arrive pas. Elle lui reproche son « arrangement ». Elle envoie des signaux ambigües et souffle le chaud et le froid. Tout cela est devenu le comportement névrotique typique de la femme moderne.

4. Il y a une intrigue mineure où l'on apprend qu'Holly est vraiment originaire du Texas et qu'elle fut mariée à 14 ans avec « Doc », un vétéran joué par Buddy Ebsen, qui est un homme facilement âgé de 40 ans. Elle prétend que le mariage fut « annulé », mais évidemment il fut consommé.

5. Afin de rendre cette daube comestible pour les hétérosexuels, Holly et Paul doivent surmonter leur déchéance morale réciproque et trouver le chemin qui les conduira à se rapprocher l'un de l'autre. Mais Holly est une emmerdeuse de première jusqu'à la fin. Même après que Paul ait rompu avec son mode de vie de gigolo, puis trouvé un vrai travail et déclaré son amour, Holly se prépare à partir au Brésil avec un riche héritier. Lorsqu'il la rejette, elle a toujours l'intention de courir après les « 50 hommes les plus riches d'Amérique du Sud ». Elle dit à Paul qu'elle ne veut pas « appartenir à qui que ce soit » ni « être mise en cage ».

« Je ne sais pas qui je suis », avoue-t-elle. Elle est une débile mentale, un personnage calqué sur la propre mère de Truman Capote qui se comportait aussi comme une adolescente attardée.

6. C'est de cette manière que le livre se termine. Mais pour vendre le film aux goyim innocents, il fallait une fin romantique. Nous avons donc ainsi droit à 110 minutes de dysfonction homosexuelle suivie par cinq minutes de romance hétérosexuelle. Paul lui dit qu'elle « a peur de la réalité » et s'en va. Elle trouve ce rejet irrésistible et lui court après. S'ensuit un baiser passionné sous la pluie... Pas une seule minute de vérité.

CONCLUSION

La raison pour laquelle ma génération est partie « à la recherche de son identité », c'est que son identité première d'homme et de femme (protecteurs et pourvoyeurs, épouses et mères) était sous une attaque constante de la part des Illuminati.

En 2012, *Breakfatst Tyffany's* fut désigné comme « culturellement, historiquement et esthétiquement significatif » par la Librairie du Congrès des États-Unis et sélectionné pour un programme de préservation au sein du Registre National du Film. Considéré comme un « film culte », il a servi de modèle à la génération des années 60. Les femmes voulaient être Holly Golightly tout comme une génération plus tard elles s'identifiaient avec la Carrie Bradshaw de *Sex and the City*.

Grâce au contrôle mental féministe (Illuminati), les femmes ont échangé la position sociale sécurisée et honorable d'épouse et de mère, pour finir par élever leurs enfants toute seule, souvent dans la pauvreté. Un vrai déjeuner de chien.

Oui Virginie, nous sommes bien sataniquement possédés.

Une touche de crasse

Dans un élan de nostalgie, j'ai regardé un de mes films préférés, *A Touch of Class* (1973). Je me souvenais d'une comédie romantique sophistiquée avec George Segal et Glenda Jackson, qui m'avait grandement influencée.

Quel choc ! J'ai vite réalisé pourquoi j'étais si confus lorsque j'étais un jeune homme.

Le film montre un homme trompant sa femme et ses enfants comme un sommet de sophistication et d'amusement. Il dépeint les relations sexuelles comme si elles étaient le Saint-Graal. En tant que jeune homme impressionnable de 23 ans, je supposais stupidement que la société n'était pas dirigée par des psychopathes et des pervers. J'ai intégré ces attitudes qui ont fini par nuire à ma capacité d'établir des relations saines avec les femmes. (J'en suis à présent à mon troisième et j'espère dernier mariage.)

Puis, je suis tombé sur une promotion pour un film à venir, *No Strings Attached* qui apprend aux jeunes que la promiscuité sexuelle est le sommet de la pensée moderne.

Ces deux films ont tous deux été réalisés par des Juifs. À 40 ans de distance, les Juifs d'Hollywood répandent toujours une propagande socialement destructrice en la faisant passer pour de la comédie sophistiquée. Si *A Touch of Class* me choque, j'imagine les dommages causés par Hollywood sur la jeune génération.

Les Juifs Illuminati Melvin Frank et Ivan Reitman ont respectivement dirigé les deux films. Ce dogme du sexe pour le sexe est loin d'être la chose la « plus dans le coup ». Les Illuminati sont un prolongement de l'hérésie Frankiste-Sabbatéenne remontant aux 17ème et 18ème siècles.

Les Frankistes-Sabbatéens étaient des Satanistes qui croyaient en la « rédemption à travers le péché ». Ils pensaient que le Messie ne reviendrait que lorsque le monde aurait sombré dans le chaos. Ils préconisaient la destruction du mariage et de la famille, et s'adonnaient à l'adultère, participaient à des orgies, à l'inceste et à la pédophilie.

Ils jouissent d'un énorme pouvoir parce le consortium bancaire des Rothschild appartient à ce culte. Les Juifs Frankistes-Sabbatéens (Illuminati) furent à l'origine du Communisme et du Sionisme. Pour faire court, le Satanisme et le Communisme se déverse depuis nos salles de cinémas et nos postes de télévision, et personne ne s'en doute.

À PROPOS DE CES FILMS

Les Juifs Illuminati qui possèdent Hollywood produisent ce genre de films depuis des décennies en les faisant passer pour du divertissement.

Dans *A Touch of Class*, George Segal interprète un Juif narcissique typique pourtant le mot « J » n'est jamais prononcé. Il n'y aucune explication au fait que tout le monde le trouve si attirant, à part pour son argent. Son ami « Walter Menkes » joué par Paul Sorvino, est aussi un Juif. Le film suinte les valeurs « humanistes juives » qui ne servent qu'à eux-mêmes, bien que le public n'en soit nullement conscient.

Glenda Jackson joue la divorcée Gentille à la recherche de relations faciles. Comme Segal est marié, elle ne court aucun risque de « tomber amoureuse ».

Ce qui bien sûr arrive toujours. Mais sur les conseils de Menkes, Segal trouve la force de rompre pour son bien, parce qu'il l'aime vraiment et ne veut plus la faire souffrir.

Si l'on en croit sa vidéo promotionnelle, *No Strings Attached* suit la même logique. Les « relations faciles » conduisent à en « vouloir davantage ».

« La monogamie est contraire à la nature », s'exclame l'actrice Juive de *No String Attached*, Natalie Portman. « Pourquoi ne peut-on juste coucher ensemble ? » En fait, c'est la promiscuité qui est contraire à la nature. Elle en veut « davantage ».

Il semble que les Juifs Illuminati sont obsédés par le sexe tant que cela reste en dehors du mariage. Toute la partie où « ils tombent amoureux » n'est qu'une feuille de vigne pour couvrir le fait de présenter la promiscuité sexuelle comme socialement acceptable.

Les gens qui développent des habitudes libertines ne s'arrêtent pas lorsqu'ils sont mariés. Combiné avec le féminisme, cela a un effet dévastateur sur l'institution du mariage.

La promiscuité inclus l'homosexualité, car dans la vidéo Kutcher se réveille et se demande dans sa torpeur alcoolisée s'il a eu des rapports avec un type.

Récemment, je suis tombé sur quelqu'un en train de regarder *Hot Tub Climate Change*, réalisé par un autre Kabbaliste, Steve Pink. La scène était du porno pur, et interracial de surcroit. Une jeune fille blanche aux larges hanches est montrée en train d'avoir un rapport avec un gaillard noir dans un jacuzzi. Les films grand public d'aujourd'hui seraient bannis comme obscène il y a ne serait-ce que 20 ans.

Certains de ces films ne sont que du nombrilisme Juif. Récemment, j'ai loué *Greenberg* avec Ben Stiller, réalisé par Noah Baumbach. Le personnage principal est un Juif narcissique entre deux âges et complètement désœuvré. La moindre chose qu'il fait pour les autres est considéré comme bouleversante. Il n'a aucun intérêt aux yeux de quiconque et pourtant son sens de l'égo et de sa propre importance est stupéfiant. Il déclare être la « personne la plus drôle qu'il connaisse », pourtant il n'y aucune preuve de ça. Rien ne se passe, à part qu'il a une relation sexuelle avec une fille Gentille, évite l'engagement et l'aide à avorter.

Lorsque vous possédez Hollywood, vous pouvez infliger vos films au monde entier, même s'ils sont dérivés du Satanisme Sabbatéen.

NOTE :

Pour être honnête, le film de Baumbach *The Squid and the Whale/Les Berkman se séparent*, évoquant une famille Juive dysfonctionnelle à Brooklyn, est excellent.

La conspiration de la souillure

Par Christine

J'essaie d'avertir les autres sur ce qui s'est passé et ce qui SE passe en ce moment. Quelques-uns des membres de ma famille font partie des « médias Juifs » et l'un d'entre eux est directement responsable de la promotion des idéaux à propos desquels des gens comme vous et moi, mettons en garde les autres.

Quand j'essaie d'expliquer aux gens ce qui se passe, ils se moquent - oh non, il ne peut pas s'agir d'un « complot » comme je le prétends. De quelles autres preuves ont-ils donc besoin ?

Il y a des années, mon oncle et son ami de longue date Joan Rivers (Rosenberg), ont réalisé un film horrible et offensant. Son titre est *Rabbit Test/Le Lapin Testeur*. C'est un très mauvais film qui est à présent visible sur YouTube dans toute son écœurante intégralité.

Le genre « d'humour » déviant présent dans le film correspond exactement à ce qui est promu dans les médias aujourd'hui, bien qu'il soit sorti en 78, en avance sur son temps.

Il présente les blagues sur la pédophilie et les matières fécales comme étant du meilleur goût. Je pense que mon oncle, par inadvertance, nous avertissait alors de choses à venir. Il est devenu plus tard une grande figure médiatique. Si vous voulez être dégoûté, regardez-le (nains au visage noir ? Scène où une petite fille est forcée d'administrer une fellation à un vieil homme sous une table ? Des Africains servant des pastèques ... Joan Rivers ramasse une merde avec ses mains nues...) soyez préparés.

J'utilise ce film comme un exemple, un « modèle » pour ainsi dire, une icône de la terrible perversion qui s'est infiltrée dans les médias de masse. Chaque blague de ce film a été utilisée et réutilisée, avec quelques variations, de nombreuses fois dans des émissions de télévision et des films au cours de ces 30 dernières années.

Seth Macfarlane a créé un personnage pédophile « gnangnan » prénommé « Herbert » dans la série *Family Guy*. MacFarlane n'est peut-être pas juif, mais l'industrie du divertissement, elle, l'est entièrement.

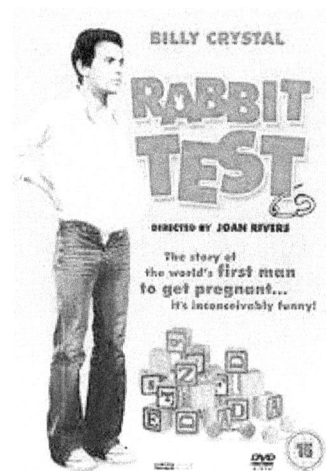

Les objectifs secrets du communisme sont proches de leur accomplissement ultime (http://www.henrymakow.com/secret-goalsof-communism.html)

25. « Briser les normes culturelles de la moralité par la promotion de la pornographie et de l'obscénité dans les livres, les magazines, les films, à la radio et à la télévision.

26. Présenter l'homosexualité, la dégénérescence et la promiscuité comme des choses « normales, naturelles et saines. »

LA MANIÈRE SOURNOISE

Lorsqu'ils sont réalisés par la « Kabbale », les films donnent un petit indice de manière à démontrer qu'ils « en font partie » en insérant dans les premières minutes une référence, peut-être une vieille blague juive que la plupart des gens ne comprendront pas à moins qu'ils soient des « initiés ». Cela permet d'identifier le cinéaste comme une personne de « l'intérieur ».

Ces membres de la kabbale font tout pour introduire une référence malsaine, une insinuation méchante, un mensonge, de la propagande pure et simple dans tout ce qu'ils produisent afin de salir toute idée du « bien ».

Il est aujourd'hui presque devenu impossible pour les personnes honnêtes de maintenir leur maison spirituellement « pure », car les monstres se glissent maintenant dans la moindre crevasse, tels des cafards se faufilant dans un nouvel appartement.

Comme nous essayons de nous tenir à l'écart de toute infection directe, la kabbale doit se faufiler dans nos vies en ayant recours à des moyens variés.

Le but est de choquer, à la manière d'un exhibitionniste prenant plaisir à dégoûter les femmes par surprise. Juste quand vous pensiez être en train de regarder une émission de cuisine, une réclame pour les pertes vaginales s'affiche sur votre écran.

SUBVERTIR UNE PERSONNE À LA FOIS

Ma tante a une drôle de façon de se présenter aux gens - elle pose BEAUCOUP de questions. Elle essaie de vous amener à vous confier et à admettre des choses que vous pourriez regretter plus tard.

Un autre « truc » pour évaluer où vous en êtes est de raconter une blague vulgaire. Si vous riez, vous être considéré comme un candidat potentiel. Une personne juste et courageuse ne s'y laissera pas prendre.

C'est la façon dont ils s'y prennent, en essayant de calomnier une personne ou de la corrompre par des voies illégales de manières à utiliser ces éléments contre elle plus tard. Les agents de renseignements des réseaux pédophiles fonctionnent de la même manière. Ils s'immiscent dans vos pires secrets, juste afin de s'en servir contre vous plus tard.

C'est ce qu'a dû subir David Petraeus. La plupart, si ce n'est la totalité de ces représentants politiques s'étant retirés pour des « raisons familiales », l'ont été sur la base d'un chantage à deux options : démissionner ou subir des révélations dévastatrices.

Ne vous mettez pas dans une situation similaire. Ne vous enivrez pas avec ces gens. Si vous devenez ami avec une nouvelle personne et qu'il semble *très intéressé* par vous, ne le laissez pas entrer dans votre vie.

Leur but est de vous piéger.

Notre mode de vie actuel

Aimez-vous les divertissements décrivant notre « mode de vie actuel » ?

Vous devriez retourner en 1875, lorsqu'Anthony Trollope publia son roman du même nom.

Une série en quatre parties produite par la BBC (2001), dépeint les ravages causés par un banquier Juif, « Augustus Melmotte », sur la société britannique. Elle démontre ses effets sur les gens désireux de protéger leurs valeurs, mais qui restent néanmoins vulnérable à la tentation. (C'est-à-dire l'avidité)

Melmotte est un personnage sulfureux, récemment débarqué de Francfort en passant par Vienne et trainant dans son sillage des rumeurs de faillite bancaires et d'arnaques en tout genre. Il se forge rapidement une réputation à Londres en tant que l'homme à consulter pour tout ce qui concerne les investissements et les profits.

Sa fille Marie, en manque affectif, est convoitée par des aristocrates dispendieux. Sir Felix Carbury, un risible panier percé est le premier des prétendants.

Paul Montague, un jeune ingénieur anglais, cherche à obtenir le soutien de Melmotte pour investir dans la construction d'une ligne de chemin de fer reliant Salt Lake City à Vera Cruz au Mexique.

Melmotte introduit la compagnie en bourse sur le London Stock Exchange, bien qu'il n'ait nullement l'intention de construire la ligne de chemin de fer.

Il y a une scène merveilleuse au cours de laquelle il fait la leçon à son conseil d'administration (constitué de Gentils), à propos de l'argent, qui « déplace les montagnes et change la face du monde. » Il leur conseille de placer toutes leurs économies dans les actions de la société, car leur valeur quadruplera bientôt !

« Faites-moi confiance ! » leur dit-il. Son influence sur eux est irrésistible.

Melmotte se lance en politique et son discours de campagne et à la fois enivrant et plein de préscience :

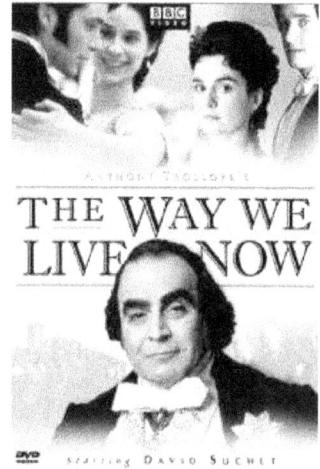

« Nous avons vaincu l'Empire Autrichien et l'Empire Ottoman. Ils seront bientôt remplacés par l'Empire du Commerce. Il en résultera une fortune gigantesque pour vous tous ! »

Melmotte est élu au parlement où il se fait le défenseur de la cause du libre-échange au détriment de l'industrie locale.

Le caractère intemporel du roman émerveille le scénariste Andrew Davies : « Son ton sombre est si résolument moderne, le récit se déroule autour d'une arnaque de la City qui rappelle la bulle internet ou la faillite d'Enron. Et au milieu de ce monstre énorme, Melmotte est assis comme une grosse araignée, attirant tous les autres personnages dans son giron.

Paul Montague rentre du Mexique dégouté qu'aucun travaux n'ait été entrepris. Melmotte le réconforte et lui assure que le fait de maintenir la « confiance des gens est le but principal. » Nous voyons le thème kabbaliste récurrent selon lequel « le dire correspond au croire », non au voir.

Rob Byrdon joue « Mr Alf », un journaliste militant Gentil qui confronte Melmotte : « Vous ne déplacez pas les montagnes. Tout ce que vous déplacez c'est l'argent de la poche des autres dans la vôtre ! »

Il y a beaucoup de péripéties romantiques qui relatent l'ambivalence des mariages d'argent et des mariages d'amour, ce qui était une grande préoccupation de l'époque Victorienne. Dans l'une d'elles, la fille d'un aristocrate ruiné s'apprête à épouser un autre banquier Juif, lorsqu'il rompt avec elle.

« J'ai été rejeté par un Juif ! » S'exclame-t-elle, incrédule.

En général, la série n'est pas antisémite, bien qu'elle se moque du manque de grâce et de manière des Juifs. Cependant, elle est tout aussi sévère dans sa critique de l'aristocratie anglaise décadente.

Finalement, la fille affamée d'amour de Melmotte, Marie, est plutôt sympathique. Et les associés Juifs de Melmotte, Breghert et Croll sont aussi dépeints comme des hommes honorables.

En fin de compte, le roman/série est un aperçu inspiré du renversement des valeurs traditionnelles par le réductionnisme prôné par la finance Juive. C'est difficile de croire que ce roman a été écrit avant le scandale du Panama de 1892 et celui de Marconi en 1912.

David Suchet (célèbre pour son interprétation d'Hercule Poirot), est convaincant dans le rôle de Melmotte et Mathew MacFadyen est plutôt drôle dans le rôle de Felix Carbury.

Je recommande vivement cette courte série comme un rappel émouvant du rôle joué par l'art lorsqu'il défend la vérité et la sagesse éternelle. *The Way We Live Now/Notre Mode de Vie Actuel* est disponible sur Netflix.

Un film antisémite qui est passé sous le radar

Je m'étais préparé à critiquer ce film qui traitait d'une liaison entre une adolescente et un homme mûr. Mais je m'étais trompé.

Le film est une métaphore brillante de la corruption de la civilisation Chrétienne (Occidentale) par la Juiverie Organisée, tel que décrite dans les *Protocoles des Sages de Sion*.

Carey Mulligan et Peter Sarsgaard dans *An Education*

La majorités des critiques sont passés à côté de cet aspect et ont noté le film positivement à 84%. Il a été nominé pour les Oscar dans les catégories Meilleur Film et Meilleure Actrice en 2009. Cependant il n'a remporté aucun des deux titres, car le jury des Oscars largement composé de Juifs, a dû identifier son véritable message.

An Education/Une Éducation, est l'un des rares films qui n'épargne pas les Juifs. Il démontre parfaitement que malgré le fait que beaucoup de Juifs soient honnêtes et probes, une fraction d'entre eux est constituée de menteurs pathologiques, de Satanistes, de voleurs et de pervers. Malheureusement ces Juifs Illuminati (Francs-maçons) occupent des positions dirigeantes.

Le seul autre film dépeignant un personnage Juif sous des traits peu favorables est *The Upside of Anger/Les Bienfaits de la Colère* (2005), qui montre un voleur compulsif.

An Education est basé sur une étude de Lynn Barber. Le brillant scénario est de Nick Hornby. La réalisatrice est une danoise, Lone Scherfig. Étonnamment, il a été en partie financé par BBC Films.

LA SÉDUCTION N'EST PAS QUE SEXUELLE

L'art retranscrit l'universel et l'individuel. Ici le séducteur est un escroc Juif à la petite semaine, David Goldman, joué par Peter Sarsgaard. C'est l'aigrefin beau parleur classique.

Jenny est une étudiante non-juive précoce jouée par Carey Mulligan. Elle et ses parents considère son mariage avec le flamboyant Goldman comme le chemin vers la sécurité, évitant d'avoir à financer de longues et couteuses études à Oxford.

Jenny n'abandonne pas seulement son corps pour la promesse de vie « glamoureuse » qu'il lui offre ; elle donne également son âme. Sa mère et son père sont tout aussi impliqués.

Le comportement de Goldman est une sorte de rappel du fait que les Juifs constituaient l'avant-garde du crime en Angleterre. Ils étaient appelés les « gitans avec des doctorats ». Jenny est témoin d'un vol de tableau perpétré par Goldman et un ami.

Jenny est prête à le quitter mais il parvient à la convaincre de rester en lui disant : « Les gens comme nous (Juifs) ne sont pas aussi brillants que vous et nous devons prendre des raccourcis pour pouvoir financer les sorties en boites de nuit et les voyages à Paris. »

Elle est d'accord pour fermer les yeux, anxieuse d'échapper à sa banlieue londonienne des années 60. Plus tard, lorsqu'il la trahira, elle en fait le reproche à son ami Juif :

« Pourquoi ne m'as-tu rien dit ? »

« Eh bien si tu tiens à avoir cette conversation », lui répond-il. « Tu nous as vu voler et tu as fermé les yeux. » (Tu es complice de ta propre corruption. Aïe)

Elle ment à ses parents, mais ils ne peuvent pas le lui reprocher non plus. « Goldman » les a couverts de cadeaux et de flatteries.

La chute de Jenny symbolise une société séduite par l'argent, le sexe et les mensonges.

Les seuls que Goldman n'est pas parvenu à circonvenir sont sa professeur et sa directrice. La professeur refuse son cadeau d'un parfum de Chanel en disant qu'elle ne souhaite pas approuver la dégradation de Jenny.

La directrice, jouée par Emma Thompson, est dépeinte comme une « antisémite », mais elle reste la figure morale centrale du film.

« Les Juifs ont tué Jésus » dit-elle à Jenny.

« Mais Jésus était Juif », répond Jenny.

« Oui, les Juifs se sont trahis eux-mêmes en rejetant Jésus et à présent nous les imitons », aurait dû répondre la directrice, mais le fait qu'elle n'en fasse rien démontre l'état de confusion dans lequel se trouvent les Chrétiens.

L'art rejoint l'universel à travers l'individuel. *An Education* met à nu la situation critique d'une civilisation détachée de ses amarres spirituelles. C'est quelque part rassurant de voir qu'un tel film peut encore être tourné en 2009.

Une satire hilarante de l'adoption homosexuelle

Les Illuminati imposent l'homosexualité en disculpant son image négative auprès de la population. C'est pourquoi nous avons besoins de constants rappels nous montrant à quel point ce « mode de vie » est dysfonctionnel. Buyer's Remorse est une des cinq histoires écrites par l'homosexuel Christopher Landon, pour le film Burning Palms, sorti en 2010. Il s'agit d'un petit chef-d'œuvre, présentant une vision réaliste de l'adoption d'une petite fille noire par deux homos.

« Mahogany », la petite fille de 7 ans laissée toute seule dans la voiture pendant que ses parents homos s'adonnent à leur activité favorite.

La vérité est hilarante et Dieu sait que nous voyons rarement la moindre vérité dans les médias de masse.

Comme les Juifs avec l'antisémitisme, les homos sont les seuls autorisés à se critiquer sans se voir traiter « d'homophobes ». Néanmoins, à cause de *Buyer's Remorse*, Landon a été traité de tous les noms !

Buyer's Remorse est intéressant car il confirme tous les « préjugés » peu flatteurs à l'égard des homosexuels et de leurs envies d'adoption. Le couple d'homos est complètement libertin, draguant tous les hommes à portée de main, et ayant des relations sexuelles à la moindre occasion. Leur libido est tellement atrophiée qu'ils ont besoin de prendre de la drogue.

Tout ceci est basé sur la vie réelle. « Je me suis bien amusé à regarder les deux homos les plus irresponsables sur cette terre adopter un enfant dont il n'avait même pas l'intention de s'occuper », a déclaré Landon dans un entretien.

Le couple parodie les rôles masculins et féminins, avec la « femme » se faisant prendre par derrière. Il y a même une scène qui montre le caractère dérangeant des relations homosexuelles.

Le personnage féminisée qui est censé assumer le rôle de la mère, est irresponsable. Il fait des blagues vulgaires et déplacées en la présence de Mahogany. Le personnage masculin est forcé de le faire taire, en lui disant que les services de protection de l'enfance sont à l'affut de ce genre de propos.

Le personnage féminisée prend de la drogue et pratique le sado masochisme, laissant Mahogany enfermée dans la voiture au cours d'une journée particulièrement chaude. Elle trouve la drogue et l'essaye. Lorsque le personnage masculin rentre du travail, l'enfant est droguée et déchire ses poupées.

L'un soupçonne l'autre d'infidélité et ils finissent par se disputer violemment.

Mahogany passe la tête par la porte est prononce son premier mot : « Pédés ! »

À ce stade, le couple réalise qu'ils ne sont pas faits pour être parents. Comme l'enfant parait être sauvage, un guerrier Zoulou, ils décident de l'abandonner au sein d'un parc national en forêt en lui laissant pleins de barres énergétiques. Elle semble heureuse d'être libérée. Ils adoptent un chien à la place.

Cette comédie noire rafraichissante ne peut pas être comprise ni tolérée par l'Amérique Staliniste. Le film a obtenu un score de 29% sur *Rotten Tomatoes* et n'a pas été distribué dans les salles, uniquement en DVD. Ironiquement, sa seule sortie a eu lieu en Roumanie.

Les films d'aujourd'hui sont de la propagande, de la pornographie, de la désinformation et du sentimentalisme larmoyant. Ils ne constituent pas le reflet honnête de la réalité.

Sans honnêteté, il ne peut y avoir la moindre inspiration. Mais occasionnellement, une vision honnête passe à travers le filtre du mensonge. Lorsque c'est le cas, c'est exaltant.

Un dessin animé japonais qui élève l'esprit

Récemment, ma femme m'a montré un dessin animé japonais intitulé *Mon Voisin Totoro* (1988).

Bien que destiné aux enfants, ce film m'a rappelé le pouvoir de la création artistique pour nous réassurer, nous rafraichir et nous inspirer. C'est un parfait exemple de tout ce dont nous sommes privés.

Écrit et dirigé par Hayao Miyazaki, le film décrit les rapports entre deux sœurs, Satsuki et Mei, et un « esprit des bois » au sein d'une campagne proche de Tokyo en 1957.

Beaucoup de choses m'ont étonné. Je ne me souviens pas de la dernière fois où j'ai vu l'innocence dépeinte avec autant de bonheur. Ces enfants sont innocents, tout spécialement la plus jeune, Mei. La manière dont la palette des réactions émotionnelles de l'enfant est si habilement décrite dans ses expressions faciales, m'a rappelé que l'art nous rend plus humains en révélant ce qui est universellement humain. Les sensations d'un enfant ont trouvé une résonnance en moi, un homme de 64 ans.

Je vois rarement des émotions humaines positives dépeintes dans les films : la tendresse, l'espoir, l'amour. Je pourrais en lister davantage mais j'ai oublié ce qu'elles sont. Tout le monde devient de plus en plus blasé et déshumanisé.

Le père des filles, M. Kusukabe, un professeur d'archéologie, joue son rôle de père. Mme Kusukabe est à l'hopital. J'ai apprécié la manière dont ce père traite ses enfants, avec beaucoup de patience et de respect. J'ai adoré le monde où ils vivent, le fait qu'il puisse prendre son bain avec ses deux filles sans que les voisins alertent les services de protections de l'enfance.

Leur monde est innocent. La culture est intacte. Les gens connaissent la différence entre ce qui est sain et ce qui malsain.

Lorsque Mei part toute seule pour visiter sa mère, il n'y a pas à s'inquiéter qu'elle soit enlevée ou abusé sexuellement. Lorsque Satsuki part à sa recherche, tout le monde est courtois, inquiet et serviable. Malgré que le Japon ait eu à subir la dernière guerre, la culture est restée intacte.

Satsuki fait appel à l'esprit des bois Totoro pour l'aider. Ce dernier envoi alors un chat géant (voir plus haut) qui se change en bus. J'ai aimé le fait que ces créatures soient bienveillantes. Il n'y avait aucun sentiment de menace.

À comparer avec tout le traumatisme et la noirceur présente au sein de beaucoup de films pour enfants. Prenez *Bambi*, où la mère est tuée par des chasseurs ou *Nemo* où sa famille est dévorée par un requin. *Madagascar* est rempli d'insinuations homosexuelles.

Si nous voulons vivre au sein d'une société saine, les médias de masse doivent défendre des valeurs saines. Traitez-moi d'Ayatollah, mais je bannirai la pornographie, la dépravation et la violence. Pourquoi peuvent-ils nous imposer leur immoralité et nous ne pouvons pas leur imposer notre morale ?

Nous avons subi un lavage de cerveau pour rejeter les notions de Satan et du Satanisme, mais notre société est sataniquement possédée. Vous pouvez vous en rendre compte à travers l'obsession à l'égard du sexe et de l'argent, ainsi que l'acceptation de la dépravation, de l'obscénité et la violence. Cela n'est pas le moins du monde accidentel. C'est une stratégie délibérée des Illuminati, un culte satanique qui contrôle les médias de masse et beaucoup d'autres choses.

Les écologistes combattent la pollution mais négligent le renflement qui se déverse dans nos esprits et nos âmes. Il semble que nous ne parvenions pas non plus à arrêter ce courant.

Un animateur de radio avait pour habitude de rendre l'antenne en disant : « Ayez des bonnes pensées ». C'est la moitié de la bataille pour sauver notre âme. Cela dépend de ce sur quoi nous choisissons de fixer notre attention.

J'ai été étonné de voir à quel point *Mon Voisin Totoro* m'a revigoré. Je me suis senti purifié et allégé. Ce film m'a rappelé que mon âme, et pas seulement mon estomac, a besoin d'une nourriture saine.

Livre Quatre

L'Histoire Cachée
(Les Guerres Mondiales)

L'histoire suit un scénario écrit pour le Messie de Rothschild

L'idéologie derrière le Nouvel Ordre Mondial relève certainement du Messianisme Juif, la vision du monde selon laquelle Dieu a choisi le « Roi des Juifs » pour diriger les nations. Ce « Messie », ou Antéchrist, sera sélectionné parmi les rangs de la famille Rothschild.

Edmond de Rothschild sur le billet de 500 Shekels israéliens.

Cet argument est exposé dans un livre rare et supprimé intitulé : *Elijah, Rothschilds and the Ark of the Covenant/Elijah, les Rotschild et l'Arche d'Alliance* de Tom Crotser & Jeremiah Patrick (Restoration Press, 1984). Il vient confirmer les *Protocoles des Sages de Sion* (23-24) révélant qu'un descendant du Roi David, le « Roi des Juifs » sera couronné « Roi du Monde ».

L'ouvrage détaille la quête des Rothschild pour la découverte de l'Arche d'Alliance, une boite recouverte d'or construite par Moïse après l'Exode pour y recueillir la canne d'Aaron et les tablettes originales des Dix Commandements. Apparemment les Rothschild avaient l'intention de la placer dans le Temple de Salomon à Jérusalem pour légitimer leur prétention à être le « Messie ».

Cette vision bizarre ayant sa racine dans les prophéties bibliques, se trouve à l'origine des évènements politiques et économiques d'aujourd'hui. Le projet Sioniste voit bien au-delà d'une patrie juive. « L'espoir messianique promet la mise en place par les juifs d'un pouvoir mondial en Palestine auquel toutes les nations de la Terre rendront hommage. » (p. 29)

« Cet âge glorieux ne peut être amené que par un homme, un descendant de la maison de David » qui conduira les juifs vers la « droiture » et « régènèrera » la race humaine.

D'après le Talmud, ce Messie de la lignée de David soumettra toutes les nations païennes et Israël détiendra le pouvoir mondial.

Résumant le Talmud, le rabbin Michael Higger écrit que : « Tous les trésors et les ressources naturelles du monde deviendront la possession des vertueux. » Cela, dit-il, se fera en accomplissant la prophétie d'Isaïe : « Mais son gain et son salaire impur seront consacrés à l'Eternel, Ils ne seront ni entassés ni conservés ; Car son gain fournira pour ceux qui habitent devant l'Éternel une nourriture abondante et des vêtements magnifiques. » (*The Jewish Utopia/L'Utopie Juive*, 1932)

Évidemment, la majorité des juifs ne sont pas au courant de ce plan, il est donc d'autant plus aisé de les manipuler.

LES FAISEURS DE MESSIE

Les Rothschild se considèrent eux-mêmes comme des faiseurs de Messie, si ce n'est le Messie lui-même.

Dès 1836, Anselme Meyer Rothschild recevait une lettre du rabbin Hirsch Kalischer, qui lui révéla le plan divin : « Ne pensez pas que le Messie apparaitra soudainement par un miracle et au milieu de merveilles, et conduira les israélites vers leur ancien héritage. Le début de la rédemption s'accomplira de manière naturelle, par le désir des juifs de s'installer en Palestine, et la volonté des nations de les aider à accomplir ce projet. »

Sans l'Holocauste Juif, il n'y aurait pas eu d'état d'Israël. Si nous considérons le fait que l'Holocauste fut essentiel à l'établissement d'Israël, le messianisme donne à l'histoire moderne un éclairage tout à fait nouveau. L'Holocauste faisait probablement parti d'un plan pour amener un Messie Juif en forçant les juifs à créer Israël.

Après que les Juifs soient retournés en Palestine et que le Temple ait été reconstruit, « Dieu leur montrera alors tous les miracles en accord avec la description donnée par les prophètes et les sages... Dieu enverra son prophète et son Roi pour qu'il reçoive l'onction sacrée », écrivait Kalischer à Rothschild.

Albert Cohen, le tuteur d'Edmond de Rothschild, partageait les vues de Kalisher et en imprégna son pupille. Ainsi Edmond de Rothschild finança la colonisation juive de la Palestine au 19ème siècle.

Edmond de Rothschild organisa la célèbre affaire Dreyfus de manière à créer l'antisémitisme et forcer les juifs à soutenir la création d'Israël comme un refuge.

PAR LA DETTE

Les Rothschild ont soumis les nations à leur volonté grâce la dette. Moïse en décrit le principe de base dans le *Deutéronome* 15:6 : « Tu prêteras à de nombreuses nations, mais tu n'emprunteras pas ; et tu règneras sur beaucoup de nation, mais elles ne règneront pas sur toi. »

L'auteur explique : « Notez qu'il ne s'agit nullement d'une suggestion donnée dans les Écritures. C'est un commandement du Dieu d'Israël. Le prêt usuraire est le moyen de s'emparer de la terre. » (175)

« Le prêt usuraire aux consommateurs et en cas d'urgence est devenu un monopole virtuel Juif en Europe Occidentale entre le 12ème et le 15ème siècle... Comme garantie, l'immobilier était le moyen privilégié. De cette manière, les Juifs ont acquis des demeures, des vignobles, des fermes, des villages, des châteaux, des villes et mêmes des provinces entières. » (177)

« L'émergence de monarchies absolues en Europe Centrale a conduit de nombreux Juifs à des positions influentes où ils furent en mesure de négocier des emprunts pour les cours royales. Le phénomène de Juifs de cour s'est prolongé en Europe. Les plus célèbres étaient Lehmann, Oppenheimer et Goldschmidt en Allemagne et en Autriche. » (180)

« Jean Izoulet, un membre de l'*Alliance Israélite Universelle*, a écrit en 1932 : « Le sens de l'histoire du dernier siècle est qu'aujourd'hui 300 financiers Juifs, tous maitres des loges, dirigent le monde. » (183)

« La Cité du Vatican est tombée sous l'influence des Rothschild au début du 19ème siècle... Le Pape Jean-Paul II a admis que l'Église Catholique Romaine était toujours liée aux Rothschild... En septembre 1979, le Pape a révélé que l'Église détenait 50 milliards de dollars investis au sein de diverses banques Rothschild... » (191)

CONCLUSION

Edmond de Rothschild a joué un rôle majeur dans un drame d'une ampleur bien plus grande, qui verra son descendant devenir finalement l'Antéchrist. Cela nécessitait que les juifs retournent en Palestine, et que Rothschild organisât un énorme pogrom en Europe. (Voir Makow, *Hitler a été un don du ciel pour Israël*)

Il avait établi sa propre administration en Palestine, décidait de ce qui devait pousser et achetait tous les produits à prix fixe. Entre 1887 et 1899, il effectua trois visites au sein de bon nombre de campements éloignés.

L'auteur des *Protocoles des Sages de Sion* se réfère de manière répétitive à la conquête mondiale dans les termes suivant : « lorsque nous aurons atteint notre royaume. » Je suis convaincu qu'il était un Rothschild.

Nous pouvons déjà voir ce plan se mettre en place dans la manière dont les États-Unis et les autres nations Occidentales financent Israël et se porte garant de sa sécurité.

La conspiration Juive : le dernier moment de lucidité

Après la Révolution Bolchévique, les nations Chrétiennes s'éveillèrent brièvement de leur torpeur et finirent par reconnaître que la « Conspiration Juive » n'était pas le fruit d'une imagination fanatique, mais plutôt la clef de compréhension de la condition humaine.

L'histoire est le produit d'un plan occulte à long terme des banquiers kabbalistes (satanistes) pour subjuguer la race humaine, en utilisant comme principaux instruments la guerre (le génocide), la révolution et les crises financières.

Dans son ouvrage, « Le Déclin de l'*Occident* » (1918) Oswald Spengler nota qu'une génération entière de la classe dirigeante de l'Allemagne et de l'Angleterre, avait péri au cours de la Première Guerre mondiale.

« Ainsi la race anglo-saxonne était entrée dans une période de déclin irréversible à l'issue de laquelle elle céderait sa place à une autre race plus vigoureuse, venant probablement de l'Orient. »

À travers l'émergence du Communisme et l'immigration de masse des juifs aux États-Unis, beaucoup identifièrent cette race comme les juifs.

En juillet 1920, le digne journal Tory, *The Morning Post*, publia une série de 18 articles révélant qu'il existait depuis longtemps « comme un cancer au cœur de notre civilisation, une secte révolutionnaire secrète, principalement d'origine juive, consacrant ses efforts à la destruction des empires Chrétiens, de ses autels et de ses trônes. »

Dans le premier article, un expert en occultisme, Copin Albancelli, déclara que le « pouvoir occulte qui est à l'œuvre derrière la Franc-maçonnerie Révolutionnaire est le gouvernement secret de la nation juive. »

L'article cité un juif converti au christianisme, l'abbé Joseph Lemann, disant que : « l'antagonisme hébraïque envers la chrétienté avait conduit les juifs à utiliser les sociétés secrètes. » Depuis l'époque de Moïse, une kabbale secrète est la gardienne des « vérités les plus sublimes de la religion hébraïque » et, contrairement au juif moyen, s'acharne à conquérir la domination mondiale.

The Morning Post affirmait alors que les *Protocoles des Sages de Sion* n'étaient pas un canular. Leur but est de parvenir à établir un « gouvernement mondial sur lequel régnera un Roi du sang de David. »

Les *Protocoles* relient les juifs et la franc-maçonnerie. Il y a « une maçonnerie juive interne, le véritable organe de pouvoir, et une autre maçonnerie pour les Gentils qui suivent aveuglément » (les directives de la précédente).

D'après le *Post*, les *Protocoles* revendiquent la paternité de la Révolution Française : « sur la ruine de l'aristocratie naturelle du goyim, nous avons établi l'aristocratie de notre propre classe éduquée, dirigée par l'aristocratie de l'argent. »

The Morning Post fait le lien entre les *Protocoles* et la Révolution Russe. Il reconnaît le soutien dissimulé des banquiers juifs kabbalistes à l'égard des communistes et des anarchistes, prétendant « professer un désir ardent de servir les classes laborieuses. »

Après avoir subi un effondrement financier, le goyim « sera ravi de nous offrir un pouvoir international qui nous permettra d'absorber toutes les grandes puissances du monde et de former un super-gouvernement. »

Cela vous rappelle-t-il le Nouvel Ordre Mondial ? Le troupeau des Gentils travaillera pour ses maitres juifs kabbalistes. Un système d'éducation effacera « tout souvenir de leur ancien état » de l'esprit des goyim, et « établira partout la religion juive comme la croyance universelle. »

L'alarme déclenchée par *The Morning Post* fut une fois reprise en écho par *The Times of London*. En mai 1920, Lord Northcliffe, un copropriétaire du *Times*, imprima un article à propos des *Protocoles des Sages de Sion* intitulé : « Le Péril Juif, un pamphlet dérangeant, un appel à l'*enquête*. » Il conclut :

« Une enquête impartiale de ces prétendus documents et de leur origine est plus que souhaitable... Allons-nous rejeter toute l'affaire sans la moindre investigation et laisser l'influence d'un tel livre invérifiée ? »

Mais l'alarme tomba largement dans l'oreille d'un sourd. Comme Hilaire Belloc l'a expliqué dans *Les Juifs* (1922), l'Empire Britannique est largement le produit d'une alliance entre la finance juive et l'aristocratie britannique sous l'égide du Kabbalisme, c'est à dire de la Franc-maçonnerie. L'Ordre Mondial « juif » kabbaliste n'est rien d'autre qu'une extension de l'impérialisme Britannique. L'impérialisme Américain n'en est qu'un succédané.

Comme Douglas Reed le décrit dans son ouvrage *La Controverse de Sion,* Lord Northcliffe fut déclaré fou et mourut empoisonné en 1922. Howell Gywnne, le rédacteur en chef du *Morning Post* survécu jusqu'en 1937 lorsque le journal fut acheté par des alliés de Rothschild avant de fusionner avec *The Telegraph*. À l'approche du prochain mensonge de la Deuxième Guerre mondiale, les Rothschild ne laissaient rien au hasard.

En 1920, une figure de premier plan comme Winston Churchill s'enhardissait jusqu'à écrire :

« Depuis l'époque de Spartacus-Weishaupt à celle de Karl Marx, et jusqu'à Trotski (en Russie), Béla Kun (en Hongrie), Rosa Luxembourg (en Allemagne), et Emma Goldman (aux Etats-Unis), *cette conspiration révolutionnaire mondiale pour le renversement de la civilisation et pour la reconstruction de la société sur la base d'un développement arrêté, d'une envie malveillante, et d'une impossible égalité, n'a fait que croitre avec régularité. »*

Churchill ne savait apparemment pas que le Sionisme et le Communisme n'étaient que les tentacules de la même conspiration Luciférienne, celle qu'il fut plus tard amené à servir.

CONCLUSION

A présent, le monde est proche de la consommation d'un plan exprimé dans les *Protocoles des Sages de Sion* et tracé depuis des siècles.

La démocratie est une charade, nous sommes contrôlés par un culte satanique. Les banquiers kabbalistes possèdent les politiciens de gauche et de droite. L'éducation sert à nous rendre stupide, à faire de nous des ignorants. Les médias de masse trompent, divisent et corrompent. Les films les plus populaires montrent des enfants en train de s'entretuer pour distraire l'élite.

On nous enjoint de devenir homosexuels. Le bétail a besoin d'être stérilisé et domestiqué.

Nous ne pouvons même pas reconnaître la calamité qui nous afflige sans être « politiquement incorrect ». Cela nous rend nostalgique de ce bref moment de lucidité il y a 90 ans, lorsque la presse pouvait encore mentionner le problème le plus important de l'histoire du monde.

NOTE

Cet article est redevable envers l'ouvrage *On a Field of Red - The Communist International & the Coming of WWII*, 1981 par Anthony Cave Brown & Charles MacDonald. pp. 202-204.

La Première Guerre Mondiale : Le Premier Holocauste Chrétien

Comme des millions de spectateurs, ma femme et moi avons beaucoup apprécié la série TV Downton Abbey.

Se déroulant dans un manoir anglais au cours de la Première Guerre mondiale, ce drame historique dépeint l'attitude courante voulant que la virilité et l'honneur d'un homme se mesure par sa capacité à mourir ou se sacrifier pour son pays.

Lord Ronald Grantham, Matthew Crawley et Lady Sybil Crawley, dans « Downton Abbey ».

La continuité de la guerre est assurée. Il n'y aucun indice qu'il puisse s'agir d'une ruse sinistre.

Le seul personnage cynique est le méchant, Thomas, qui s'inflige une blessure légère pour échapper à l'enrôlement.

Le jeune héritier du domaine, Matthew Crawley est paralysé des membres inférieurs. Ça arrive lorsque vous avez subi une rafale de mitrailleuse. Il a l'air surpris des conséquences de son « héroïsme ». Il ne pourra plus jamais marcher ni avoir d'enfants.

C'est exactement ce que les banquiers Illuminati (Francs-maçons) souhaitaient, détruire les meilleurs Gentils de l'Europe.

Il y avait seulement quelques centaines de banquiers francs-maçons, et la plupart se faisaient vieux. Ils étaient davantage exercés à passer des accords financiers, à avoir des relations homosexuelles ou à perpétrer des sacrifices rituels sataniques d'enfants. À eux seuls, ils n'étaient pas capables de massacrer des millions de jeunes hommes dans la force de l'âge.

Alors ils ont fomenté une guerre mondiale, qui fut également hautement profitable. Ils possédaient les compagnies qui fabriquent les armes et les munitions.

Les Juifs Illuminati et les Francs-maçons haïssent la chrétienté par-dessus tout. « La Chrétienté est notre seul véritable ennemi, car tous les phénomènes politiques des états bourgeois émanent d'elle. » a déclaré l'initié C. Rakovsky, à son interrogateur du NKVD en 1937. (Voir *Les Rothschild mènent la Symphonie Rouge* sur mon site internet)

Le but global de la Première Guerre mondiale, fut de mettre à bas la civilisation Chrétienne et de détruire les monarchies Allemande, Autrichienne, et Russe.

Des ruines de l'ancien ordre Chrétien devait émerger le Nouvel Ordre Mondial (satanique). Tel est le sens véritable des termes « révolution » et « progrès ».

« Les lampes s'éteignent à travers toute l'Europe ; nous ne les verrons plus briller de notre vivant », déclara le ministre des affaires étrangères britannique, Edward Grey, un franc-maçon qui a joué un rôle crucial dans l'organisation de cette catastrophe.

Il avait conclu un traité secret avec la France et la Russie, indiquant que si l'Allemagne ou l'Autriche-Hongrie attaquaient, l'Angleterre s'impliquerait. Sir Edward dissimula ce traité, et menti au Parlement lorsqu'il lui fut demandé des comptes à son sujet. Si l'Allemagne avait connu ce pacte, elle aurait fait marche arrière.

Le but de la guerre était de tuer la nouvelle génération de Chrétiens blancs des deux côtés. Ils réussirent amplement : 10 millions d'hommes furent tués et 21 millions de plus furent mutilés.

Soixante mille soldats alliés moururent en un seul jour à la bataille de la Somme en 1916. Le commandant de l'armée britannique était le franc-maçon Douglas Haig. Le commandant des forces expéditionnaires américaines en 1917 était le franc-maçon John Perishing. De vieux Satanistes avaient envoyé des jeunes hommes à la mort.

COMMENT PLANIFIÈRENT-ILS LA GUERRE ?

Cette guerre inutile fut concoctée par les Illuminati.

Du côté britannique, se tenait Lord Robert Cecil, un banquier richissime ; Lord Herbert H. Asquith, le Premier Ministre britannique de 1908 à 1916 ; le Vicomte Haldane, le secrétaire d'état à la guerre ; Lord Nathan Rothschild et Lord Alfred Milner, le deuxième homme le plus puissant du gouvernement britannique après 1916.

Un observateur français écrivait : « depuis un certain temps, un groupe de financiers dont les familles sont pour la plupart d'origine juive allemande... exerce une influence déterminante sur Lloyd George [Premier Ministre 1916-1922]. Les Monds, les Sassoons, Rufus Isaacs, les représentants des intérêts bancaires internationaux, dominent l'Angleterre, possèdent ses journaux et contrôlent ses élections. »

Les conditions en Allemagne étaient en tout point similaires : « Depuis les débuts du règne du Kaiser Guillaume II, les Juifs Illuminati étaient les véritables dirigeants de l'empire Allemand. Ces quinze dernières années, ceux qui étaient en contact direct avec le Kaiser étaient les financiers hébreux, les industriels hébreux et les marchands hébreux tels qu'Emile et Walter Rathenau, Ballin, Schwabach, James Simon, Friedland-Fuld, Goldberger, etc. (Andrei Krylienko, *The Red Thread*, p.153)

Ne restait plus qu'à allumer la mèche. La Première Guerre mondiale débuta le 14 août 1914, après que le franc-maçon juif Gavrilo Princip ait assassiné l'héritier du trône autrichien l'Archiduc François-Ferdinand, le 28 juin.

Le Kaiser Guillaume savait que les francs-maçons étaient responsables de la Grande Guerre. Il écrivait :

« J'ai été informé qu'un rôle important a été joué dans la préparation de la Guerre Mondiale dirigée contre les pouvoirs monarchiques, par les intrigues internationales de la « Loge du Grand-Orient » ; à travers une stratégie continue menée sur plusieurs années sans perdre le but ultime qu'elle poursuivait... »

« En 1917, un congrès international des loges du « Grand-Orient » eut lieu. Après quoi, une autre conférence fut donné en Suisse ; au cours de laquelle le programme suivant fut adopté : le démembrement de l'Autriche-Hongrie, la démocratisation de l'Allemagne, l'élimination de la maison des Habsbourg, l'abdication de l'Empereur Allemand,... l'élimination du Pape et de l'Église Catholique, l'élimination de toute les Églises d'état en Europe. »

Ainsi, Max Nordau, le co-fondateur de l'Organisation Sioniste Mondiale (c'est-à-dire maçonnique), pouvait prédire la future Première Guerre mondiale dès 1903 : « Laissez-moi vous dire ce qui suit comme si je vous montrai les barreaux d'une échelle de haut en bas : Herzl, le Congrès Sioniste, la proposition anglaise de l'Ouganda, la future guerre mondiale, la conférence de la paix – où avec l'aide de l'Angleterre une Palestine libre et Juive sera créée. »

Avec les francs-maçons contrôlant les deux côtés, il fut aisé de manipuler le Kaiser afin qu'il attaque la Belgique. Le « médiateur » était Albert Belan, un éminent financier Juif Illuminati et ami du Kaiser. Avec l'aide des anglais, il parvint aisément à tromper le Kaiser à propos des intentions véritables de l'Angleterre.

Pour citer Andrei Krylienko (*The Red Thread*) : « Une déclaration sans ambigüité de la part des britanniques au côté de la France et de la Russie, aurait toujours pu, comme l'ambassadeur français en Allemagne le rapporta, conduire l'Allemagne à éviter l'agression... En bref, la guerre ne fut pas décidée par Guillaume II... mais par les pouvoirs occultes... dont les intrigues la rendirent inéluctable. » (155)

Guillaume II se rendit vite compte qu'il était tombé dans un piège.

Dans *A Child of the Century/Un Enfant du Siècle*, Ben Hecht écrivait : « le Vingtième Siècle a été coupé aux genoux par la Première Guerre mondiale. »

La même chose peut être dite de l'humanité tout entière. Un cancer, le kabbalisme, dévore sa vitalité. Nous sommes à la merci d'une conspiration satanique multi-générationnelle qui est proche de son accomplissement. L'histoire moderne, correctement comprise, est l'histoire de ce processus de subversion.

Hitler et Bormann étaient des traitres

Par le passé, j'ai présenté les preuves démontrant que Martin Bormann, l'homme qui signait le chèque du salaire d'Hitler, était un agent Soviétique (Illuminati) ; mais je n'étais pas certain qu'Hitler ait été la dupe de Bormann, ou bien un traitre conscient.

Le témoignage du Général Reinhard Gehlen, chef des services de renseignements allemands en Russie, suggère que la dernière option est la bonne.

Dans ses mémoires, « The Service » (World Pub. 1972) Gehlen déclare que lui et l'Amiral Canaris, chef de l'Abwehr, en était venu à suspecter qu'il y avait un traitre au sein du commandement suprême allemand. Tous deux s'étaient rendu compte que les Soviétiques

Reinhard Gehlen

recevaient « des informations détaillées et rapides... sur des décisions émanant du plus haut niveau. »

Ils soupçonnaient tous deux Martin Bormann, l'adjoint du Führer et chef du Parti Nazi.

« Nos soupçons furent largement confirmés lorsque, indépendamment l'un de l'autre, nous découvrîmes que Bormann et son groupe opéraient un réseau non surveillé de transmission radio et l'utilisaient pour envoyer des messages codés à Moscou.

Lorsque les agents de l'OKW reportèrent cela, Canaris demanda une enquête ; mais des instructions lui parvinrent précisant qu'Hitler en personne avait interdit la moindre intervention : il avait été informé à l'avance de ces Funkspiele, ou « faux messages radio », et les avait approuvé. » (p.71)

GEHLEN A CONFIRMÉ QUE BORMANN ÉTAIT UN TRAITRE

Malgré le fait que des informations vitales continuaient de fuiter, Gehlen et Canaris laissèrent les choses ainsi. « Aucun de nous n'étaient dans la position de dénoncer le Reichsleiter (Bormann) avec la moindre chance de succès. »

Dans son ouvrage *Hitler's Traitor*, Louis Kilzer estimait que Bormann valait à lui tout seul cinquante divisions Soviétiques.

Après la guerre, Gehlen, qui dirigeait le BND (l'agence de renseignement ouest alle-mande) parvint à confirmer la trahison de Bormann. « Au cours des années 1950, je parvenais à recueillir deux rapports séparés en provenance de l'autre côté du rideau de fer, précisant que Bormann avait été un agent Soviétique... »

Le fait qu'Hitler protégeait Bormann confirme qu'il était aussi un traitre actif. Les deux servaient les banquiers francs-maçons Illuminati, c'est à dire le syndicat Rothschild, basé à Londres. Les Illuminati étaient également derrière Staline et le Communisme, sans oublier Churchill, et Roosevelt.

En provoquant la guerre, les Illuminati ont répandu le chaos sur l'humanité dans le but ultime d'établir leur dictature mondiale.

Pensez au 11/09, au « Patriot Act », à la FEMA, à la NSA. Derrière le voile de la démocratie et de la lutte contre le terrorisme, ils ont construit un état policier.

LES BÉVUES DÉLIBÉRÉES D'HITLER

Au cours de l'hiver 1941-42, Gehlen et ses généraux avaient conclu que la campagne de Russie avait échoué « non parce qu'elle ne pouvait pas être remportée militairement ou politiquement, mais parce que les interférences continues d'Hitler avaient produit tant de gaffes élémentaires que la défaite était devenu inévitable. » (98)

Malgré le fait qu'Hitler ait couvert le traitre Bormann, Gehlen n'était pas parvenu à l'évidente conclusion, que les « bévues élémentaires » d'Hitler étaient délibérées.

Dans son livre, Gehlen détaille certaines de ces bévues.

L'État-Major voulait concentrer ses ressources pour capturer Moscou. Hitler insista pour disperser les efforts sur trois fronts.

L'État-Major s'aperçut que les Soviétiques allaient capturer la Sixième Armée à Stalingrad, et demandèrent un repli stratégique. Hitler mit son veto à cela et 200,000 soldats membres des meilleures troupes allemandes (et son irremplaçable armement) furent tués et capturés.

Pour remplacer ces pertes, l'État-Major voulait recruter des millions de volontaires au sein des rangs anticommunistes, c'est à dire les russes, les ukrainiens, les lithuaniens, etc.

« Après 20 ans d'injustice arbitraire et de terreur, le rétablissement des droits humains élémentaires comme la dignité de l'homme, la liberté, la justice et le droit de propriété, unissaient chaque habitant de l'Empire Soviétique dans un élan de soutien commun envers les Allemands. » (81)

La Wehrmacht commença à construire un régime nationaliste autour du dissident russe charismatique, le général Vlasov.

En effet, un tel mouvement, était le pire cauchemar de Staline, d'après le témoignage de son fils qui fut prisonnier de guerre.

« La seule chose que mon père craignait était l'émergence d'un régime nationaliste s'opposant à lui. Mais c'est une étape que vous ne franchirez jamais. » Déclara Yakov à ses interrogateurs Nazis. « Parce que nous savons que vous n'êtes pas venu pour libérer notre pays, mais pour le conquérir. » (80)

Staline savait qu'il pouvait avoir confiance en Hitler, un compagnon de route Illuminati, pour accepter sa chute. Hitler n'essaya même pas de tromper les slaves au sujet de ses sinistres intentions, et au lieu de leur soutien, gagna leur haine implacable.

CONCLUSION

La Deuxième Guerre mondiale fut la mystification la plus énorme de l'histoire. Un culte de juifs sataniques et de francs-maçons, financés par le syndicat Rothschild, est responsable de la destruction de plus de soixante millions de vies.

Hitler prouva par ses actes qu'il était un traitre. Il fut porté au pouvoir par les Illuminati afin de détruire l'Allemagne pour qu'elle se fonde parfaitement dans le Nouvel Ordre Mondial.

Le rôle d'Hitler fut catastrophique pour l'Allemagne. Mais que pouvait bien attendre l'Allemagne d'un vagabond viennois et d'un prostitué homosexuel ?

Le parallèle avec Obama est évident. Comme Hitler, il n'est pas un natif des États-Unis et a un passé homosexuel louche. Il travaille pour les Illuminati. Sa mission est de détruire les États-Unis pour que les américains acceptent le gouvernement mondial.

L'exemple d'Hitler révèle la dimension inattendue de la trahison. Si nous échouons à tirer les leçons des erreurs du passé, nous sommes condamnés à les voir se répéter.

NOTE :

Voir aussi dans mes autres ouvrages ou en ligne : *Bormann dirigeait-il Hitler pour le compte des Illuminati ?* et *Bormann était un agent de Rothschild.*

Le FBI a dissimulé la survie d'Adolf Hitler

Un document récemment déclassifié révèle que le FBI savait qu'Hitler ne s'était pas suicidé et vivait en Argentine. Le document peut être consulté sur le propre site internet du FBI. (Voir le lien en fin d'article)

Ce rapport présente le témoignage d'un agent de renseignement qui s'était mis en rapport avec le FBI à Los Angeles le 28 août 1945, en prétendant fournir des informations sur Hitler en échange de l'asile politique. Il déclara avoir reçu la somme de 15,000$ pour son rôle dans la fuite d'Hitler.

Les documents déclarent que ■■■■ prétendait faire partie d'un groupe de quatre hommes ayant rencontré Hitler et environ 50 membres du parti Nazi, deux semaines et demi après la chute de Berlin le 2 mai 1945.

■■■■ explique que les sous-marins accostèrent le long de la péninsule de Valdez dans le golfe de San Vatias. ■■■■ explique à ■■■■ qu'il y a plusieurs petits villages dans cet endroit où des membres du parti Nazi s'installèrent avec des familles allemandes. Il donne le nom de ces localités : San Antonia, Videma, Neuquen, Muster, Carmena, et Rason.

Il décrit une scène surréaliste de Nazis de haut rang parcourant les montagnes de la cordillère des Andes à cheval : « En vertu d'un arrangement déjà planifié avec l'assistance de six fonctionnaires argentins de prime importance, des chevaux équipés attendaient le groupe et en pleine journée toutes les vivres étaient chargés sur les chevaux et débuta alors une virée à l'intérieur des terres australes aux pieds des Andes. À la tombée de la nuit, l'équipée atteignit le ranch où Hitler et les membres de son parti sont cachés, d'après ■■■■ « Ce passage n'est pas crédible, car l'endroit se situe à 500 km depuis la côte jusqu'aux Andes.

Il donne des détails physiques spécifiques à Hitler. « D'après ■■■■, Hitler souffrirait d'asthme et d'un ulcère, a rasé sa moustache et sa lèvre supérieure est pourvue d'un gros bouton. »

Il propose d'identifier les trois autres hommes qui ont participé au sauvetage, et d'aider à la localisation d'Hitler. « Si vous vous rendez dans un hôtel de San Antonia, en Argentine, je peux faire en sorte qu'un homme vous y rejoigne pour vous indiquer le ranch où réside Hitler. »

Le FBI ne donna jamais suite à cette offre. L'informateur donna ensuite un entretien au Los Angeles Examiner le 29 juillet 1945, mais l'histoire ne fut pas publiée.

HITLER S'EST RÉFUGIÉ EN ARGENTINE

Le FBI recèle beaucoup d'autres indicateurs de la présence d'Hitler en Argentine.

Les rapports auraient dû être pris au sérieux, car la politique du gouvernement argentin d'accorder des asiles sanctuarisés aux fugitif Nazis était bien connue.

Beaucoup de livres ont été écrit au sujet de la vie du Führer en Amérique latine, comme par exemple : *Hitler's Escape* (2005) de Ron T. Hansig, *Grey Wolf* (2013) de Dunstan et Williams, ainsi que *Hitler in Argentina* (2014) de Harry Cooper.

On peut dire que le meilleur est *Hitler's Exile* du journaliste argentin Abel Basti. Il a visité un campement allemand cerné de gardes de sécurité, interrogé des témoins vivant au sein des villages environnant, et collecté des centaines d'articles publiés dans les médias, mais également des documents émanant du gouvernement argentin attestant factuellement de la présence d'Hitler sur le territoire.

Au cours d'un entretien sur *Deadline-Live*, une émission d'information argentine, Abel Basti déclare : « Hitler s'est échappé par la voie des air depuis l'Autriche jusqu'à Barcelone. Les derniers stades de sa fuite eurent lieu à bord d'un sous-marin, depuis Vigo, en direction des côtes de Patagonie. Finalement, Hitler et Eva Braun, accompagnés d'un chauffeur et d'un garde du corps, ainsi que d'une escorte d'au moins trois véhicules, furent conduits jusqu'à Bariloche (Argentine).

« Il trouva refuge dans un endroit appelé San Ramon, situé à environ 15 miles à l'est de cette ville. Il s'agissait d'une propriété de 250,000 acres avec une vue sur le lac Nahuel Huapi, qui appartenait à l'Allemagne depuis le début du 20ème siècle, ayant été acquis par une firme allemande du nom de Schamburg-Lippe. »

« Je suis parvenu à confirmer la présence d'Hitler en Espagne grâce au témoignage d'un prêtre jésuite dont la famille était l'amie du dirigeant Nazi. Et je connais des témoins qui font référence aux réunions qu'il a tenu avec son entourage lors de son séjour à Cantabria. »

« De plus, un document des services secrets britanniques révèle qu'à cette époque-là, un sous-marin Nazi quitta l'Espagne, et après avoir fait escale aux Îles Canaries, il continua son périple vers le sud de l'Argentine. »

« Hitler a vécu comme un fugitif avec sa femme et son garde du corps. Ses premières années se sont déroulées en Patagonie, avant qu'il ne gagne les provinces plus au nord (de l'Argentine). »

« En Argentine, j'ai interrogé des gens qui avait vu et rencontré Hitler. Dans les archives russes, une documentation abondante prouve qu'Hitler s'est échappé. »

« Les États-Unis viennent juste de reclassifier (sous prétexte de sécurité nationale) pour 20 années de plus, tous les matériaux historiques liés à cette histoire, et lorsque cette période sera écoulée, le dossier sera sans doute classifié à nouveau. » « Les britanniques ont reclassifié toute documentation en rapport pour 60 ans. Les chercheurs ne peuvent pas accéder à ces informations. »

LES SOVIÉTIQUES ONT ÉGALEMENT COUVERT LA FUITE D'HITLER

Le Colonel W. J. Heimlich, le chef des renseignements américains à Berlin, conclut : « Il n'existe aucune preuve autre que celle du on-dit concernant le suicide d'Hitler. Sur la base des preuves actuelles, aucune compagnie d'assurance n'accepterait de couvrir cette histoire. »

Dans son livre *Speaking Frankly* (1947), le Secrétaire d'État Jimmy Byrnes, écrit : « Lorsque je me trouvais à Postdam pour assister à la conférence des Trois Grands, Staline s'est levé de sa chaise, s'est approché et a trinqué avec son verre contre le mien d'une manière amicale. Je lui ai demandé ce que c'était que cette théorie au sujet de la mort d'Adolf Hitler et il m'a répondu : « Hitler n'est pas mort. Il s'est échappé en Espagne ou en Argentine. » (Citations tirées de *Hitler in Argentina*)

Peu après la disparition d'Hitler, les Soviétiques firent une série de déclarations contradictoires, prétendant bizarrement un jour qu'ils avaient découvert ses restes, avant de dire le jour suivant qu'il s'était en fait échappé...

Au début, ils affirmèrent que son corps n'avait pas été retrouvé. Puis, ils proclamèrent que les restes d'Hitler avaient été découverts le 4 mai 1945. Cependant, le maréchal Zhukov, à la tête de l'armée Soviétique, annonça le 9 juin : « Nous n'avons pas identifié le corps d'Hitler. Je ne puis rien affirmer de définitif à son sujet. Il a tout aussi bien pu s'envoler de Berlin au dernier moment. »

La seule preuve qu'Hitler se soit suicidé serait constituée de fragments de crânes provenant des archives soviétiques. Depuis des années les Russes insistent sur le fait que ces fragments appartiennent à Hitler. Ce mensonge vola en éclat en 2009 lorsqu'un chercheur américain effectua des tests sur les fragments du crâne et découvrit qu'il s'agissait de celui d'une jeune femme.

Les Russes n'ont jamais tenu un discours cohérent et ont présenté des fausses preuves. La direction Soviétique Illuminati protégeait-elle en cela un de ses membres ?

Leurs initiatives ont certainement concouru à la fuite d'Hitler. Le juge du tribunal de Nuremberg, Michael Mussmanno, écrit dans son ouvrage *Ten Days to Die* (1950) que : « La Russie est entièrement à blâmer pour le fait qu'Hitler ne soit pas mort en mai 1945. »

CONCLUSION

Bien que l'informateur ait offert la possibilité d'identifier les autres membres, et de permettre à la localisation d'Hitler, le FBI décida « qu'il serait impossible d'entreprendre des efforts afin de localiser Hitler compte tenu du peu d'information disponible à ce jour. »

Le fait que ni le FBI, ni le Mossad, pas plus que les médias de masse n'aient fait montre du moindre intérêt au sujet du devenir d'Hitler, suggèrent qu'il était un agent Illuminati et qu'ainsi l'histoire officielle de la Seconde Guerre mondiale n'est qu'une suite de mensonges.

Hitler a protégé Martin Bormann qui a formellement été démasqué comme espion Soviétique. L'implication en découle qu'Hitler était également un traitre et c'est pour cette raison que ni les Russes ni l'Occident, ne se penchèrent sur son devenir après-guerre.

Site du FBI : http://vault.fbi.gov/adolf-hitler/adolf-hitler-part-01-of-04/view

Citations de Basti : http://beforeitsnews.com/conspiracy-theories/2011/09/nazi-expert-ihave-proof-hitler-died-in-1960s-1163749.html

L'Aristocratie Juive de l'Angleterre : Une usurpation d'identité

En 1941, Friedrich Wilhelm Euler, le plus grand expert Nazi de la généalogie Juive, publia un long article intitulé : « La pénétration du sang Juif au sein des rangs de la classe sociale supérieure anglaise ».

Euler se demandait comment l'Angleterre était devenu le « pouvoir protecteur de la Juiverie » malgré la taille relativement réduite de sa communauté Juive.

Les filles de Downton Abbey avaient une mère Juive.

Il expliquait qu'on avait trop insisté sur l'influence économique et intellectuelle des Juifs, et pas assez sur la pénétration de l'Aristocratie anglaise par du sang Juif.

Bien avant que les Juifs Britanniques soient émancipés au cours du 19ème siècle, les membres baptisés issus d'importantes familles de financiers Juifs s'étaient déjà alliés par de multiples mariages au sein de la noblesse anglaise.

Virtuellement, l'intégralité des pages de son article, qui en comporte 148, est consacrée à la recension des conversions Juives et à leur mariage successif avec des non-Juifs, dès le quatorzième siècle.

Euler déclare que l'aristocratie anglaise a littéralement conclu un « mariage avec la Juiverie », en termes de « substance sanguine ».

Cette information, citée par Alan Steinweis dans *Studying the Jew : Scholarly Anti-Semitism in Nazi Germany* (2006) p. 107, revêt des implications importantes.

Le Nouvel Ordre Mondial est une extension de l'Empire Britannique, qui a toujours représenté la rapacité, l'avidité et le satanisme d'une caste métissé composée de Juifs maçonniques (kabbalistes) et de Gentils, que l'on appelle les Illuminati.

Si Euler est correct, il n'est pas exagéré de dire que l'élite anglaise est crypto-Juive. Cela vient confirmer les conclusions de Leslie Pine, l'éditrice du renommé *Burke's Peerage*. (Voir *England's Jewish Aristocracy/L'Aristocratie Juive de l'Angleterre* dans mon *Illuminati 2*)

La « Conspiration Juive » est l'Empire Britannique. Il en est de même de l'Empire Américain et du Nouvel Ordre Mondial.

La « Conspiration Juive » est « l'Establishment », reposant sur le pouvoir du cartel bancaire central basé à Londres.

LES IMPLICATIONS CONCERNANT LA DEUXIÈME GUERRE MONDIALE

L'histoire a besoin d'être réécrite depuis cette perspective. Nous pouvons commencer par Dunkerque (mai 1940), lorsqu'Hitler laissa ostensiblement filer 330,000 soldats britanniques et alliés, en signe de paix.

Le souhait d'Hitler d'établir un pacte « Nordique » avec l'Angleterre n'avait aucun sens. Il savait qu'en termes d'élite, l'Angleterre n'était pas une nation Arienne. Hitler était un agent britannique (c'est-à-dire Illuminati).

L'Angleterre est le bastion du pouvoir Juif Illuminati. Si Hitler avait été cohérent dans ses intentions, l'invasion de l'Angleterre aurait été sa priorité. Il aurait fait prisonnier les 330,000 soldats à Dunkerque. Au lieu de cela, il les laissa s'échapper, et suivit à la lettre les instructions de la politique anglaise en attaquant la Russie.

Comme je l'ai montré dans mon ouvrage *Illuminati*, Hitler fut porté au pouvoir pour accomplir exactement ce pourquoi il avait été mis au pinacle : *détruire l'Allemagne* et ouvrir la voie au gouvernement mondial. Hitler, Staline et Churchill étaient tous des Juifs Illuminati qui travaillèrent main dans la main. (Par exemple, voir *La Complicité de Staline dans l'Opération Barbarossa* dans *Illuminati 2*)

Hitler a persécuté les Juifs parce que les Illuminati voulaient les traumatiser afin de mettre en place l'état d'Israël, et pour les utiliser comme pions dans le Nouvel Ordre Mondial à venir.

Dans le même temps, la persécution Nazie servit à discréditer toute opposition aux agissements de leurs pions Juifs, en leur donnant une immunité de victimes. Cela permet aux Illuminati de criminaliser la liberté d'expression, pour mieux se protéger eux-mêmes.

Regardez le mode opératoire des Marranes, des Cryptos Juifs, des Communistes et des Francs-maçons. C'est le même que celui d'Hitler : *Dissimuler leur véritable identité et leurs objectifs réels, pour infiltrer, subvertir et au final détruire la civilisation Chrétienne.* Cela implique de subvertir tout individu, nation et groupe humain, y compris les Juifs non-Illuminati.

NOTE : Hermann Goetsche (1815-1878) était un « antisémite » allemand connu pour avoir inséré un chapitre dans son roman Biarritz (1868), intitulé Dans le cimetière Juif de Prague. Le chapitre est la transcription d'un discours fait par un rabbin qui est perçu par certains (dont je ne fais pas partie) comme étant la source d'inspiration derrière

Les Protocoles des Sages de Sion. Il comprend le passage suivant qui peut permettre de faire la lumière sur la manière dont les Juifs Illuminati considèrent les mariages mixtes :

« Nous devons encourager les mariages entre les Juifs et les Chrétiens car le peuple d'Israël ne perd rien par ce contact et peut seulement tirer profit de ces alliances par le mariage. Notre race, choisie par Dieu, ne peut pas être corrompue par l'adjonction de sang impur, et grâce à ses mariages, nos filles établiront des alliances avec les familles Chrétiennes influentes et puissantes. C'est grâce à cela, à l'argent que nous apportons, que nous obtiendrons l'équivalent en influence sur tout ce qui nous entoure. Être lié aux Gentils n'implique pas une déviation du chemin que nous avons choisis de suivre ; au contraire, avec un peu de savoir-faire, nous parviendrons à devenir les arbitres de leur destin. » Cité par Norman Cohn, *Warrant for Genocide*, p. 272.

Les Illuminati ont trahis les Agents Britanniques au cours de la Deuxième Guerre mondiale

À la veille du jour J du 6 juin 1944, des centaines d'actes de sabotage furent commis par la Résistance Française – à une exception près.

Il n'y en eut aucun de perpétré dans le nord et le nord-ouest, là où ils auraient pourtant été le plus nécessaire.

A cet endroit, les réseaux « Prosper » et « Scientifique » avaient été purgés par la Gestapo en 1943. Le jeune dirigeant courageux de « Prosper », Francis Anthony Suttill, 34 ans, languissait dans un camp de concentration.

Lui et un bataillon d'agents britanniques furent plus tard exécutés, parmi 10,000 autres membres de la Résistance Française. Cent soixante avions cargo transportant des armes – 2600 containers – y compris des tonnes de munitions et d'explosifs furent saisis par les Nazis.

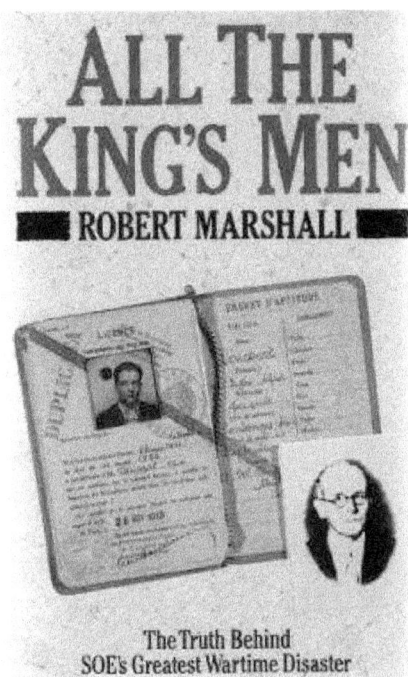

The Truth Behind
SOE's Greatest Wartime Disaster

Qui était responsable de cette débâcle ?

D'après l'ouvrage abondamment documenté du producteur de la BBC Robert Marshall, *All the King's men* (Collins, 1988) le coupable n'était autre que le franc-maçon homosexuel vice-président du MI-6, Sir Claude Edward Marjoribanks Dansey (1876-1947).

Dansey avait délibérément placé un agent double, Henri Dericourt, au cœur de l'organisation Prosper. Dericourt, un pilote français, était responsable de l'organisation du largage nocturne d'agents et de matériel depuis et vers la France.

Il tenait son point de contact, le SS Sturmbannfuhrer Karl Baumelburg, à la tête du contre-espionnage en France, au courant de toutes les allées et venues, y compris le courrier qui circulait de part et d'autre. En retour, la Gestapo permettait aux opérations de se dérouler, ce qui jouait en faveur de Dericourt, le faisant paraitre comme un élément loyal.

Le MI-6 plaça son propre agent Nicolas Bodington au sein des services des opérations spéciales pour se porter garant de Dericourt et bloquer tous les efforts des agents du contre-espionnage pour découvrir le traitre. Bodington rencontra même Baumelburg lors d'une visite à Paris en 1943. Ils se connaissaient tous deux depuis l'avant-guerre. C'était Bodington qui avait présenté Baumerlburg à Delicourt.

Après la guerre, Dericourt confirma avoir travaillé pour Dansey.

Pourquoi le MI-6 aurait-il commis ce genre de trahison ?

Marshall fournit une explication. Lorsque Churchill forma un gouvernement de coalition en 1940, le contrôle ministériel de l'un des services de renseignement avait été promis à Labour.

Henri Dericourt

En conséquence, le service des opérations spéciales (Special Operations Executive – SOE) fut séparé du MI-6 et utilisé pour des opérations de sabotage.

En représailles, Dansey et le MI-6 décidèrent de saboter le SOE en plaçant Dericourt au cœur de son réseau principal, et l'instruisirent de le trahir auprès de la Gestapo.

Après que le réseau Prosper soit tombé, Dansey et son supérieur, Sir Stewart Menzies, firent campagne pour que le SOE soit dissout. En 1946 il fut réintégré au sein du MI-6.

Comme le réseau était de toute façon perdu, ils firent en sorte que l'Illuminati Winston Churchill convoque l'héroïque Francis Suttill à une rencontre privée au cours de laquelle Churchill lui confia que le jour J aurait lieu à Calais en septembre 1943.

Ils étaient confiants que les méthodes de torture de la Gestapo suffiraient à extraire ce renseignement juteux à Suttill ou à ses confrères. (Ce fut bien le cas mais les Nazis ne furent pas dupes, et transférèrent même des divisions de la France en Russie.)

LA VÉRITABLE RAISON

Je ne peux pas croire que le MI-6 saboterait les efforts de guerre à cause d'une rivalité bureaucratique. Il y avait des dizaines de diversions possibles et bien moins couteuses avant le jour J.

Mon hypothèse est que les Illuminati avaient infiltré et pris le contrôle des instances dirigeantes de *tous* les adversaires en temps de guerre. La véritable guerre n'était pas entre les alliés et les puissances de l'Axe mais plutôt entre ce culte satanique et le reste de l'humanité.

La guerre n'était juste qu'un prétexte pour détruire l'élite génétique : les dirigeants naturels, les patriotes et les idéalistes. Il s'agissait du génocide de l'Occident, qui aurait pu dans le futur offrir une résistance à leurs plans Luciférien d'un gouvernement mondial.

Et qui était le mieux préparé que ces agents du SOE hautement entrainés qui étaient prêts à sacrifier leurs vies pour leur pays ?

Le MI-6 avait déjà assassiné un dirigeant naturel britannique, un politicien colonial, le Comte d'Errol.

LE MASSACRE SATANIQUE

Henri Dericourt éprouvait un respect immense à l'égard de l'homme qu'il trahissait. Il décrivait Francis Suttil de la manière suivante : « magnifique, fort, jeune, courageux et plein de décision, une sorte d'Ivanhoé. » (133)

Lorsque Suttill fut arrêté le 23 juin 1943, les Nazis lui montrèrent le dossier de Dericourt. Ils savaient tout du réseau Prosper. Tout ce qu'il restait à Suttill était de sauver sa peau d'agent.

Il négocia un accord où en échange du fait que ses agents et les résistants français seraient traités en prisonniers de guerre, il révèlerait où les caches d'armes étaient situées. Il parvint même à ce qu'Heinrich Himmler signe l'accord.

Francis Suttill

La Gestapo « balaya la campagne comme une faux fauchant les blés. Aussitôt, des centaines de français et de françaises furent envoyés en prison dans le nord de la France. A Fresnes, les gens étaient incarcéré parfois jusqu'à six par cellule. »

Bien sûr les Nazis ne tinrent pas leur promesse. Les Illuminati ne pouvaient pas permettre à Suttill et à ceux de sa trempe de survivre. C'était précisément le but de la guerre. Ils ne pouvaient pas leur permettre de découvrir que les Illuminati, y compris le Premier Ministre, les avaient trahis, eux et l'effort de guerre.

Noor Inyat Khan

Francis Suttill fut pendu dans le camp de concentration de Sachenhausen, le 24 mars 1945.

Andrée Borrel, 25 ans, la commandant en second de Suttill, reçue une injection mortelle puis fut incinérée à Natzweiler en juillet 1944.

Les agents Gilbert Norman, John MacAllister, Frank Pickersgill, Johnny Barrett et Robert Benoist furent pendus à Gross Rosen en septembre 1944.

Noor Inyat Khan, 30 ans, leur opérateur radio, fut gardée enchainée à Pforsheim puis envoyée à Dachau où elle fut fusillée.

Rien n'a subsisté du sort de centaines d'autres agents, britanniques et français. « Francis Suttill employait 144 agents à temps plein au sein de son réseau, mais lorsque vous comptez tous ceux qui étaient connectés au réseau Prosper, le nombre se monte à 1015. » (192)

Après la guerre, les officiers de la Gestapo confirmèrent qu'Henri Dericourt était leur agent, responsable de l'implosion des réseaux de résistance dans le nord de la France.

Néanmoins, les enquêtes et les procès furent entravés par le MI-6 et Dericourt continua sa carrière comme pilote. Il devint impliqué dans le trafic d'héroïne et mourut dans un crash aérien au Laos le 22 novembre 1962.

QUI ÉTAIT CLAUDE DANSEY ?

En juin 1943, Patrick Reilly, un assistant du chef du MI-6 Stewart Menzies fut choqué de voir Dansey applaudir.

« Excellente nouvelle Reilly ! S'exclamait-il. « Un des gros réseau de SOE en France viens d'être démantelé ! »

Reilly pensa naturellement qu'il « était indubitablement un homme méchant. » Un de ses collègues déclarait notamment : « Dansey est le seul homme véritablement diabolique que j'ai jamais rencontré. »

Né en 1874, Dansey bénéficia d'une longue carrière remplie de distinction, œuvrant à maintenir l'Empire Britannique (c'est-à-dire Illuminati).

Claude Dansey

D'après Anton Chaikin, en 1911, William Rockefeller (le frère de J.D. Président de la Standard Oil et fondateur de la Citibank) avait employé, « par l'intermédiaire de ses relations privées au sein de l'élite, un officier agent secret britannique de haut rang nommé Claude Dansey... afin de réorganiser les services de renseignements de l'armée U.S. comme auxiliaires des services secrets britanniques. »

Dansey s'employa à organiser les dirigeants Francs-maçons des groupes contrôlés par les banquiers Illuminati, en constituant un service de renseignement informel appelé la « Section Z. »

Lorsque le MI-6 fut mortellement compromis par la capture de deux agents à Venlo en Hollande en 1939, la Section Z devint la colonne vertébrale du MI-6.

Ainsi, nous voyons que le MI-6 et la CIA, ainsi que la plupart des services de renseignement, n'ont jamais été au service des intérêts nationaux. Ils ont toujours servi les banquiers Illuminati et leur dessein d'établir une tyrannie mondiale appelée : « gouvernance mondiale », « internationalisme » et « mondialisme ».

Les traitres Illuminati ne firent pas que sacrifier des milliers d'agents. Ils mirent en péril l'effort de guerre allié et la vie de millions de soldats. Cela me conduit à m'interroger sur le fait que l'effort de guerre Nazi ait également pu être saboté, afin que les alliés puissent triompher en Normandie.

Il est difficile de parler de trahison lorsque les forces dominantes de la société sont engagées dans des activités de traitrise, ainsi que dans la recolonisation des nations démocratiques indépendantes par un cartel bancaire international maçonnique.

CONCLUSION : LA GUERRE EST UNE MASCARADE MORBIDE

La guerre est orchestrée par les Illuminati. Utilisant leurs agents en politique et au sein des médias, elle est coordonnée par des mages noirs pour dégrader, démoraliser et détruire l'humanité.

La guerre est une orgie satanique où les bons sont sacrifiés par les méchants, qui se nourrissent de leurs âmes. Des millions de patriotes répondent à l'appel pour « défendre la liberté » et meurent en vain.

En se basant sur leurs antécédents, nous ne devons pas sous-estimer la dépravation des banquiers Illuminati, et les mesures qu'ils prendront pour réduire l'humanité en esclavage.

Sachant ce que nous savons de ces démons, comment pouvons-nous douter qu'ils furent derrière le 11/09 et d'innombrables autres atrocités, certaines très récentes ?

La société est attaquée par un cancer qui menace d'être fatal à moins qu'il ne soit diagnostiqué bientôt.

NOTE :

La même chose s'est produite avec la Résistance Hollandaise : Voir « British » Betrayed 56 Dutch Resistance Agents sur mon site.

Les Nazis avaient connaissance du Débarquement en Normandie

Six semaines avant le Jour J, les Nazis effectuèrent une répétition générale pour Utah Beach à Slapton Sands dans le Devon, où l'environnement était en tout point semblable à la Normandie. Pourtant, nous sommes censés croire qu'ils n'avaient aucune connaissance du débarquement en Normandie...

Cela est une preuve supplémentaire que les guerres sont orchestrées. Elles sont les hachoirs à viandes qui permettent aux dirigeants Illuminati de tuer les « patriotes » des deux camps – une stratégie qui fait partie de leur guerre multiséculaire contre l'humanité.

Lors de son interrogatoire par la CIA, le responsable de la Gestapo Heinrich Müller, prétendit qu'un agent les avait alertés au sujet d'un exercice de grande ampleur impliquant 30,000 hommes à Slapton Sands.

Au milieu de la nuit du 27 au 28 avril 1944, neuf torpilleurs Nazis attaquèrent huit LST (transporteurs de tanks), lourdement chargés.

Deux furent coulés et un troisième neutralisé au prix d'un combat qui couta la vie à 1000 hommes.

Des « erreurs » furent commises par les Nazis. Müller prétend que les Nazis regagnèrent leur base munis des plans d'invasion trouvés sur le corps d'un officier de l'US Army.

« Cette information indiquant que la Normandie était la cible principale fut envoyée au haut-commandement mais aucune décision ne fut prise. » (*Gestapo Chief: The 1948 Interrogation of Heinrich Müller*, Editions Gregory Douglas, p.142)

Du côté allié, le désastre fut aggravé par *une longue liste* « d'échecs » grandement suspicieux.

Ils comprennent :

1. Les commandants de la flotte navale américaine n'établirent aucun contact avec leurs alliés de la Royal Navy.

2. Les radars de la Royal Navy détectèrent des mouvements de sous-marin Nazis mais ne partagèrent pas cette information.

3. La corvette d'appoint HMS Azalea avait identifié la présence de sous-marins mais n'en informa pas les LST.

4. Les fréquences radio fournies aux américains furent modifiées sans les avertir.

5. Cette bataille unilatérale fut surveillée par l'artillerie anglaise depuis le Blacknor Fort, posté sur les falaises occidentales de Portland. Les hommes avaient les sous-marins en vue, à portée de tir, mais reçurent l'ordre de ne pas faire feu par un officier américain, parce que le nombre d'alliés se battant pour survivre sur l'eau était trop important.

6. Il n'y eut aucun entrainement d'urgence, ainsi les gilets de sauvetages ne furent pas correctement portés. Ces derniers renversaient les hommes la tête la première dans l'eau.

SUR LA PLAGE

Au moins 500 hommes de plus furent tués sur la plage le 27 avril sous des « salves alliées ». À cause d'une incompréhension, la plage fut bombardée juste lorsque les troupes débarquaient. De surcroit, les soldats américains « défendant » la plage, se servaient de munitions réelles et inexplicablement ne visèrent pas au-dessus de la tête des troupes « d'invasion », comme ils étaient supposés le faire.

Les 1500 morts américains résultant de ces erreurs furent jetés dans des fosses communes où de la chaux vive fut déversée pour hâter leur décomposition. Après le Jour J, ils furent déterrés et entassés dans des trains :

« Des rapports détaillés conservés par le chef de gare de Kingsbridge, à 5 miles de là, révèlent que trois trains furent secrètement chargés avec les corps des GI sous bonne garde militaire, entre juillet et août 1944. Les trains, chacun capable de transporter au moins 100 cadavres, « furent remplis de ces corps déterrés », déclare un historien des chemins de fer locaux, Ken Williams.

Le père de l'historien, George, qui a servi dans la Royal Navy au cours de la guerre, se souvient d'avoir vu les corps des dizaines d'hommes tués par des salves alliées, emportés par les vagues.

« Il m'a raconté comment la mer s'était teintée de rouge sang » relate Ken.

Il fut déclaré aux familles que leurs proches avaient péri en Normandie.

D'après l'historien Charles MacDonald : « Ce fut un désastre qui est resté caché aux yeux du monde entier pendant 40 ans... une dissimulation volontaire de la part de l'Armée Américaine. »

Les généraux Omar N. Bradley et Eisenhower regardèrent « le chaos meurtrier » et « furent horrifiés et déterminés à ce que les détails de leurs propres erreurs soient enterrés avec leurs hommes. »

« Les proches des morts furent mal informés – il leur fut même menti – par leur gouvernement. »

C'est une « histoire que le gouvernement a caché... étouffé pendant des années... un des secrets compromettant de la Deuxième Guerre mondiale. »

L'Amiral Donald Moon en fut tenu pour responsable, et comme tout bon bouc-émissaire, il se suicida le 5 août 1944.

CONCLUSION

Malgré le fait que les plages de Slapton Sands ressemblent à celles de Normandie, et non à celles du Pas de Calais, on nous dit que les Nazis ne savaient pas d'où l'invasion proviendrait. On nous a fait ingurgité le fait qu'Hitler dormait le 6 juin, et lorsqu'il se réveilla évita de provoquer une offensive appropriée parce qu'il était certain que l'invasion aurait lieu depuis Calais.

Les Nazis connaissaient le projet de débarquement en Normandie, tout comme Staline connaissaient l'opération Barberousse. Churchill, Staline, Hitler et Roosevelt étaient tous des francs-maçons Illuminati. Les deux camps de la Deuxièmes Guerre mondiale furent sabotés par ces traitres. Quand est-ce que les moutons vont réaliser que leurs bergers sont des loups déguisés ?

L'historien qui a mis les francs-maçons à genoux

Pendant une brève période, au cours de l'occupation Nazie de la France (1940-1944), la Franc-maçonnerie rencontra sa bête noire. Ce n'était pas un guerrier mais plutôt un intellectuel.

Bernard Faÿ, un historien diplômé d'Harvard, un membre du Collège de France et Directeur de la Bibliothèque Nationale, dirigea une commission d'enquête qui conduisit à l'expulsion des Francs-maçons.

Travaillant pour le Président de la France de Vichy, Philippe Pétain, ainsi que pour la Gestapo, Bernard Faÿ compila une liste de 170,000 francs-maçons, parmi lesquels 989 furent envoyés en camps de concentration où 549 furent fusillés.

Bernard Fay

En outre, environ 3000 d'entre eux perdirent leur travail. Tous les francs-maçons furent obligés par la loi de se déclarer aux autorités.

Faÿ s'empara également des archives secrètes du Grand Orient à Paris ainsi qu'au sein des loges maçonniques à travers tout le pays. Il compila ses informations à la Bibliothèque Nationale et édita un mensuel : *Les Documents Maçonniques*.

Les articles principaux portaient des titres tels que *La Franc-maçonnerie et la corruption des mœurs. La Franc-maçonnerie contre l'*État, et *Le Mensonge maçonnique*.

En 1943, Faÿ produisit un film intitulé *Forces Occultes* qui dépeint la subversion maçonnique à l'œuvre dans le monde entier. Le film relate la vie d'un jeune député qui intègre le rang des francs-maçons pour relancer sa carrière. Il apprend ainsi comment la finance Juive Illuminati en Angleterre et aux États-Unis a utilisé la Franc-maçonnerie pour impliquer la France dans une guerre contre l'Allemagne. Le réalisateur Jean Mamy fut exécuté comme collaborateur en 1949. Le film est aujourd'hui disponible sur YouTube.

LA LIBÉRATION

Bien sûr, après que la France ait été « libérée » par les pouvoirs Maçonniques en 1944, les cartes changèrent de mains.

Faÿ fut arrêté et envoyé en camp de concentration. Lorsqu'il parut enfin pour son procès en 1946, il n'adopta pas la posture du repenti et se fendit même d'une attitude provocante.

« Ma plus grande imprudence fut de rester en France de 1940 à 1944, de rêver à sa régénération, d'y consacrer toutes mes forces, de risquer ma vie pour cela et d'y croire », déclara-t-il.

D'après Barbara Will, l'auteur de *Unlikely Collaboration/Une collaboration improbable*, « sans doute l'aspect le plus frappant de son procès, fut la réticence des procureurs à argumenter avec Faÿ au sujet des opinions politiques qu'il exprimait encore librement. »

Par exemple, il déclara à la cour que « pendant des années j'ai considéré la Franc-maçonnerie comme une institution dangereuse, et sur ce point depuis vingt ans je n'ai pas varié ni d'opinion ni de langage à son égard. La présence des allemands n'a eu strictement aucune influence sur mes idées. » (p. 181)

Pour mesurer à quel point la Franc-maçonnerie est vicieusement ancrée dans l'esprit des gauchistes, il faut voir comment Barbara Will, une enseignante d'anglais du Dartmouth College, persiste à décrire la vision de Faÿ comme de la « paranoïa » et de « l'agressivité ».

Faÿ a eu accès aux archives secrètes du Grand Orient. S'il a déclaré que leur but est la mise en place d'une tyrannie mondiale Luciférienne, il était tout sauf mal informé.

Après la guerre, le pouvoir franc-maçon français enquêta sur plus de 300,000 cas de collaboration. 6783 peines de mort furent rendues en France et 1600 furent exécutées. Par contraste, seul 200 à 300 Nazis furent pendu en Allemagne.

Faÿ n'attendait strictement rien de son procès. Le juge, fit-il remarquer, était un « Israélite et un franc-maçon. » Étonnamment, il ne fut pas exécuté. Le 6 décembre 1946 à l'âge de 54 ans, il fut condamné aux travaux forcés à perpétuité.

En 1951, lors d'une convalescence à l'hôpital de la prison, il s'échappa en Suisse grâce à l'aide de compagnons anti-maçons. Deux ans plus tard, il fut gracié par Charles de Gaulle. Néanmoins, il resta en Suisse où il continua à enseigner et à écrire des livres jusqu'à sa mort en 1978.

CONCLUSION

Bernard Faÿ appartenait à la France de l'*Ancien Régime*, la vraie France de la Monarchie, de l'Église et de l'armée. Cette France fut déracinée et détruite par la finance Juive Illuminati et leurs sbires francs-maçons qui provoquèrent la Révolution Française.

L'histoire moderne est le récit de la manière dont le pouvoir et la fortune de l'église et l'aristocratie ont été transférés à la finance Illuminati, par l'utilisation du libéralisme et des idéaux démocratiques comme prétexte.

L'Allemagne Nazie se devait de montrer qu'elle était opposée à la Franc-maçonnerie car ses ennemis étaient contrôlés par la maçonnerie. Bernard Faÿ a saisi ce bref moment pour essayer de sauver son pays bien aimé. Bien sûr, cette opportunité s'est rapidement évanouie car les Nazis étaient aussi financés et contrôlés par les Illuminati.

La guerre est une forme de racket

Lorsque les États-Unis est l'Angleterre accordèrent un prêt important au Mexique en 1903 en utilisant ses revenus douaniers en garantie, le banquier Illuminati Jacob Schiff envoya un télégramme à son coreligionnaire anglais Ernest Cassel :

« S'ils ne remboursent pas, qui ira récupérer l'argent des douanes ? »

Cassel répondit : « Vos soldats et les nôtres. » (*The Life of Otto Kahn*, p.22)

Le général Smedley Butler (1881-1940) confirma qu'il n'était « qu'un gros bras de luxe au service des intérêts financiers de Wall Street et des banquiers. »

Dans son ouvrage *Wa ris a Racket/La Guerre est un Racket* écrit en 1935, il écrit : « J'ai participé à la sécurisation du Mexique, particulièrement à Tampico, pour les intérêts pétroliers américains en 1941. J'ai participé activement à l'organisation d'Haïti et Cuba pour en faire des endroits appropriés pour que les dirigeants de la National City Bank viennent collecter leurs revenus. J'ai assisté au démantèlement d'une demi-douzaine de république en Amérique Centrale pour le compte de Wall Street. Cet historique de racket remonte loin. J'ai aidé à purifier le Nicaragua pour le compte de la firme bancaire Brown Brothers en 1909-1912. Je suis intervenu en République Dominicaine pour les intérêts de l'industrie américaine du sucre en 1916. En Chine, j'ai participé à l'implantation de la Standard Oil tout en m'assurant de sa sécurité. »

Retour vers le futur en 2011 lorsque l'OTAN a fomenté et conduit une « révolution » en Lybie, un des quatre pays au monde qui n'avait pas de banque centrale contrôlée par Rothschild. Maintenant la Lybie en est dotée.

Ils n'appellent plus cela de *l'impérialisme.* Ils l'appellent « Notre mission en Lybie ». Les soldats ne sont plus des mercenaires ; ils sont des « missionnaires ».

LA DEUXIÈME GUERRE MONDIALE

Pendant que nous perdions nos pères et nos fils, les alliés et les banquiers centraux se réunissaient à Bâle à la *Banque des Règlements Internationaux* pour organiser le financement des Nazis.

La BRI/BIS (*Bank of International Settlements*) céda le trésor national de la Tchécoslovaquie, de la Hollande et de la Belgique pour s'assurer que la guerre puisse continuer. Cet or, d'une valeur de 378 millions de dollar de l'époque, fut la contrepartie des prêts consentis aux Nazis et ne fut jamais rendu.

La BRI accepta de conserver les fruits du pillage des Nazis – les œuvres d'art, les diamants et les métaux précieux y compris les dents en or et les bagues de mariage en provenance des camps de concentration.

La Réserve Fédérale des États-Unis, la Banque d'Angleterre, la Banque de France, la Banque d'Italie, la Banque du Japon et la Reichsbank étaient toutes membres de la BRI. La Reichsbank Nazie occupait la majorité des sièges mais le Président de la BRI était un sbire de Rockefeller, Thomas H. McKittrick (1889-1970). Il est révélateur de constater qu'il ne bénéficie même pas d'une entrée Wikipédia.

« CHANGER LE MONDE » SIGNIFIE PROVOQUER UNE GUERRE MONDIALE

Interrogé par un fonctionnaire du ministère des finances américain en mars 1945, McKittrick déclara que la guerre avait été tout le long une vaste farce, conçue pour amener l'échec de l'Allemagne.

Lorsqu'il lui fut demandé la raison pour laquelle la BRI avait aidé les Nazis, il répondit : « Dans le système financier complexe de l'Allemagne, certains hommes adoptant leur propre point de vue de banquiers centraux, occupent des positions stratégiques et peuvent influencer la conduite du gouvernement allemand... »

Thomas McKittrick

Puis il cracha enfin le morceau, en finissant par avouer bien qu'il usa d'un euphémisme rusé, que le but et l'enjeu de la guerre avait été de repositionner l'Allemagne afin qu'elle soit conforme aux vues des banquiers du Nouvel Ordre Mondial.

« McKittrick finit par dire qu'il existait un petit groupe de financiers qui avaient senti dès le début que l'Allemagne perdrait la guerre ; et qu'après la défaite, ils émergeraient pour façonner son destin. Qu'il « maintiendraient leur contact et leur confiance avec d'autres entités bancaires importantes afin qu'ils soient dans une position de force pour négocier des prêts pour la reconstruction de l'Allemagne. »

Cette citation est tirée du livre incroyable de Charles Higham *Trading With the Enemy/ Faire Affaire avec l'Ennemi* 1983, p. 37.

Tout un panel d'entreprises contrôlées par ses banquiers possédait des usines en Europe occupée qui s'employèrent à soutenir l'effort de guerre Nazi, tout en réalisant des profits colossaux.

Ford, General Motors, Standard Oil et ITT fournirent aux Nazis des camions, des moteurs d'avions, du matériel et de la technologie de pointe, accordant souvent aux Nazis la préférence au cours des pénuries. Un exemple très évocateur est le bombardement allié d'une usine de roulement à bille en Allemagne, pour remplacer l'approvisionnement par celui d'une usine de Pennsylvanie (via la Suède).

Higham se réfère à ses banquiers en les nommant « la Fraternité ». Ce sont les Illuminati.

Un autre panel de banquiers avait organisé la Première Guerre mondiale et en avait permis la prolongation. Mais je pense que vous avez compris. Toutes les guerres sont véritablement provoquées par le cartel bancaire central Luciférien pour se débarrasser de l'humanité, c'est-à-dire le troupeau de « goyim ».

NOTE : STALINE A FINANCÉ L'ASCENCION D'HITLER

Après qu'Hitler se soit emparé du parti Nazi le 21 juillet 1921, il dépensa beaucoup de ressources sur la propagande et le recrutement. L'argent ne manquait pas à ce stade critique.

Wall Street et l'industrie allemande n'étaient pas tout à fait au point jusqu'à la fin des années 20. L'armée allemande finançait les Nazis, mais ne contribuait pas aux sommes illimitées dont Hitler semblait disposer.

Dans le livre *A Field of Red : The Communist International and Coming of World War II* (1981, pp. 245-246) les auteurs, Anthony Cave Brown et Charles MacDonald racontent qu'en 1923, Hitler retourna de Zurich avec un container rempli de Francs Suisse et de dollar américains. » Il bénéficiait également d'autres sources de financement en Tchécoslovaquie, en Hongrie et en Lettonie.

Après la Seconde Guerre mondiale, des agents de renseignement américains recueillirent le témoignage d'un industriel, Arnold Rechberg, qui soutint que le General Kurt Von Schleicher lui avait avoué en 1933, que Staline avait fourni à Hitler un « financement substantiel ».

Von Schleicher était le responsable du programme Black Reichswehr avant de devenir Chancelier et ministre de la défense en 1932-1933. Le programme Black Reichswehr se consacrait à la reconstruction de l'armée allemande, en totale infraction avec les conditions du Traité de Versailles.

D'après Walter Schellenberg, le chef du renseignement extérieur des SS, Von Schleicher avança lui aussi 42 million de Reichmarks au cours de cette période de formation sur instructions de Staline ! (*Memoirs*, p. 43) C'est probablement la raison pour laquelle la Gestapo assassina Von Schleicher et sa femme au cours de la purge de 1934.

Staline espérait qu'Hitler provoquerait une guerre civile grâce à laquelle les Communistes s'empareraient de l'Allemagne.

La vérité est que Staline et Hitler étaient tous deux des Illuminati. Les Illuminati ont créé le Nazisme comme l'opposition dialectique du Communisme. En d'autres termes, les Illuminati ont créé la conspiration mondiale du « Judaïsme Marxiste », puis ont fabriqué son antithèse, son ennemi supposé, le mouvement Nazi, destiné à être anéanti.

Tandis qu'ils prétendaient s'opposer l'un l'autre, ils représentaient en fait le même groupe de milliardaires satanistes déterminés à réduire l'humanité en esclavage au sein d'un gouvernement mondial. Pendant que les jumeaux maléfiques se sautaient à la gorge, des millions d'opposants potentiels au gouvernement mondial seraient massacrés en servant une cause mensongère.

En avril 1922, le Traité de Rapallo lança une remilitarisation massive de l'Allemagne en Russie, conçue pour échapper aux conditions drastiques du Traité de Versailles. Il prévoyait l'entrainement militaire et les usines pour la production de munitions, des gaz toxiques, des tanks et des avions. En remerciement de la collaboration Communiste, les allemands fournissaient les connaissances et les investissements. Les deux belligérants s'entrainaient au sein de la même salle de gym pour préparer la future conflagration mondiale. De cette façon, les Illuminati faisaient des économies...

D'après Schellenberg, à partir de 1929, Staline donna des instructions au Parti Communiste allemand de considérer les Sociaux-Démocrates comme leurs ennemis et non les Nazis. Il ne fait aucun doute que les Communistes ont assisté les Nazis dans leur ascension au pouvoir. (p. 43)

Le premier meurtre d'Hitler

Dire qu'Hitler était un psycho-pathe et un tueur peut paraître redondant, mais peu d'entre nous savent qu'il fit sa première victime en la tuant de ses propres mains. Cela fut passé sous silence et n'a que peu fait l'objet d'étude encore aujourd'hui. Les historiens occidentaux sont aussi déterminés que les Nazis à protéger la réputation du Führer.

Le 18 septembre 1931, il tira sur sa nièce bien aimée de 24 ans, Geli Raubal. Le meurtre fut présenté comme un suicide par le ministre de la justice bavarois, un allié politique.

Cependant le corps de Raubal était fortement contusionné et son nez était brisé. Une lettre inachevée indiquait qu'elle voulait quitter l'appartement de son oncle pour s'en aller à Vienne. Elle fut enterrée dans un cimetière catholique qui interdisait le suicide. (*The Münchener Post*, 20 septembre 1931)

Le triangle amoureux bisexuel qui conduisit au meurtre de Raubal révèle le véritable caractère pervers d'un homme que beaucoup de « patriotes » admirent toujours.

Bien qu'homosexuel, Hitler aimait la compagnie de blondes aux formes généreuses et de brunes qui rentraient dans le moule Nazi. Raubal était la fille de la demi-sœur d'Hitler et sa cuisinière. De dix-neuf ans sa cadette, elle faisait preuve d'une extraversion désinvolte qui illuminait chaque pièce dans laquelle elle pénétrait. Hitler paraissait toujours détendu lorsqu'elle était aux alentours.

« J'aime Geli et je pourrai l'épouser », déclara Hitler à son ami Heinrich Hoffman. (Mais) « Je veux rester célibataire. Alors je me réserve le droit d'exercer une influence sur son cercle d'amis, jusqu'à ce qu'elle trouve enfin l'homme qu'il lui faut. » (Hoffman, *Hitler Was My Friend/Hitler était mon Ami*, 1955)

Le rival d'Hitler n'était autre que son propre chauffeur et garde du corps bisexuel, le Juif Emil Maurice. En décembre 1927, Hitler empêcha sa nièce d'épouser Maurice et il le renvoya. L'année suivante, Raubal écrivit à Maurice :

« Oncle Adolf insiste pour que nous attendions deux ans. Penses-y Emil, deux années entières sans pouvoir s'embrasser quelquefois et toujours sous la surveillance de l'oncle Adolf. Je ne puis te donner que mon amour et ma fidélité inconditionnelle. Je t'aime tant. Oncle Adolf insiste pour que je poursuive mes études. » (24 décembre 1928)

EMIL MAURICE (1897-1972)

Dans *Mein Kampf*, Hitler décrit une bagarre dans une bras-
serie lorsque des communistes essayèrent d'interrompre
un rassemblement. Il s'émerveille sur la manière dont ces
« vaillant guerriers », bien qu'ensanglantés, « balayèrent
littéralement l'ennemi hors de la taverne... avec à leur tête,
mon splendide Maurice. »

Maurice était un des membres pionner de la SA et plus
tard des SS. Lui et Hess rédigèrent *Mein Kampf* sous la dicté
d'Hitler ; et tout comme Hess, Maurice fut un des amants
d'Hitler. Après qu'ils furent relâchés de prison, Maurice devint le garde du corps personnel d'Hitler et son chauffeur. Il
accompagna Hitler au cours de la purge de 1934 et s'occupa
personnellement des gens qui étaient devenus des fardeaux.

« Il est absolument inconcevable que Maurice ne soit pas reconnu comme juif », écrit
le Dr. Judith Reisman. (En considérant) « son apparence, sa famille, et la très haute
probabilité de sa circoncision... la concupiscence homosexuelle surpasse facilement la
haine antisémite. »

Lorsqu'il fut plus tard établi que Maurice avait un arrière-grand-père juif, Hitler fit une
exception pour lui et sa famille. Comme un juif sur seize était déjà exempté des lois de
Nuremberg, Maurice, qui devint un général SS, était probablement plus Juif encore. Les
lois raciales Nazie étaient une convenance, principalement conçues pour persécuter les
juifs non-Sionistes et justifier la création d'un état Juif.

Malgré ses prouesses en tant que videur, Maurice, un horloger de formation, avait un
tempérament artistique, et jouait de la guitare lors des réunions Nazies. Raubal, mu-
sicienne aussi, s'était éprise de lui au cours de ses visites à la prison de Landsberg en
1924 à l'âge de 16 ans. Ainsi débuta une romance passionnée qui grandit avec le temps.

LA DÉPRAVATION D'HITLER

Pour rédiger son livre *Hitler and Eva*
(1974), Glen Infield interrogea Wilhelm Stocker, un garde SS de l'appartement d'Hitler. Stocker déclara que
lorsque son oncle Adolf était absent,
Geli avait de nombreux prétendants.

Comme il était son confident, Geli lui
déclara que « parfois Hitler lui faisait
faire des choses dans l'intimité de sa
chambre qui la rendait malade, mais
lorsqu'on lui demandait pourquoi elle

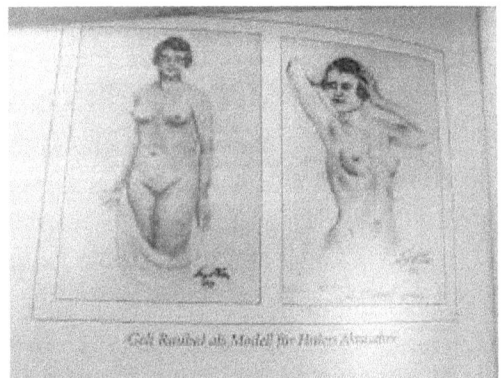

Geli Raubal als Modell für Hitlers Aktzeichner

ne refusait pas de les faire, elle haussait les épaules en disant qu'elle ne voulait pas le perdre au profit d'une femme qui ferait tout ce qu'il voudrait. »

Gregor Strasser, un dirigeant Nazi qui convoitait Geli, déclara qu'elle lui avait confié que le dictateur Nazi la forçait à uriner et déféquer sur lui. Strasser était un des dirigeants Nazi qui se rendit à l'appartement d'Hitler après le meurtre pour décider d'une version de l'histoire. Hitler voulait la présenter comme étant un « accident ». Mais la rumeur courrait déjà que Raubel s'était suicidée en utilisant l'arme d'Hitler.

Strasser fut assassiné au cours de la purge de 1934.

Michael Dean raconte qu'après avoir quitté le service d'Hitler, Maurice attaqua en justice le parti Nazi pour licenciement abusif et remporta une coquette somme. Il ouvrit une boutique d'horlogerie à quelques rues de l'appartement d'Hitler et reprit sa relation avec Raubal.

Apparemment elle tomba enceinte et voulu aller à Vienne pour avoir son bébé. Hitler fut furieux de cette trahison et refusa de lui accorder sa permission. Lorsqu'elle le défia, il la tua.

Il n'est pas clairement établi quelle trahison était la plus importante au regard d'Hitler, car il nourrissait des sentiments à la fois pour Raubal et pour Maurice.

Quoi qu'il en soit, la relation d'Hitler avec Maurice perdura. Maurice devint un officier SS et Hitler le protégea contre des rivaux irrités d'avoir à recevoir des ordres de la part d'un Juif. Maurice était en fait le second membre de la SS après Hitler lui-même, et fut considéré comme un de ses fondateurs.

La conclusion : avant qu'Hitler ne tue indirectement des millions de gens, Juifs et non Juifs, il avait d'abord trempé ses mains dans le sang de sa jeune nièce qu'il était pourtant censé aimer. Des millions de gens choisirent de suivre un meurtrier et un psychopathe. Rien n'a changé.

La Fraude qui contient toutes les autres

Cette fraude est la création de la Réserve Fédérale en 1913.

En 1913, le membre du Congrès Charles Lindbergh déclara : « Lorsque le Président signera cette loi ; le gouvernement invisible du pouvoir monétaire sera légalisé... le plus grand crime de tous les temps est perpétré par cette loi bancaire et monétaire... nous ne sommes plus qu'à quelques années du jour du jugement. »

Paroles prophétiques.

L'établissement de la Réserve Fédérale en 1913 déclencha toute une série d'évènements funestes qui ont marqués le 20ème siècle et assombris nos perspectives pour le 21ème. Cela commença par la Première Guerre mondiale et la Grande Dépression, et se poursuivit par le 11/09 puis la guerre en Afghanistan et en Irak.

En 1913, les dirigeants américains furent soudoyés et dupés par des banquiers - pour la plupart étrangers - et leurs agents américains. Nos dirigeants commirent une trahison en donnant à ces banquiers le pouvoir de créer l'argent à partir de rien et ne reposant que sur le crédit, c'est à dire la taxation du peuple américain.

Le gouvernement américain emprunte maintenant son propre argent aux banquiers internationaux et leur paient des intérêts au rythme de 220 milliards de dollars par an pour jouir du privilège.

Si vous étiez parvenu à arnaquer les États-Unis de cette manière, que feriez-vous ?

Soit vous restitueriez ce pouvoir magique à son propriétaire légitime, le gouvernement US ; ou vous vous en serviriez pour vous emparer du monde, tout posséder et tout contrôler.

Devinez le choix que firent les banquiers.

L'histoire moderne relate l'accomplissement graduel du plan multiséculaire des dynasties bancaires et de leurs alliés, pour créer une dictature mondiale Orwellienne (le « Nouvel Ordre Mondial »), au sein de laquelle les richesses seront davantage concentrées, et la vie humaine encore plus dégradée.

Les guerres et les dépressions, l'art moderne et la culture, les religions new Age, la libération sexuelle et le féminisme, font tous parti de ce dessein. Le rôle des historiens et des médias de masse est d'obscurcir ce plan et de tromper les masses afin qu'elles se croient libres et pensent que leurs dirigeants représentent leurs intérêts.

FDR DÉVOILÉ PAR SON BEAU-FILS

Cette conviction est renforcée par l'ouvrage du Colonel Curtis Dall : *FDR : My Exploited Father-in-law/FDR : Mon Beau-père Exploité* (1970). Dall qui avait épousé Anna, la fille de Franklin Roosevelt, passait beaucoup de nuits à la Maison Blanche et promenait souvent FDR dans son fauteuil roulant. Il était également l'associé d'une firme de Wall Street.

Dall fait preuve de loyauté filiale dans son livre, mais ne peut s'empêcher d'exprimer plusieurs conclusions désenchantées. Il dépeint le président légendaire non comme un dirigeant mais comme un « second couteau », disposant en fait de très peu de pouvoir réel.

Les membres de son équipe formaient une coterie de gestionnaires (des conseillers comme Louis Howe, Bernard Baruch et Harry Hopkins), qui représentaient le cartel bancaire international. Pour Dall, FDR était finalement un traître manipulé par la Finance Mondiale et motivé par la fatuité et l'ambition personnelle.

La perfidie principale de FDR fut de supprimer les informations sur l'attaque japonaise de Pearl Harbor, aux dépends de près de 3000 vies. Il fit cela parce que les banquiers avaient besoin de l'implication des US dans la Deuxième Guerre mondiale, une chose à laquelle 85% des américains s'opposaient. Les japonais avaient pour instruction d'annuler l'attaque s'ils ne jouissaient plus de l'effet de surprise.

Dall relate une anecdote moins connue mais encore plus révélatrice. En 1956, George Earle, un ancien gouverneur de Pennsylvanie, lui confia qu'en 1943 les Nazis essayèrent de se rendre. A cette époque, Earle était l'Attaché Naval à Istanbul lorsque l'Amiral Wilhelm Canaris, le chef des services secrets allemands, se mit en rapport avec lui personnellement.

Canaris lui déclara que les généraux allemands sentaient qu'Hitler menait l'Allemagne à sa perte. Ils ne pouvaient pas accepter la politique Roosevelt de se rendre sans condition, mais si FDR offrait une défaite honorable, l'armée était prête à perpétrer un coup d'état.

Ils croyaient que la Russie représentait une menace pour la Civilisation Occidentale et ils étaient prêts à jouer le rôle de rempart non-Nazi contre les projets Communistes en Europe de l'Est.

Pour faire court, FDR ignora à plusieurs reprises cette proposition qui aurait pu mettre un terme à la guerre en 1943 et sauver des millions de vies. Canaris et des centaines d'autres officiers allemands intègres furent torturés et tués par la Gestapo.

Les généraux allemands étaient bien ignorants de la feuille de route secrète des banquiers pour atteindre leur gouvernement mondial. Les exigences de ces derniers en matière de reddition inconditionnelle prolongèrent la guerre, afin que la Russie Soviétique puisse s'emparer de l'Europe de l'Est et accède au rang de superpuissance.

LE COMMUNISME COMME MODÈLE POUR L'HUMANITÉ FUTURE

Cela rejoint les autres remarques de Dall. Le cartel bancaire s'est comporté comme si la Russie Communiste avait été leur création personnelle, ce qui était bien le cas. Une des premières décisions de FDR lorsqu'il prit ses fonctions fut de reconnaître le régime soviétique. Les conseillers de FDR, Henry Morgenthau et Harry Dexter White, organisèrent l'envoi de plaques d'impression de billet en Russie pour que les Communistes impriment leur propre argent US. Ils accordèrent $8 milliards en prêt bail à la Russie *après la fin de la guerre*. Le Colonel Dall a personnellement confronté Louis Howe à propos des agents communistes qu'il avait vu rencontrer Howe à la Maison Blanche.

Au cours de la guerre, le Major George R. Jordan était l'officier en charge du contrôle du programme de prêt-bail sur la base aérienne de Gore Field à Great Falls dans le Montana. En 1952, il publia un livre *Major Jordan's Diary/Journal du Major Jordan*, dans lequel il révéla que les États-Unis fournirent à la Russie les instructions techniques et les matériaux combustibles pour former la bombe atomique. Clairement, le scandale autour de l'espion Rosenberg fut conçu pour couvrir cet acte de haute trahison.

D'après Antony Sutton (*Wall Street et la Révolution Bolchévique*), la Révolution Bolchévique fut financée par les banquiers internationaux. En 1917, Trotski et 200 révolutionnaires furent littéralement transportés des quartiers du Lower East Side de New York à Saint Petersbourg pour fomenter la révolution.

Quel est le sens de tout ceci ?

Premièrement, nous devons reconnaître que le capital monopolistique comporte une affinité avec le Communisme. Les deux sont les ennemis de la libre concurrence. Un gouvernement communiste peut donner aux cartels le contrôle des matières premières et des marchés. Il peut leur accorder de gros contrats et s'endetter à l'infini auprès d'eux. Un gouvernement communiste peut organiser le contrôle social de manière à garantir et à protéger la concentration de la richesse. Chaque secteur de l'économie US est maintenant contrôlé par une poigné de cartels. Se pourrait-il que nous expérimentions le Communisme par le monopole privé en lieu et place du contrôle étatique public ?

Est-ce une coïncidence si le terme Communiste de « politiquement correct » est aujourd'hui passé dans le langage courant ?

Deuxièmement, ça n'est un secret pour personne (excepté pour les médias de masse) que les banquiers sont en train d'établir un « gouvernement mondial » qu'ils contrôlent. Cela nécessite que la souveraineté nationale et la démocratie soient éliminées.

Au cours de la Première Guerre mondiale, les banquiers détruisirent la Russie Tsariste et continrent les aspirations nationales de l'Allemagne ; après la Seconde Guerre mondiale, ils achevèrent l'Allemagne et donnèrent tous pouvoirs à la Russie Communiste.

Que pouvons-nous faire ? Je me demande si une révolte fiscale n'est pas la solution. Après tout la loi ayant institué la Réserve Fédérale est inconstitutionnelle. L'IRS (l'impôt sur le revenu) n'est rien d'autre qu'une entité collectrice de la Réserve Fédérale. Notre argent de contribuable leur revient directement. La Guerre d'Indépendance débuta par une révolte fiscale. Les américains en ont-ils encore le courage ?

Hitler testa des bombes atomiques

Saviez-vous que les Nazis testèrent trois bombes atomiques entre 1944 et 1945 ?

Je ne le savais pas non plus et pourtant je me considère comme relativement bien informé. Cette révélation importante existe mais bien peu de gens sont au courant.

Le fait que les détails soient encore maintenus secrets m'a rendu suspicieux.

Ils ne veulent apparemment pas qu'on se pose ce genre de question : « Si les Nazis maitrisaient ce genre de technologie de pointe, pourquoi n'en ont-ils pas fait usage ?

Parce que la réponse nous conduirait tout droit à « l'affreux secret » de la Seconde Guerre mondiale : Hitler était un agent Illuminati. Sa mission était de mener l'Allemagne à sa perte.

Certes, ces bombes étaient de simples armes combinant des explosifs conventionnels et nucléaires, mais elles provoquaient des ondes de choc et une lumière aveuglante. L'une d'entre elles tua 500 prisonniers de guerre Russes utilisés comme cobaye. 126,000 barils de déchets nucléaires ont été récemment découverts dans une mine de sel allemande.

La question demeure. Hitler a-t-il délibérément retardé ou entravé le développement de l'arme nucléaire, jusqu'à ce qu'il soit trop tard pour s'en servir ? Je n'ai pas trouvé de preuve formelle, mais il y a des précédents avec d'autres technologies militaires de pointe.

LES V-2

Par exemple, en 1944, les SS entreprirent la production des missiles balistiques V-2. Werner Von Braun fut arrêté et condamné pour avoir retardé son développement. Il fut relâché lorsqu'Himmler s'aperçut qu'Hitler avait mis son veto aux demandes de Von Braun pour acquérir des ressources supplémentaires en 1943. (Source : le documentaire *Assignment for Mussolini*)

Dans ses mémoires Albert Speer écrivit : « à la fin de l'automne de 1939, Hitler raya le projet de missile de sa liste des projets urgents et interrompit également sa fourniture en main d'œuvre et en matière premières. Par un accord tacite avec le service de l'armement militaire, j'ai poursuivi la construction des installations de Penemunde sans son autorisation – une liberté que probablement personne d'autre que moi n'aurait pu se permettre. »

Plus de 5000 V-2 furent lancés sur l'Angleterre. Cependant seuls 1100 d'entre eux l'atteignirent. Ces fusés tuèrent 2724 personnes et en blessèrent sérieusement 6000. Evidemment, il y avait un décalage entre le système de gestion et de « lancement ». Mais que serait-il advenu si des V-2 avaient transporté ces bombes nucléaires rudimentaires ?

LES JET DE COMBAT

L'Allemagne possédait des jets de combat avant tout le monde. Le Messerschmitt 262 pouvait voler presque deux fois plus vite qu'un avion conventionnel. L'Allemagne en produisit 1400 exemplaires mais seuls 300 d'entre eux furent utilisés au combat. Leur usage intensif aurait pu contrecarrer les bombardements alliés.

Mais Hitler nourrissait d'autres plans. Dans son *Memoirs*, Albert Speer prétend qu'Hitler avait originellement bloqué la production massive du Me 262 avant de finir par accepter au début 1944. Il rejetait l'argument que ce type d'avion puisse être plus efficace pour combattre les bombardiers alliés, et préférait un genre de bombardier pour lancer des représailles.

D'après Speer, Hitler pensait que par sa vitesse supérieure, il ne pouvait pas être attaqué, et préférait ainsi le garder pour des vols en haute altitude sans escale. (p. 363)

UN TRAITRE

La reluctance d'Hitler à recourir à une technologie cruciale vient accroitre nos soupçons selon lesquels il aurait n'été qu'un agent Illuminati et un traitre. Si Hitler avait été sincère dans son désir de conquérir le monde, que pouvait-il bien y avoir de plus important que les armes nucléaires ? Tout spécialement lorsqu'il possédait ce type de missile pour atteindre New York City.

Une des raisons supposée de la conquête de la Russie par Hitler était de convaincre l'Angleterre de faire la paix. Une menace nucléaire aurait pu la persuader plus rapidement, et surtout plus facilement.

La Seconde Guerre mondiale, toutes les guerres en fait, sont orchestrées. La mission d'Hitler n'était pas de gagner la guerre, mais de provoquer l'extinction de l'esprit allemand. Sa mission était de discréditer tout ce qu'il représentait, tout particulièrement la race et la nation.

Et dans ce domaine, ce fut une réussite complète.

NOTES

Le journal *Der Spiegel* cite *Hitler's Bombe* de Rainer Karlsch.

« Un autre preuve concluante citée par Karlsch, est un rapport du renseignement militaire soviétique daté de mars 1945. D'après une « source fiable », les allemands

« effectuèrent deux essais en Thuringe ». Les espions soviétiques écrivaient que les bombes contenaient de l'uranium 235, un composant essentiel des armes nucléaires, et produisait un effet « hautement radioactif ». Les prisonniers de guerre vivants au centre de la détonation furent tués, « et dans la plupart des cas leurs corps furent complètement détruits. »

Luigi Romersa, un ancien reporter de guerre pour un journal de Milan, le *Corriere della Sera,* visita Hitler en octobre 1944 et s'envola à ses côtés sur une île de la mer baltique. Romersa raconte qu'il fut conduit dans un abri d'où il aperçut une explosion produisant une lumière éclatante, et que des hommes portant des combinaisons de protection les escortèrent hors du site, en lui disant que ce qu'ils avaient vu était une « bombe à fission ».

http://www.spiegel.de/international/spiegel/the-third-reich-how-close-was-hitler-tothe-a-bomb-a-346293.htm

Livre Cinq

Histoire Cachée II
(Communisme, Franc-maçonnerie
& autres)

La Terreur Rouge : ce qui attend l'Amérique

Par James Perloff

Les mêmes banquiers Illuminati responsables de la Révolution Bolchévique et les plus grands meurtriers de masse de l'histoire humaine, contrôlent aujourd'hui les États-Unis.

L'Amérique est-elle sur le point d'expérimenter une nouvelle vague de « Terreur Rouge » ? Certains signes sont effrayants :

- Habilité par le « patriot Act, le Homeland Security Department (département de la sécurité intérieure – Ministère de l'intérieur) pourrait devenir une Tcheka (police secrète) et les camps de détention de la FEMA, un autre archipel du goulag. L'année dernière cette administration a fait les gros titres en passant commande de 1,6 milliard de munition – assez pour tuer 5 fois chaque américain.

- Les révélations d'Edward Snowden au sujet de la NSA (espionnant le monde entier)

- L'Executive Order 13603 donne au président le pouvoir de prendre le contrôle de toutes les ressources nationales, publiques et privées, et d'imposer la loi martiale.

- NDAA 2014 donne à l'armée le pouvoir de détenir indéfiniment les citoyens américains sans chef d'accusation ni procès.

- Pour faciliter la réduction en esclavage, les Bolchéviques bannirent la possession d'armes. Leur guerre contre le peuple était devenue celle des « mitraillettes contre les fourches ». Bien que les américains ne soient pas encore désarmés, la pression pour bannir le port d'arme n'a jamais été aussi forte, tandis que les manipulations orchestrées de « tireurs fous isolés » ont augmenté. En général, le terrorisme sous faux drapeau comme le 11/09 et Boston démontre un mépris général pour le peuple.

- Nous n'en sommes pas encore à raser les Églises, mais les médias ne cessent de diaboliser les Chrétiens tandis que les cours de justice suppriment de plus en plus chaque jour l'expression religieuse.

- L'armée américaine est entrainée à considérer les Chrétiens comme des extrémistes et des terroristes.

- Le génocide n'est pas explicite, mais les injonctions de l'élite à propos du contrôle des populations révèlent le projet se tenant derrière la légalisation de l'avortement, l'HAARP, les OGM et les campagnes de vaccinations obligatoire.

Rien de tout ceci ne devrait nous surprendre : le réseau maçonnique Illuminati Rothschild qui régnait en 1917, règne encore aujourd'hui.

LA TERREUR ROUGE

En 1992, le journal *Literaturnaya Rossiya* a estimé que par la famine et la guerre civile y compris, le Communisme Soviétique avait fait 147 millions de morts. Même en acceptant le chiffre plus modéré de l'ouvrage publié par l'Harvard University Press, *Le Livre Noir du Communisme*, selon lequel le Communisme n'aurait entrainé le massacre que de « seulement » 100 millions d'âmes à travers le monde – ce que ces meurtres représentent est au-delà du soutenable. Staline est connu pour avoir déclaré : « un mort est une tragédie ; un million une statistique ».

En décembre 1917, les Bolchéviques mirent en place leur instrument de terreur, la Tcheka (le précurseur du KGB). Lina écrit : « Les listes de ceux qui étaient fusillés et exécutés étaient publiées dans l'hebdomadaire de la Tcheka. De cette manière, il peut être prouvé que 1,7 million de gens furent exécutés pendant la période 1918-1919. Une rivière de sang coula à travers la Russie. La Tcheka dût même recruter des compteurs de cadavre. » (*Under the Sign of the Scorpion*) Par contraste, sous les Tsar, 467 personnes furent exécutées entre 1826 et 1904.

Trotski déclara : « Nous devons transformer la Russie en un désert peuplé de Nègres blancs sur lesquels nous imposerons une tyrannie telle, que le plus terrible des despotes orientaux n'en a jamais rêvé... Ce sera une tyrannie rouge, et non blanche. »

« Nous employons la couleur « rouge » à dessein, parce que nous verserons de tels fleuves de sang, que toutes les pertes humaines des guerres capitalistes feront pâle figure en comparaison. Les banquiers les plus importants de l'autre côté de la planète nous apporterons leur concours. »

« Si nous gagnons la révolution, nous établirons le pouvoir du Sionisme sur les ruines fumantes de la révolution, et nous détiendrons une puissance devant laquelle le monde entier se prosternera. Nous montrerons ce qu'est le véritable pouvoir. »

« Par la terreur et les bains de sang, nous réduirons l'intelligentsia Russe à un état de complète idiotie, proche de l'animalité... En ce moment, nos jeunes au blouson de cuir, qui sont les fils des horlogers d'Odessa, Orsha, Gomel et Vinnitsa, savent comment haïr tout ce qui est Russe ! Quel plaisir ils prennent à détruire physiquement l'intelligentsia Russe – ses officiers, ses professeurs et ses écrivains ! » (*Memoirs of Aron Simanovich*, cité par Vladimir Stepins dans *The Nature of Zionism*, Moskva, 1993, traduit du russe en anglais par Clive Lindhurst)

Lina écrit : « 1,695,604 personnes furent exécutées de janvier 1921 à avril 1922. Parmi ces victimes se trouvaient des archevêques, des professeurs, des docteurs, des officiers, des policiers, des gendarmes, des avocats, des fonctionnaires, des journalistes, des écrivains, des artistes... »

Les Bolchéviques considéraient l'intelligentsia comme la plus grande menace à leur dictature. Cela jette une lumière particulièrement révélatrice sur le mot magique marxiste de « prolétariat ». Les Illuminati savent que les nations sont plus faciles à réduire en esclavage si seuls les paysans et les éleveurs demeurent. Mais même le prolétariat ne fut pas épargné. La Tcheka supprima des centaines de milliers de paysans qui se soulevaient, exécutant ces victimes en tant que « contre-révolutionnaires ».

Des tortures sataniques accompagnaient souvent les massacres. Beaucoup de prêtres furent crucifiés. Certaines victimes avaient les yeux arrachés, leur membres arrachés, ou faisaient face à toutes sortes de mutilations tandis que les prochaines victimes étaient forcées de regarder.

Bien que la Russie avait été le « grenier du monde », plus de cinq millions de russes moururent de faim au cours de la famine de 1921-22. Cela n'était en rien de « l'inefficacité socialiste », mais bien un génocide par confiscation de grain.

Au cours de l'Holodomor (1931-1932), Staline fit périr 7 millions d'Ukrainien, y compris 3 millions d'enfants, en donnant l'ordre de confisquer toutes les denrées, comme punition pour avoir résisté à la collectivisation des fermes. Les brigades communistes passaient de maisons en maisons, démolissant les murs à coup de haches en cherchant la nourriture dissimulée.

Au sein des goulags Soviétiques (camps de concentration), des millions de russes ont péris. Alexandre Soljenitsyne estime que rien qu'au cours de la « grande purge » de Staline de 1937-38, deux millions de personnes moururent au goulag.

« LES DÉFENSEURS DU PEUPLE »

Pendant ce temps, les Bolchéviques vivaient royalement. Lénine, qui occupait le domaine du Grand-Duc Sergei Alexandrov, déposa 75 millions de franc sur un compte Suisse en 1920. Trotski, qui vivait dans un château confisqué au prince Felix Yousoupov, possédait plus de 80 millions de dollars sur des comptes en banque aux États-Unis. Les gradés de la Tcheka mangeaient dans des assiettes en or. Le Communisme ne fut jamais qu'un gigantesque pillage masqué par des slogans démagogiques et de

Le Juif Illuminati Secrétaire d'État, John Kerry en train de faire le salut Communiste du poing fermé lors d'une conférence du NAACP en 2008.

l'idéologie. L'argent et les bijoux étaient confisqués des habitations sous la menace des armes.

Lénine et Trotski engraissèrent largement leurs maitres banquiers. Jyri Lina écrit : « En octobre 1918, des banquiers Juifs de Berlin reçurent 47 caisses remplies d'or en provenance de la Russie, pour un total de 3125 kilos d'or. » Le Grand Orient de France refit la décoration de sa loge de Paris grâce à l'argent envoyé par Lénine en 1919. À New-York, Loeb reçut, rien que dans la première moitié de 1921, 102 millions de dollars de richesses russes. » (*Sous le Signe du Scorpion*, 278)

Les Bolchéviques étaient à majorité Juifs – cela n'est pas surprenant lorsqu'on considère le lien multiséculaire entre les Juifs Kabbalistes, la Franc-maçonnerie et la Révolution. Je constate cela de manière objective, sans antisémitisme. Je suis moi-même à moitié Juif ; mes grands-parents paternels ont émigré de Russie en 1904.

Dans *Les Derniers Jours des Romanov (1920)*, Robert Wilton, le correspondant du *Times* en Russie, établi une liste nominative de chaque personne composant le gouvernement Bolchévique. La majorité d'entre eux était d'origine juive.

En 1922, le *Morning Post* publia une liste des 545 hauts fonctionnaires de l'administration Soviétique ; 477 d'entre eux étaient Juifs, 30 d'origine russe. Le terme de « Révolution Russe » n'était qu'un abus de langage...

Léon Trotski (de son vrai nom Lev Bronstein) était un Juif Ukrainien. Il fit adopter par l'Armée Rouge le symbole kabbalistique de l'étoile à cinq branches. À New-York, Trotski était membre du B'nai B'rith – l'ordre maçonnique exclusivement Juif –tout comme son richissime protecteur et sponsor, le banquier Jacob Schiff. Jyri Lina a découvert les preuves démontrant que Schiff avait ordonné le meurtre du Tsar et de la famille royale.

Sous Lénine, l'antisémitisme devint un délit passible de la peine capitale. Les Bolchéviques détruirent 60,000 églises, beaucoup d'entre elles devinrent des latrines ou des musés de l'athéisme. Pourtant les Synagogues de la Russie furent curieusement épargnées.

Les Juifs dominaient au sein de la Tcheka. Lina établi la liste de 15 directeurs de goulag (*Sous le Signe du Scorpion*, p.310). La Tcheka ciblait les classes sociales et les ethnicités : la « bourgeoisie » ; les « koulaks » (les propriétaires terriens) ; et les Cosaques, dont le Comité Central déclarait qu'ils devaient être exterminés et physiquement éliminés jusqu'au dernier. » Ils essayèrent d'éradiquer la culture russe, renommant Petrograd et Tsaritsyn après cette Révolution de psychopathes. En Ukraine, les Bolchéviques confisquèrent les costumes nationaux traditionnels. La disparition du nationalisme est le prérequis du Nouvel Ordre Mondial Illuminati.

Malgré les allégations déclarant que la domination Juive prit fin sous Staline, en 1937, 17 membres présidents sur 27 étaient toujours Juifs, et 115 Commissaires du Peuple sur 133 l'étaient également. Staline se retourna contre les Sionistes en 1949, persécutant lourdement les Juifs au cours de l'année 1952, avant d'être finalement empoisonné.

Depuis Bela Kun en Hongrie, à Rosa Luxembourg en Allemagne, aux époux Rosenberg en Amérique (les espions atomiques), en passant par Karl Marx lui-même, les Juifs figuraient indéniablement de manière disproportionnée parmi les communistes. Cette observation ne vise pas à stigmatiser les Juifs. Mais pourquoi les victimes du Communisme sont-elles forcées de s'assoir à l'arrière du bus de l'Holocauste ?

Pourquoi nous bassine-t-on avec la Nuit de Cristal, mais jamais avec le fait que les Bolchéviques détruisirent 60,000 églises et massacrèrent 300,000 prêtres ?

Pourquoi l'historien David Irving fut-il emprisonné pour avoir défié la version officielle de la Shoah, tandis que le correspondant du New-York Times Walter Duranty nia l'Holodomor Ukrainien et fut récompensé par le Prix Pulitzer ?

Pourquoi aucune Anne Frank Ukrainienne n'est-elle honorée dans les films ? Ne sont-elles pas toutes deux des enfants de Dieu ? La réponse à ces questions désigne une vérité sous-jacente : les descendants politiques des gens responsables de ces atrocités, contrôlent le monde d'aujourd'hui.

CONCLUSION

Gardons espoir, mais préparons-nous quand même pour le pire.

Avec son expérience du Goulag, Alexandre Soljenitsyne écrit :

« Et comme nous brulions *de rage dans les camps plus tard, en pensant : que serait-il advenu si chaque officier, lorsqu'il s'en allait la nuit faire des arrestations, avait su qu'il ne rentrerait pas vivant et devait dire adieu à sa famille ?*

Ou si au cours des arrestations massives, comme par exemple celle de Leningrad, lorsqu'ils interpelèrent un quart de la ville, les gens n'étaient pas seulement restés là dans leur tanière, pâlissant de terreur au moindre bruit de porte et au moindre pas dans l'escalier, mais avaient compris qu'il n'y avait plus rien à perdre et s'étaient rués dans la rue pour tendre une embuscade en se servant de haches, de marteaux, et de tout ce sur quoi il pouvait mettre la main ?

Les soldats auraient bien vite souffert d'un manque d'effectif, et malgré la soif de sang de Staline, la machine diabolique aurait pu être arrêtée ! Si... Si... Nous n'aimions pas assez la liberté. Et même davantage – nous n'avions aucune conscience de la véritable situation... Nous avons purement et simplement mérités tout ce qui s'est produit ensuite. »

James Perloff est l'auteur de *Truth is a Lonely Warrior/La Vérité Est Un Guerrier Solitaire*, un récit de la volonté satanique présidant à l'établissement du Nouvel Ordre Mondial.

Le Judaïsme Totalitaire sert de modèle au Nouvel Ordre Mondial

« *Certains l'appelle du Communisme, moi je le désigne par son nom véritable : le Judaïsme.* » - Le rabbin Stephen Wise.

« *L'anticommunisme est de l'antisémitisme.* » Jewish Voice, Juillet-Août 1941.

Nous avons récemment appris que la NSA surveillait nos échanges et nos moindres déplacements.

La sécurité n'est qu'un prétexte, car la plupart des actes terroristes sont perpétrés par l'État.

D'où provient ce désir de dominer et d'exploiter les autres ?

Le livre d'Israël Shahak, *Histoire Juive, Religion Juive* (1986) fournit la réponse. C'est la manière dont un culte satanique se comporte. Depuis le IIème siècle jusqu'aux alentours du XVIIIème siècle, les Juifs étaient sous la botte de leurs rabbins et de leurs dirigeants richissimes. Ils constituaient une « société en vase clos... une des sociétés les plus totalitaire de toute l'histoire de l'humanité. » (14-15)

Shahak (1933-2001) était un professeur de chimie à la retraite ayant enseigné à l'université hébraïque de Jérusalem. Il est arrivé en Israël en 1945, a servi dans l'armée israélienne puis étudié l'histoire et la religion juive en hébreu.

Son livre révèle que le Judaïsme Kabbalistique est le modèle sur lequel repose le Communisme et le Nouvel Ordre Mondial, à part qu'aujourd'hui tout le monde est en train d'être réduit en esclavage.

Depuis l'Empire Romain, le Judaïsme s'est préservé par la coercition et la violence physique. Les cours de justice rabbiniques infligeaient les amendes, les flagellations, les peines de prison et même la peine de mort pour les Juifs qui transgressaient la moindre des centaines de lois triviales gouvernant chaque aspect de leur vie quotidienne. « Les femmes juives qui cohabitaient avec les Gentils avaient leur nez coupé par les rabbins... Au cours des disputes religieuses, ceux qui étaient désignés comme hérétiques avaient leur langue coupée. »

Les rabbins et les riches juifs faisaient alliance avec l'aristocratie des Gentils qui appliquaient cette tyrannie et en partageaient les profits. Ils exploitaient les juifs pauvres et les paysans de la même manière. Les riches Juifs prospéraient toujours au sein des régimes féodaux oppressifs, parce qu'en tant que bureaucrates, baillis et fermiers généraux, ils servaient d'intermédiaire pour exercer l'oppression envers les paysans.

UNE SOCIÉTÉ EN VASE CLOS

D'après Shahak, le Judaïsme classique fut inspiré par l'image de Sparte telle qu'elle fut décrite dans les *Lois* de Platon en 942. Le Judaïsme a adopté les objectifs décrits par Platon dans le passage suivant :

Le principal est que personne, homme ou femme, ne doit jamais se trouver affranchi de la tutelle d'un officier, et que personne ne doit jamais prendre l'habitude mentale, même pour plaisanter, de sa propre responsabilité individuelle. En temps de paix comme à la guerre, l'individu doit toujours vivre les yeux fixé sur son officier supérieur... en d'autres termes, nous devons former les esprits à ne jamais considérer d'agir en tant qu'individu, ni même de savoir comment le faire. (Shahak, p.13)

Shahak explique que les termes de « rabbin » et d'« officier » sont interchangeables. Dans le Communisme, les fils de rabbins ont établi une nouvelle religion mondiale qui reflétait le fanatisme et l'oppression du Judaïsme classique.

Après avoir visité la Russie bolchévique en 1920, Bertrand Russel écrivit à Lady Ottoline Morrell : « Le bolchévisme est une bureaucratie tyrannique en vase clos, doté d'un système d'espionnage encore plus élaboré et terrible que celui du Tsar, et d'une aristocratie tout aussi insolente et impitoyable, composée de Juifs américanisés. Aucun vestige de liberté ne demeure, ni en pensé, ni en parole, ni en acte. » (*The Autobiography of Bertrand Russel*, p.354)

Shahak explique qu'Israël est aussi une « société fermée » franchement consacrée à la suprématie juive et la haine des non-juifs. La culture juive écarte tout examen de conscience honnête pour éviter que le véritable caractère maléfique du Judaïsme ne soit révélé.

Shahak écrit : « Le Judaïsme classique ne montre que peu d'intérêt à se révéler ou à s'expliquer auprès de ses adeptes... Le premier livre de l'histoire juive (traitant de l'histoire ancienne) fut promptement banni et supprimé par les plus hautes autorités rabbiniques... En conséquence, il y a ne serait-ce que 200 ans, la vaste majorité des Juifs se trouvaient complètement ignorants au sujet de l'histoire juive et de celle de l'État de la juiverie contemporaine ; et ils étaient plutôt satisfaits de le rester... Les études juives sont constituées de polémiques contre un ennemi externe plutôt que de débats internes... Lorsqu'une société entière tente de retourner au totalitarisme, une histoire totalitaire est écrite. » (p. 20-22)

De la même manière, l'Occident retourne vers ce totalitarisme. L'Occident est un mini-Israël ou le discours dominant est étroitement encadré et contrôlé. Les experts qui s'écartent de la ligne du parti sont virés ou réduits au silence. Nous sommes devenus des Juifs sous la botte du Judaïsme (c'est-à-dire le Communisme).

D'après Shahak, le Judaïsme est constitué d'observances inutiles et de rituels formalistes, plutôt que de moralité ou de foi. Le Communisme est une doctrine entièrement d'origine Talmudique. Le Talmud régule « chaque aspect de la vie Juive, à la fois sur le plan individuel et social... avec les sanctions et les punitions adéquates pour tout infraction à la règle. » (Shahak, p. 40)

Loin d'être de nature monothéiste, l'Ancien Testament inclue l'existence de beaucoup de Dieux. La Kabbale contient beaucoup de cultes et de prières destinés à se concilier Satan.

QU'EST-CE QUE LE COMMUNISME ?

L'initié Christian Rakovski a expliqué que les banquiers Illuminati ont créé l'État Communiste comme « une machine de pouvoir total » sans précédent dans l'histoire humaine.

Par le passé, à cause de multiples facteurs, « il y avait toujours une place pour la liberté individuelle. Comprenez-vous que ceux qui règnent déjà partiellement sur les nations et les gouvernements du monde *ont des prétentions à la domination absolue ?* Comprenez bien que c'est la seule chose à laquelle ils ne sont pas encore parvenus. »

Le « Communisme » est un outil de concentration de toute la richesse et de tout le pouvoir entre les mains du cartel des banques centrales (les Rothschild et leurs alliés), en déguisant ce pillage derrière la façade de l'État.

Le cartel des banques centrales représente le monopole ultime. Il jouit d'un monopole exclusif sur le crédit des gouvernements. Son but est de convertir ce monopole en un monopole exclusif sur tout – la politique, la culture, l'économie, la religion. Un gouvernement unique = monopole de Rothschild = Communisme.

A l'insu de la plupart des Juifs et des Gentils, le Judaïsme n'est pas la religion de l'Ancien Testament que la majorité des gens s'imaginent. Tous les cultes sataniques revêtent un masque de respectabilité. Tout comme ses émanations : le Communisme, le Sionisme et la Franc-maçonnerie, le Judaïsme est basé sur le Talmud et la Kabbale, qui cherche à supplanter Dieu et à redéfinir la réalité. Seuls les « initiés » sont au courant de ce secret.

CONCLUSION

Le but du Nouvel Ordre Mondial est d'introniser l'humanité au Judaïsme qui n'est que du Satanisme déguisé en « laïcité ». Ce culte satanique est le modèle pour tout ce qui préside aux changements dont nous sommes les témoins. Telle est l'explication de l'intrusion dans nos vies privées par la NSA, et les « massacres » organisés et mis en scène dans le but de confisquer les armes des citoyens américains.

La Juiverie Organisée est le cheval de Troie de ce plan de conquête, mais grâce à la Franc-maçonnerie, la plupart des gouvernements, des religions et toute autre forme d'organisations ont été également subvertis. L'accusation d'antisémitisme est une alarme factice conçue pour détourner le blâme des banquiers Illuminati et des Francs-maçons de haut rang, sur les Juifs innocents. La plupart d'entre eux sont aujourd'hui abusés, trompés, manipulés, et compromis.

Pendant la plus grande partie de leur histoire, les Juifs furent maintenus mentalement et physiquement en captivité par le Judaïsme. Le NOM est une recrudescence de cette tyrannie satanique, pas seulement pour les Juifs mais pour l'humanité dans son ensemble. Selon les propres termes de Shahak : « Israël et le Sionisme sont un retour au rôle ancestral du Judaïsme classique, cette fois-ci au sens large à l'échelle mondiale... »

« La voie vers une véritable révolution au sein du Judaïsme – pour le rendre humain et permettre aux Juifs de comprendre leur propre passé, afin de leur permettre de se rééduquer en échappant à cette tyrannie – repose sur une critique implacable de la religion Juive. » (p. 74)

Un banquier Illuminati dévoile leur méthode de contrôle

Dans un moment de franchise après la 1ère guerre mondiale, Otto Khan, un dirigeant de la banque Kuhn Loeb, explique que les banquiers kabbalistes « refont » le monde en créant des conflits artificiels puis en en déterminant le résultat à l'avance. Il parle notamment de deux guerres mondiales, de la guerre froide, et de la « guerre contre le terrorisme » sans parler de la division bidon « gauche-droite » qui maintient l'Amérique [ou la France] dans l'impasse.

Otto Kahn (1869-1934) était un partenaire de Jacob Schiff et de Paul Warburg chez Kuhn Loeb, la banque d'investissement la plus influente des Etats-Unis. Il est ainsi intéressant de rappeler ce qu'il a dit à propos de la stratégie juive Illuminati.

Otto Kahn

Dans son livre *Geneva versus Peace* (1937), le Comte de Saint-Aulaire, qui était l'ambassadeur français à Londres, relate une conversation avec Otto Kahn lors d'un dîner peu de temps après la Première Guerre mondiale. Cet exposé choquant est rapidement en train de disparaître dans les « oubliettes de l'histoire. »

S'entendant demander pourquoi les banquiers protègent le bolchevisme, un système soi-disant hostile à la propriété privée, Kahn a tiré sur son énorme cigare et a expliqué que les banques sont génératrices d'idéologies apparemment contraires leur servant à « refaire le monde », en fonction de leurs propres spécifications :

« Vous dites que le Marxisme constitue l'antithèse même du Capitalisme, qui est tout aussi sacré à nos yeux. C'est précisément pour cette raison, étant directement opposés l'un à l'autre, qu'ils ont déposé entre nos mains les deux pôles de la planète nous permettant ainsi d'en devenir l'axe. Ces deux opposés apparemment contraires, comme le bolchevisme et nous-mêmes, trouvent leur identité commune dans l'Internationale. [Il parlait vraisemblablement du Komintern.]

« Ces opposés... se rejoignent à nouveau dans leur but identique et aboutissent à la refonte du monde par le haut grâce au contrôle des richesses, et par le bas grâce à la révolution. »

« Notre mission consiste à promulguer une loi nouvelle et à présider à la création d'un Dieu... en l'identifiant à la nation d'Israël, qui est devenue son propre Messie... »

« Notre dynamisme essentiel utilise les forces de la destruction et les forces de la création, en usant la première au service de la deuxième. Notre organisation de la révolution est attestée par le bolchevisme destructeur et notre œuvre de construction est illustrée par la Société des Nations, qui est également notre œuvre. »

« Le bolchevisme est l'accélérateur tandis que la Société des Nations constitue le frein du mécanisme dont nous fournissons à la fois la force motrice et la puissance de direction. Quel est ce but ? Celui étant déjà déterminé par notre mission formée d'éléments disséminés dans le monde entier, mais néanmoins réunis par la flamme de notre foi en nous-mêmes. Nous sommes une Société des Nations qui contient les éléments de toutes les autres... Israël est le microcosme et le germe de la cité future. »

Ces gens qui prétendent prendre la place de Dieu sont des Satanistes. Les satanistes redéfinissent la réalité et la morale, en les inversant. Ils cherchent un monopole politique, économique et culturel mondial institutionnalisé dans un gouvernement mondial.

Ce projet démoniaque s'accompli grâce à un processus dialectique hégélien générant des antagonismes (thèse – antithèse) pour l'obtention d'une synthèse correspondant à leurs objectifs. Au cours de ce processus, les opposants potentiels sont éliminés.

LA DIALECTIQUE COMMUNISME – CAPITALISME

Dans la révélation de la *Symphonie Rouge*, l'initié Christian Rakovski a montré comment le Communisme et le Capitalisme ont fait partie de ce processus dialectique. Dans un cas comme dans l'autre, le cartel bancaire Juif Illuminati contrôle toute la richesse et le pouvoir.

« A Moscou, vous avez le Communisme ; à New York, le Capitalisme. Ils constituent la thèse et l'antithèse. Analysons les deux. Moscou, est l'exemple d'un Communisme subjectif, mais [objectivement] il s'agit de Capitalisme d'État. New York est l'illustration d'un Capitalisme subjectif, mais objectivement il relève d'un mode de fonctionnement Communiste. Leur synthèse débouche sur la vérité : la Finance Internationale, le Communisme Capitaliste et ses promoteurs : « Eux. »

En URSS, l'État détenait les sociétés et les banquiers possédaient l'État, c'est à dire qu'il s'agissait bien de Capitalisme d'État. Les États-Unis présentent également les traits des objectifs Communistes parce que les mêmes banquiers contrôlent la plupart des sociétés, et que ces sociétés contrôlent l'Etat.

Bien sûr, tout cela s'accorde parfaitement avec la célèbre citation de Rowan Gaither, président de la Fondation Ford, qui déclarait en 1954 : « Nous opérons sous les directives émanant de la Maison Blanche... Ces directives ont pour but d'utiliser les pouvoirs nous étant conférés pour modifier la vie aux États-Unis, de façon à ce que nous puissions confortablement les fusionner avec l'Union Soviétique. »

FINALEMENT

Nous vivons les dernières étapes d'un complot à long terme fomenté par une kabbale de banquiers Juifs et leurs laquais maçonniques visant à ériger un état policier mondial, afin de nous contrôler par la ruse et la force (leurs mots d'ordre). Tout ceci a été accompli par un « processus dialectique artificiel », dont les meilleurs exemples sont la Seconde Guerre mondiale et la prétendue Guerre Froide, où ils ont fabriqué et financé les adversaires des deux camps.

Sur le plan intérieur, la dialectique Illuminati se reflète avec George Soros qui finance la gauche, et les frères Koch qui financent et contrôlent la droite. Ils sont tous deux des juifs Illuminati. L'extrême gauche et l'islamisme sont également financés par des sociétés au travers de la fondation Tides. Vous pouvez parier que ce financement s'étend au contrôle des médias par la propriété ou la publicité. Cela vaut également pour les universités, les fondations et les think tanks.

Des manifestations de masse comme *Occupy Wall Street* font partie de cette fausse dialectique. Ce serait crédible s'ils exigeaient : (1) La nationalisation de la Fed, la création monétaire sans dette et l'abandon de la dette nationale créée par un simple jeu d'écriture. (2) Une enquête indépendante sur le 11 Septembre et la poursuite des responsables de l'attentat et de sa dissimulation. (3) Que toutes les campagnes politiques nationales soient financées par l'État. Pour le prix d'un croiseur de combat, nous pourrions avoir une véritable démocratie. (4). Que les monopoles médiatiques soient dissous. (5). Que cesse les interventions de l'OTAN (Rothschild). En l'état, la résistance populaire est un jeu de guignols manipulé par les banques.

J'espère me tromper, mais je crois que la Russie de Poutine fait partie de cette stratégie de contrôle. Il en va de même pour l'Iran et même la Chine. Souvenez-vous qu'Hitler a été porté au pouvoir par les Illuminati. La Russie possède une banque centrale contrôlée par Rothschild. Il faut deux côtés pour justifier la guerre et les dépenses qui en découlent...

Le Mouvement libertaire et les mouvements anti-communistes des années 1950 ont été financés et organisés de manière similaire. Nous n'avons pas de liberté politique réelle, tout comme nous n'avons pas de véritable culture. Tout est conçu pour faire avancer l'agenda du Nouvel Ordre Mondial, un monopole économique, politique et culturel total entre les mains des banquiers Illuminati.

Le conflit de 2014 en Ukraine est véritablement une dispute entre deux branches de la Franc-maçonnerie. La branche russe refuse d'accepter un rôle secondaire de subordination, c'est-à-dire qu'elle refuse d'être exploitée par la branche Sioniste (USA, Royaume-Uni, Europe). Elle revendique un statut égal avec l'Occident au sein du Nouvel Ordre Mondial, ainsi que le droit de restaurer le pouvoir et le prestige de l'ancienne URSS.

Geneva Versus Peace en ligne :

http://ia701207.us.archive.org/11/items/LesDerniersJoursDesRomanof/Geneva-Versus-Peace.pdf

Voir en ligne : *US Corporate Elite Funds radical Left and Islam*

http://www.henrymakow.com/americas_corporate_elite_funds.html

Les milliardaires sionistes qui contrôlent la politique

Le meilleur moyen de contrôler l'opposition est de la diriger soi-même
- Lénine

Je pense qu'il s'agit du vieux plan de domination mondiale sous une forme
nouvelle. Le pouvoir monétaire et le pouvoir révolutionnaire ont été affublés
de formes symboliques ('Capitalisme' ou 'Communisme') puis dotés de
citadelles définies ('Amérique' et 'Russie'). Tel est le spectacle présenté
aux masses. Mais, et si des hommes similaires, animés d'un but commun,
dirigeaient secrètement les deux camps et se voyaient accomplir leur ambition
à travers la confrontation de ces mêmes masses ? Je pense que tout étudiant
attentif de notre époque, découvrira que tel est bien le cas. - Douglas Reed

L'Agence de Presse Bloomberg News a révélé comment les frères Koch, des Sionistes milliardaires, finançaient les campagnes des gouverneurs (comme Scott Walker) réduisant le pouvoir des syndicats. Que nous soyons d'accord ou pas, ces milliardaires continuent de définir le discours politique en termes d'opposition Gauche-Droite, alors qu'il devrait être présenté comme une lutte entre le peuple et les Illuminati de Gauche comme de Droite.

Le numéro du 20 septembre 2010 du *New Yorker,* avait établi le profil de David et Charles Koch, intitulé : « Les frères milliardaires qui mènent une guerre contre Obama ».

D'après cet article de Jane Mayer, les Koch gèrent une pléthore de lobbies libertariens et de mouvements « d'extrême droite », à travers des think tank et des fondations qui à leur tour financent et dirigent le mouvement des Tea Party.

« La ferveur antigouvernementale des élections de 2010 représente un triomphe politique pour les Koch », écrit-elle. « En donnant de l'argent pour éduquer, financer et organiser les manifestants du Tea Party, ils sont parvenus à transformer leurs objectifs personnels en un mouvement de masse. »

Mayer néglige de mentionner que les Koch sont des cryptos Juifs, à la place elle essaie de les doter d'un « vernis goy ».

Le patriarche Fred Koch, un membre fondateur de la John Birch Societey, était une sorte de « John Wayne ». Il était le fils d'un imprimeur « hollandais » qui a élevé ses enfants « à la dure ». Il a appris la chasse en Afrique à ses quatre fils et les a formé aux « travaux de la ferme au sein du ranch familial. »

C'est alors assez étonnant d'apprendre que Fred et ses fils se trouvent sur la liste des milliardaires Juifs, et que Fred, le roi de la libre entreprise a fait fortune en construisant des raffineries pour le dictateur Juif communiste génocidaire Joseph Staline dans les années 30. La Birch Society est une institution Juive Illuminati de couverture.

Les gauchistes pleurnichent et se plaignent de ces « Rednecks » malfaisants qui s'opposent à l'Obamacare et au changement climatique, utilisant leur lobby pour réduire les impôts et l'interférence gouvernementale. Mais tout ça n'est qu'un écran de fumée.

La vérité, c'est que Jane Meyer travaille pour un autre milliardaire Juif, l'éditeur Sam Newhouse. Son boulot est de créer et d'entretenir l'illusion du libre débat démocratique. Entre les Sam Newhouse et George Soros à Gauche et les Koch et Rupert Murdoch à Droite, une demi-douzaine de milliardaires Juifs Illuminati (francs-maçons) parvient à circonscrire le discours politique de l'Amérique.

Ainsi, pendant que nous sommes occupés à nous disputer au sujet de l'interventionnisme gouvernemental, nous oublions la longue liste des choses sur lesquelles ces milliardaires sont d'accord : le Nouvel Ordre Mondial maçonnique, le pouvoir Juif maçonnique, Israël, le 11/09, la guerre bidon contre le terrorisme, les guerres en Irak et en Afghanistan, le sauvetage des banques par les contribuables, la politique d'immigration laxiste et « les droits des gays et des lesbiennes », c'est-à-dire la destruction du mariage et de la famille par la promotion des normes homosexuelles. Vous pouvez aussi parier sur le fait qu'ils sont d'accord sur l'émission monétaire privée, qui coute 220 milliard de dollars par an rien qu'en intérêts. Vous pouvez également être sûr qu'ils sont d'accord pour l'établissement d'un gouvernement mondial, afin que rien de tout cela ne puisse jamais être changé.

C'est pour cela que le dealer de crack et le garçon de bain Barack Obama, est notre président. C'est pourquoi l'alternative « conservatrice » est le Mormon Sioniste Mitt Romney. Les milliardaires de Sion s'esclaffent de rire devant la bêtise des goyim.

L'EMPIRE DES KOCH

Koch Industries est la deuxième entreprise privée la plus importante d'Amérique après Cargill.

D'après le *New Yorker*, « la compagnie a connu une croissance spectaculaire depuis que leur père, Fred, est décédé en 1967, et que les frères ont pris le relai. La compagnie s'est agrandie à un rythme incroyable : ses revenus sont passés de 100 millions de dollar en 1966 à 100 milliards en 2008 – une croissance de 1000%. Les Koch gèrent toute une industrie du raffinement pétrolier s'étendant de l'Alaska, en passant par le Texas et le Minnesota. Ils contrôlent quatre mille miles de pipeline. Koch Industries possède aussi Brawny, Dixie, Georgia-Pacific, Stainmaster, et Lycra, entre autres succursales. »

D'après le chercheur Yasha levine, une partie de cette croissance fut financée par la corruption : « William Koch, le troisième frère qui s'est brouillé avec Charles et David dans les années 80 au sujet du mode de management psychopathe de Charles, fit une apparition dans *60 Minutes* en novembre 2000 pour dire à la face du monde que Koch Industries est une entreprise criminelle :

« Le racket de Charles Koch est très simple », explique William. « Avec son immense réseau de pipeline, le rôle d'intermédiaire de Koch Industries se borne à acheter du brut et de le vendre aux raffineries, ce qui lui permet de voler des millions de dollars de pétrole en escamotant de petites quantités sur chaque transaction, ce qu'ils appellent dans le commerce du pétrole : « des mesures trichées ». D'après William, les puits situés sur les réserves amérindiennes furent les cibles principales de l'arnaque des Koch. »

Le montant estimé de ces pratiques frauduleuses est estimé à 230 millions de dollars.

FRED KOCH ET LA JOHN BIRCH SOCIETY

Les Juifs Illuminati richissimes et les Francs-maçons n'ont pas seulement créés le Communisme en Russie ; ils ont aussi créé l'anticommunisme aux États-Unis.

Fred Koch (1900-1967) était un ingénieur chimique ayant inventé un nouveau procédé de raffinement du pétrole. Il fut soi-disant écarté des USA par les Rockefeller et dut s'enfuir pour travailler pour le compte de Staline. Il construisit beaucoup de raffineries en Russie Soviétique et forma les ingénieurs russes pour les faire fonctionner. Il fut soi-disant désillusionné par le Communisme et devient un membre fondateur de la John Birch Society dans les années 1950.

Le problème c'est que d'après l'édition 1964-65 du *Who's Who*, ce militant « anticommuniste » s'en fut construire des raffineries en Russie et en Europe de l'Est dans les années 60. De surcroit, la John Birch Society fut créée par le Council on Foreign Relations, dont beaucoup de membres étaient des Francs-maçons recrutés par d'anciens écrivains Communistes.

Par exemple, le fondateur Robert Welch avait été membre du mouvement Communiste de la « Ligue pour la Démocratie Industrielle ». William Grede, Président du Conseil Exécutif de la JBS pendant des années, était un banquier de la Réserve Fédérale. Robert Love, le membre du Conseil d'Administration était un maçon du 32ème degré. William Macmillan était un membre du CFR. Les écrivains Eugène Lyon et Harold Varney travaillaient régulièrement pour le « Monde des Travailleurs », une organisation Communiste. (Helen Peters, *Is the JBS Subversive ?* juillet 1970)

Ralph Epperson était un de leurs porte-parole. Mais ils l'expulsèrent de la JBS lorsqu'il fit mention de la Franc-maçonnerie dans un de ses discours. La JBS ne veut pas que l'on mentionne la Franc-maçonnerie.

D'après Eustace Mullins, le fondateur Robert Welch était un franc-maçon du 32ème degré.

LA POLITIQUE EST UNE FARCE

L'initié Illuminati Harold Rosenthal a expliqué comment ils faisaient en sorte de dresser le monde du travail, la main d'œuvre (la Gauche) contre le patronat (la Droite) :

« Dans l'industrie moderne… le capital, qui est la force que nous représentons, se trouve être l'apex. Le patronat et la main d'œuvre constituent tous deux la base de ce triangle. Ils sont maintenus dans une opposition constante afin que leur attention ne se dirige jamais vers le sommet qui est à l'origine de tous leurs problèmes. »

« Au début, par notre contrôle du système bancaire, nous sommes parvenus à prendre le contrôle du capital des entreprises. À travers cela, nous avons acquis le monopole total de l'industrie du divertissement, des réseaux radiophoniques et du nouveau média de la télévision. L'industrie de la publication, les journaux, les périodiques et les publications scientifiques sont déjà tombées entre nos mains. La cerise sur le gâteau survint lorsque nous parvinrent à nous emparer de la publication de tous les livres scolaires. Grâce à tout cela, nous pouvons modeler l'opinion publique à notre guise. Les gens ne sont que des moutons stupides qui broutent et reprennent en chœur les slogans que nous leur fournissons, qu'ils soient vrais ou mensongers. »

Ainsi les Illuminati ont le monopole de nos esprits. En contrôlant à la fois la Droite et la Gauche, le système éducatif et les médias de masse, les milliardaires Juifs Francs-maçons s'assurent que les masses restent endormies. Comme le défunt Alan Stang nous en avait avertis, le Tea Party, est un outil de manipulation pour canaliser le mouvement patriotique vers la matrice du combat Gauche/Droite.

La Politique est semblable à une Ligue des Champions. Les différentes équipes sont toutes constituées de Francs-maçons. Ainsi, il n'y aucune chance de voir le moindre changement démocratique. Tous ceux qui veulent participer au jeu doivent se plier aux « règles ».

C'est amusant de voir les « gauchistes » dénoncer le Tea Party et leurs sponsors. Ils sont eux-mêmes tout autant les marionnettes des milliardaires que les « ploucs d'extrême droite » qu'ils condamnent. Les marionnettes de George Soros au lieu de celles de Charles Koch…

Voir sur mon site internet : *Proof Libertarianism is an Illuminati Ploy* par Anthony Migchels.

« House of Cards » : le contrôle maçonnique des médias

J'ai dévoré la deuxième saison de *House of Cards* comme une boite de chocolats. J'ai été surpris d'apprendre que le personnage principal, Francis Underwood, joué par Kevin Spacey, est un Franc-maçon. Comment ? Vous ne l'aviez pas remarqué ?

Eh bien moi non plus. C'est exactement là où je voulais en venir. La plupart des membres du Congrès appartiennent à cette société secrète satanique, mais vous pouvez regarder une série qui prétend dévoiler les secrets de la vie politique de Washington, sans jamais entendre prononcer le mot « Franc-maçon ».

La dissonance cognitive

(La deuxième saison évite également toute mention de l'influence Juive Sioniste.) En fait il y a une référence maçonnique, le drapeau inversé est un signe maçonnique de détresse, peut-être un clin d'œil aux initiés.

Cherchez sur Google « combien de membres du congrès sont Francs-maçons ? » et vous ne trouverez pratiquement aucune information. Juste une histoire à propos du sténographe honnête, sortie en octobre 2013, révélant que les Francs-maçons et le Diable sont aux commandes du Congrès. Il n'y a aucune mention à propos des élections de 2004 où Bush et Kerry étaient deux hommes ayant avoué appartenir à la secte des Skull and Bones, mais ne pouvaient pas s'exprimer sur le sujet parce que « c'est secret ».

Comment les gens peuvent-ils être si crédules ? Les deux candidats à la présidence appartiennent à une société secrète. Rien ne se passe. Circulez y-a-rien à voir. Les chiens de gardes de la liberté, les médias de masse, n'ont même pas tiré sur leurs laisses. (Un autre mensonge patent présent dans *House of Cards*, est que les médias mainstream sont présentés comme étant à la recherche de la vérité.)

L'œuvre pionnière sur le sujet de la Franc-maçonnerie aux États-Unis, est un livre de 1996 intitulé *Unholy Alliances*, écrit par un dentiste de Floride, James Wardner... Voici 10 faits démontrant le contrôle maçonnique du Congrès et de la Magistrature dans un passé récent. Vous pouvez pariez que les choses se sont empirées.

1. Wardner établit la liste de 75 membres du Congrès qui étaient Francs-maçons dans les années 1980, mais il y en avait probablement davantage. Cela inclut les gauchiste

et les « extrémistes de droite » : Bob Dole, Jesse Helms, Mark Hatfield, Lloyd Bentsen, Robert Byrd, et Arlen Specter. Les Présidents qui furent Francs-maçons comprennent : George Washington, James Monroe, Andrew Jackson, James Polk, James Buchanan, Andrew Johnson, James Garfield, William McKinley, Theodore Roosevelt, Howard Taft, Warren Harding, FDR, Harry Truman, LBJ, Gerald Ford, G.H.W. Bush, Bill Clinton, George W. Bush et Barack Obama.

2. En 1987, les Francs-maçons et le Sénateur Alan Simpson se sont vantés du fait que « quarante et un membres de la Magistrature Fédérale sont à présents maçons. » (67)

3. L'autorité maçonnique Henry Clausen s'est félicitée au début des années 90 que les maçons constituaient « 14 Présidents et 18 Vice-Président des États-Unis, une majorité des Juges de la Cour Suprême, des Gouverneurs des États, des membres du Sénat, et une large proportion des membres du Congrès. Cinq Premiers Présidents de cour de justice étaient maçons et deux d'entre eux occupaient le rang de Grands-Maitres. » (67) Wardner ajoute que ces deux Grands Maitres étaient John Marshall et Earl Warren qui mirent fin à la prière dans les écoles.

4. Il n'y a rien de nouveau depuis que Thaddeus Stevens, le délégué de Pennsylvanie à la Convention Antimaçonnique de 1830 remarquait : « bien que seuls cent mille américains soient Francs-maçons, toutes les positions officielles haut placées sont occupées par des hommes issus de cette institution. »

5. Les Francs-maçons du Cabinet de Dwight Eisenhower incluaient le Secrétaire d'État, le Ministre de la Défense, le Ministre de l'Intérieur, le Ministre du Commerce et le Chef d'État-Major de Ike, Sherman Adams.

6. À part le Président Truman lui-même, les maçons composant son Cabinet comprenaient le Secrétaire d'État, le Ministre de la Défense, le Procureur Général et ses quatre Juges nommés à la Cour Suprême. Truman a déclaré : « Bien que je détienne la distinction civile la plus honorifique au monde, j'ai toujours considéré mon rang et mon titre d'ancien Grand-Maitre (de la Grande Loge du Missouri) comme la récompense la plus élevée que j'ai jamais reçue. » (61-63)

7. FDR était un ardent maçon du Rite Écossais. Les maçons de son Cabinet comprenaient le Vice-Président, le Secrétaire du Trésor, de la Guerre, du Commerce, le Procureur Général et six juges sur huit nommés à la Cour Suprême. Pas étonnant que l'*Empire State Mason* se soit vanté en 1953 que si la « Maçonnerie Mondiale est un jour établie, les historiens en attribueront le crédit à FDR lorsqu'il était Président. »

8. Le Président Warren Harding (1921-1923) était un Maçon et en 1923, 300 membres de la Chambre des Représentants (69%) et 30 Sénateurs su 48 (63%) étaient Francs-maçons. En 1929, 67% du Congrès était composé de Francs-maçons. (p. 56)

9. Léon de Poncins a écrit que la Première Guerre mondiale fut provoquée afin de créer un Super État Maçonnique sous l'égide de la Société des Nations. Le Traité de Versailles conduisit délibérément au soulèvement révolutionnaire en Allemagne, à la Guerre Civile espagnole et finalement à la Deuxième Guerre mondiale. « C'est une

pensée effrayante qu'une organisation occulte... puisse diriger le cours de la politique Européenne, sans que personne ne s'en aperçoive. » (p. 55)

10. En 1834, la législature du Massachusetts a conclu que la Franc-maçonnerie constitue un « gouvernement indépendant et distinct au sein de notre propre gouvernement, et se maintient au-delà du contrôle des lois de la patrie au moyen de ses serments et de ses règles secrètes auxquelles ses sujets sont forcés d'obéir. » (p. 54)

Wardner conclut en faisant remarquer que les tentacules des loges maçonniques imprègnent toute la société. Il existe au moins 160 organisations différentes qui exigent de leurs membres qu'ils soient maçons, y compris au sein des rangs les plus élevé du commandement militaire américain (p.70). En 1950, les maçons estimaient que près de 10 millions d'adultes étaient directement liés à la Franc-maçonnerie à travers les trois millions de Maitres Maçons du pays.

CONCLUSION

Clairement, la Franc-maçonnerie est une conspiration accordant à ses membres des avantages injustes et même criminels. C'est la fête à laquelle nous ne sommes pas invités. À la place, nous avons un ersatz de démocratie, de liberté et de culture.

Ça n'est donc pas étonnant que des hommes insipides aux mines pincées dirigent le pays ; pas étonnant non plus que les gens soient si artificiels et faux, et que nous vivions au milieu des scandales, de la corruption et de la guerre.

Clairement, l'entier establishment des Gentils est complice de cette subversion de l'humanité. L'antisémitisme n'est qu'une diversion. Mais combien d'antisémites sur internet font mention de la Franc-maçonnerie ? Bien sûr que les dirigeants Juifs sont tout aussi coupables. Presque tous les dirigeants le sont. Comme c'est facile pour les Francs-maçons de rejeter le blâme sur les Juifs ordinaires qui sont aussi désemparés que les Gentils ordinaires.

Désemparés parce qu'ils regardent *House of Cards* et pensent que ce genre de série dépeint la réalité politique.

À voir sur YouTube, conférences du Dr. Wardner : http://www.youtube.com/playlist?list=PLF776EEC5D6A6A3C0

Qu'est-ce que le Communisme ?

Le Communisme est un monopole sur toute chose, y compris la pensée, contrôlée par « l'État ». « L'État » est une façade pour les banquiers centraux juifs Illuminati qui possèdent sa dette. Tout ce qui augmente le pouvoir de « l'État » est en réalité du Communisme. Le gouvernement mondial étendra cette logique à une échelle supérieure.

La plupart des gens pensent que le Communisme est une idéologie vouée à la défense des travailleurs et des pauvres gens. Tout cela n'est qu'une ruse incroyablement réussie ayant permis de manipuler des millions de dupes.

Derrière cet artifice, le « Communisme » sert en réalité à concentrer toute la richesse et le pouvoir entre les mains du cartel des banques centrales (les Rothschild et leurs alliés) sous l'égide du pouvoir de l'État.

Rakovski et Trotski

Le cartel des banques centrales représente le monopole ultime. Il détient le monopole du crédit du gouvernement. Son objectif est de transformer cette prérogative en un monopole absolu dans tous les domaines : politique, culturel, économique et spirituel. Un gouvernement mondial = monopole de Rothschild = Communisme.

Une idéologie qui concentre toute la richesse et le pouvoir entre les mains de « l'État », n'est donc que du Communisme sous une autre forme. Ces idéologies : socialisme, libéralisme, fascisme, néo conservatisme, sionisme et féminisme, sont des façades pour l'instauration du « Communisme », et sont organisées et financées par le cartel des banques centrales. *Les évènements actuels sont conçus pour augmenter le pouvoir du gouvernement.*

LA SYMPHONIE ROUGE

Après *Les Protocoles des Sages de Sion*, la « *Symphonie Rouge* » constitue la révélation la plus profonde du véritable état dans lequel se trouve notre monde.

« La Symphonie Rouge » est l'interrogatoire de Christian Rakovski, un initié soviétique (voir plus haut la photo où il est en compagnie de son camarade Juif et agent de Ro-

thschild, Léon Trotski) par la police secrète staliniste (NKVD) en 1938. Le texte est en ligne et se trouve également dans l'ouvrage de Des Griffin, *Fourth Reich of the Rich.*

J'ai présenté ce document explosif d'une cinquantaine de pages à mes lecteurs en 2003. Il lève le voile sur la véritable signification de l'histoire moderne et explique le mouvement révolutionnaire mondial, l'instauration du Communisme, l'hégémonie de la Franc-maçonnerie et le déclenchement des deux guerres mondiales. Il n'était pas censé être rendu public. Le traducteur, le docteur J. Landowski, en fit une copie secrète.

L'espèce humaine est mise en danger par des intérêts privés qui ont partout usurpés la fonction de la création monétaire.

L'histoire moderne reflète le processus graduel par lequel ils ont accaparé toutes les richesses et le pouvoir, détruisant au passage la Civilisation Occidentale et créant un état policier mondial. En 1938, Rakovski avoua que le monde entier est contrôlé par les banquiers Juifs Sabbatéens (Francs-maçons Illuminati) et leurs alliés.

Dans son autobiographie, *My Life*, Léon Trotski écrit : « Christian G. Rakovski... joua un rôle important dans les travaux internes au sein de quatre partis socialistes : le bulgare, le russe, le français et le roumain – pour devenir par la suite un des dirigeants de la fédération Soviétique, un membre fondateur de l'Internationale Communiste, le président des Commissaires du peuple du Soviet ukrainien, et le représentant diplomatique du Soviet en Angleterre et en France... »

Rakovski, dont le nom véritable était Chaïm Rakover, fut condamné à mort lors de la purge de Staline contre la faction Trotskiste du parti. Il tenta de sauver sa tête en transmettant un message à Staline de la part des Illuminati.

Au cours de l'interrogatoire, Rakovski confia à son interlocuteur que les banquiers avaient créé l'état Communiste comme une « machine de pouvoir total » sans précédent dans l'histoire. Dans le passé, en raison de multiples facteurs, « il y avait toujours une place laissée à la liberté individuelle. Comprenez-vous que ceux qui règnent déjà en partie sur les nations et les gouvernements du monde ont des prétentions à une domination absolue ? Comprenez bien que c'est la seule chose qu'ils n'ont pas encore atteinte. » (Souligné par nous)

Une force pernicieuse paralyse notre vie nationale. Rakovski l'identifie clairement : « Imaginez si vous le pouvez, un petit nombre d'individus jouissant d'un pouvoir illimité par la possession de la richesse réelle, et vous verrez qu'ils sont les dictateurs absolus du marché et de l'économie... Si vous avez suffisamment d'imagination, alors... vous parviendrez à voir leur influence morale et sociale profondément anarchique, c'est-à-dire révolutionnaire... Comprenez-vous à présent ? »

« ... ils ont créé un système de crédit avec l'intention de rendre son volume infini. Et ils l'étendent à volonté à la vitesse du son... il s'agit d'une abstraction, une vue de l'esprit, un chiffre, un nombre, le crédit, la confiance... » (pp. 245-246)

Bien entendu ils ont besoin de protéger leur monopole du crédit en créant un « gouvernement mondial ». Cela afin d'empêcher tout pays d'émettre son propre crédit (argent) ou de répudier leur dette.

LE MARXISME

Le Mouvement Révolutionnaire, qui définit l'histoire moderne, fut un moyen d'institutionnaliser le pouvoir bancaire en détruisant l'ordre ancien. Le Marxisme, « avant d'être un système philosophique, économique et politique, est une conspiration au service de la révolution. »

Rakovski se moque du « Marxisme élémentaire... celui de la démagogie populaire » qui est utilisé pour duper les intellectuels et les masses. (238) Marx fut engagé par Rothschild pour duper les masses. Rakovski déclare que Marx « rit au nez et à la barbe de l'humanité toute entière. » (Griffin, 240) Bien sûr, Marx se garda bien de jamais mentionner les Rothschild.

Quant à la Franc-maçonnerie : « Chaque organisation maçonnique s'emploie à créer toutes les conditions prérequises afin d'amener le triomphe de la révolution Communiste ; ceci est le but évident de la Franc-maçonnerie », déclare Rakovski, lui-même franc-maçon de haut rang.

Le but de la Révolution n'est rien de moins que de redéfinir la réalité d'après les intérêts des banquiers. Cela implique la promotion de la vérité subjective aux dépend de la vérité objective. Si Lénine « pense que quelque chose est réel », alors cela devient réel. « Pour lui chaque réalité, chaque vérité était relative face à la seule réalité absolue : la Révolution. »

Cela est du Kabbalisme : les juifs Kabbalistes créent la réalité parce qu'ils pensent qu'ils sont une émanation de la volonté de Dieu. (En d'autres termes, l'humanité est sous l'emprise d'un gigantesque mensonge).

En d'autres termes, le blanc devient le noir et le haut devient le bas. Il en était ainsi en Union Soviétique et maintenant la vérité et la justice sont remplacées par des diktats politiques. Le « politiquement correct » est un terme bolchévique passé dans le langage courant. Ainsi l'homosexualité, que les psychiatres ont toujours considérée comme étant un trouble du comportement, est devenue un « choix de vie » à partir de 1973, sous l'injonction de diktats politiques. Aujourd'hui les écoles publiques encouragent les jeunes garçons hétérosexuels à s'adonner à « l'expérimentation de leur sexualité ». Cela est malsain et antinaturel mais c'est là le but véritable du satanisme et de la révolution : renverser l'ordre sain et naturel des choses.

Rakovski s'émerveille du fait que les « bancs graisseux sur lesquels s'asseyaient les usuriers pour échanger leur argent, ont à présent été converti en temples qui se dressent magnifiquement à chaque coin de nos grandes villes contemporaines, avec leurs colonnades païennes, et les foules y affluent en masse... pour y déposer assidument toutes leurs possessions aux pieds du dieu de l'argent... »

Il explique que l'étoile soviétique à cinq branche représente les cinq frères Rothschild et leurs banques respectives, qui possèdent une accumulation colossale de richesses, les plus grandes jamais connues. »

N'est-il pas étrange que Marx n'ait jamais mentionné cela ? demande Rakovski. N'est-il pas étrange qu'au cours des révolutions, la foule n'attaque jamais les banquiers, leurs domaines ou leurs banques ?

LA GUERRE

La guerre est le moyen par lequel les banquiers centraux font progresser leur feuille de route. Rakovski explique que Trotski était derrière le meurtre de l'Archiduc Ferdinand (qui déclencha la Première Guerre Mondiale). Il rappelle la phrase prononcée par la mère des cinq frères Rothschild : « Si mes fils le souhaitent, il n'y aura pas de guerre. » Cela signifie qu'ils étaient les arbitres, les maitres de la guerre et de la paix, et non les Empereurs. Êtes-vous capables de visualiser un fait d'une telle importance cosmique ? La guerre n'a-t-elle pas déjà une fonction révolutionnaire ? La guerre ? La Commune. Depuis cette époque, chaque guerre ne fut qu'un pas de géant vers l'établissement du Communisme. »

Rakovski explique qu'après le meurtre du ministre des affaires étrangères Illuminati de Weimar, Walter Rathenau, en 1922, les Illuminati n'octroyèrent les positions politiques et financières qu'à des intermédiaires. « Évidemment à des personnes qui sont dignes de confiance et loyales, ce qui peut être garantie de milles manières : ainsi nous pouvons affirmer que ces banquiers et ces politiciens (aux yeux du peuple) ne sont que des hommes de paille... même s'ils paraissent occuper des postes élevés et sont faits pour apparaitre comme étant les auteurs des plans qui sont mis en place. » Pensez à Barack Obama.

En 1938, Rakovski mit en évidence trois raisons principales pour le déclenchement de la Deuxième Guerre mondiale à venir. La première est qu'Hitler avait commencé d'imprimer son propre argent. « Cela est très sérieux. Bien plus que tous les facteurs externes et cruels du National-Socialisme. »

Deuxièmement, le « nationalisme pleinement développé de l'Europe Occidentale constitue un obstacle au Marxisme... la nécessité de la destruction du nationalisme vaut à elle-seule une guerre en Europe. »

Finalement, le Communisme ne peut triompher sans d'abord supprimer la « Chrétienté encore vivante ». Il se réfère à la « révolution permanente » comme remontant à la naissance du Christ, et il qualifie la réforme de « première victoire partielle » parce qu'elle parvint à diviser la Chrétienté. Cela suggère que la « conspiration » contient aussi un facteur religieux.

« En réalité, la Chrétienté est notre seul véritable ennemi car tous les phénomènes politiques des états bourgeois en découle. La Chrétienté influençant les individus est capable d'annuler la progression révolutionnaire de l'état athée Soviétique. »

A présent, les banquiers centraux promeuvent la troisième guerre mondiale sous le prétexte d'un « Choc des Civilisations ». Remplacez la Chrétienté par l'Islam et vous comprendrez de quoi il s'agit.

CONCLUSION

Le Nouvel Ordre Mondial crée une fausse réalité qui entraine notre esclavage mental. Une légion d'experts pontifiant, de professeurs et de politichiens se charge d'appliquer ses préceptes. Ils constituent l'agentur (les « agents ») auxquels se réfèrent béatement *Les Protocoles des Sages de Sion.*

La société est complètement subvertie. Le gouvernement, le système éducatif, le divertissement et les nouvelles émanant des médias sont tous entre les mains du cartel des banques centrales. Le secteur privé chante les mêmes refrains sur des sujets comme la « diversité ». La même chose s'applique aux groupes de réflexion, aux fondations, aux ONG, aux syndicats et aux organes de charité. Les agences de renseignement sont toutes au service des banquiers centraux.

Résultat, la société est sans défense pour faire face à son véritable problème : la concentration du pouvoir entre les mains des banquiers kabbalistes. Nous sommes assaillis par l'accusation fallacieuse d'antisémitisme, alors que la plupart des juifs sont ignorants du plan global. Il ne manque pas de laquais volontaires, souvent d'ailleurs des Francs-maçons et des Juifs, pour partager le butin frauduleux des banquiers. Cela est devenu le critère pour avoir du « succès » de nos jours.

L'humanité restera vouée à la perdition tant que ces banquiers contrôleront la société. Quel est le remède ? Nationalisons les banques centrales, répudions les dettes créées à partir de rien, brisons les cartels, tout spécialement Hollywood et les médias, et instituons un strict financement public des campagnes politiques. De surcroît, nous avons besoin d'un renouveau spirituel, un retour à la véritable religion, ou à tout le moins à l'affirmation de Dieu et d'un ordre moral.

Mais tant que les gens percevront leurs intérêts en termes de statu quo, nos problèmes resteront systémiques et ne se résoudront pas.

Nelson Rockefeller commandita cette fresque murale auprès du peintre communiste mexicain Diego Rivera dans les années 30. Rockefeller y est lui-même représenté épaule contre épaule avec Léon Trotski, entouré par d'autres Communistes célèbres, y compris Karl Marx. Cette fresque était à l'origine exposée dans le bâtiment RCA (à présent GE) du Rockefeller Center à New York. Rockefeller la fit discrètement enlever pendant la période répressive de la Commission des activités anti-américaine. Aujourd'hui, elle est exposée de façon permanente, occupant un mur entier du deuxième étage du Palacio Bellas Artes dans un coin de l'Alameda Central du Centro Historico de Mexico City.

Des questions ?

Rosa Parks & nos élites communistes

Rosa Parks n'était pas une simple couturière dont l'acte de désobéissance isolé de décembre 1955, déclencha le début du Mouvement pour les Droits Civiques. En fait, elle était une activiste du Parti Communiste (CPUSA).

Son refus de se rendre à l'arrière du bus n'était pas un geste spontané, mais une provocation organisée par son employeur, la National Association for the Advancement of Colored People (NAACP) / Association Nationale pour l'Avancement des Gens de Couleur.

En 2005, la dépouille de Rosa Park fut transférée sous la Rotonde du Capitole ; un honneur accordé qu'à seulement 29 reprises dans toute l'histoire des États-Unis, à des gens comme Abraham Lincoln, John Kennedy, et plus récemment Ronald Reagan.

Le refus de Rosa Parks de se rendre à l'arrière du bus fut en fait un coup de publicité Communiste.

Ce traitement illustre la façon dont le peuple américain est trahi et trompé de manière récurrente, par ses dirigeants politiques et les médias de masse. L'éloge funèbre du *New York Times* déclare que son arrestation « transforma une femme simple en un porte flambeau. » Le Président Clinton a déclaré que son action « avait initié le mouvement social le plus significatif de toute l'histoire américaine. »

Bien que je sois en faveur des objectifs du Mouvement des Droits Civiques, je me demande, étant donné son évident parrainage Communiste : « Quel est la finalité de tout cela ? »

LE MODÈLE DE TROMPERIE DE L'ÉLITE

La présentation de Rosa Parks comme une citoyenne ordinaire m'a mise en alerte. Betty Friedan, la « fondatrice » du féminisme et une activiste Communiste de longue date, fut aussi présentée comme une mère et femme au foyer normale. Grâce à un forum Internet bien informé, *Daily Kos.com,* je me suis vite aperçu que Rosa Parks avait commencé à travailler comme secrétaire au NAACP en 1943, et occupait toujours ce poste lorsqu'elle fut arrêtée.

En juillet 1955, cinq mois après le fameux incident, elle s'inscrivait à la « Highlander Folk School » à Monteagle, dans le Tennessee. Myles Horton et James Dombroski, deux membres du Parti Communiste, avaient créé cette école en 1932 afin de former des subversifs Communistes. Betty Friedan en était également issue. L'école fut

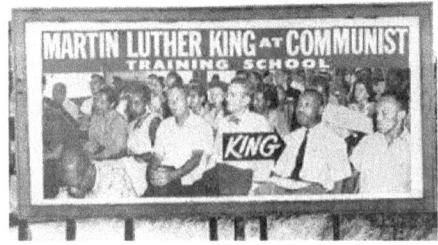

Highlander Folk School

identifiée comme un lieu menant des activités subversives et fut fermée par l'État du Tennessee en 1960.

Rosa Parks et beaucoup d'autres, avaient défié les lois ségrégationnistes à de nombreuses occasions depuis les années 40. Le boycott des bus de Montgomery était planifié à l'avance. Martin Luther King fut désigné pour le mener. Rosa Parks fut sélectionnée pour le lancer. (Voir Aldon Morris, *The Origins of the Civil Rights Movement*)

Un membre de *Daily Kos.com* travaillant pour le journal du CPUSA, a déclaré qu'un dirigeant du CPUSA lui avait confié que Rosa Parks était un membre du Parti Communiste. (C'est une de ces choses dont les Communistes ne se vantent pas) David Horowitz écrit dans *Radical Son* que ses parents Communistes avaient également admis que Rosa en était membre.

Le témoignage de nombreux transfuges ne laisse aucun doute sur le fait que le Parti Communiste des États-Unis était dirigé depuis Moscou. Malgré ce que pensent les dupes idéalistes (« idiots utiles ») comme Parks et Friedan, son but était d'asservir le peuple américain.

Le Mouvement de Libération des Femmes fut calqué sur celui des Droits Civiques. Ils sont tous deux des émanations directes d'opérations psycho-sociales Communistes. Pour être efficace, ces dernières doivent apparaitre comme le reflet d'une réaction populaire spontanée, plutôt qu'une feuille de route de l'élite imposée par le haut.

Bien que ces mouvements aient rectifié certaines injustices véritables, leur but caché était de déstabiliser la société américaine.

LE NAACP & MARTIN LUTHER KING : LE CÔTÉ SOMBRE

Le banquier Jacob Schiff, l'agent de Rothschild aux USA, et plus tard le financier de la Révolution Bolchévique, créa le NAACP en 1909.

Dans son livre *My Awakening*, David Duke décrit le NAACP comme une organisation typiquement conçue par les Banquiers Communistes. (pp. 282-284) Bien qu'elle ait été fondée en 1909, elle ne fut jamais présidée par un noir avant les années 70. Jusque-là, son président et son conseil d'administration furent principalement issus des rangs des Juifs Communistes.

Martin Luther King peut tout aussi bien n'avoir été qu'un homme de paille. En privé, il se définissait lui-même comme un Marxiste. Il fréquenta la Highlander School et ses secrétaires personnels, Bayard Rustin et Jack O'Dell étaient des Communistes. Un autre Communiste, Stanley Levinson, écrivait ses discours et gérait ses collectes de fonds.

L'intégrité de King a été également questionnée. King a plagié de larges parties de sa thèse de doctorat. Il entretenait également des liaisons avec des prostitués, qui étaient enregistrées par le FBI, ce qui fut confirmé par son successeur Ralph Abernathy. (*And the Walls Came Tumbling Down*, 1989)

CONCLUSION

La sanctification de la Communiste Rosa Parks, prouve une fois de plus que l'élite politique et culturelle américaine est irrémédiablement corrompue.

Le changement social ne se produit aux USA, que lorsque les banquiers centraux et leurs médias choisissent de le promouvoir. Leur plan à long terme pour établir une dictature mondiale est habillé d'un vernis de révolte spontanée.

Comme de plus en plus les traitres sont traités comme des héros, les mass médias, le gouvernement et le système éducatif révèlent que le succès de nos jours repose sur la participation active à la destruction de notre pays et de son héritage Chrétien.

PREMIER COMMENTAIRE DE RICARDO, UN LECTEUR NOIR :

Avant le mouvement pour les droits civiques, il existait beaucoup de communautés noires économiquement prospères. La ségrégation forçait les noirs, tout spécialement les hommes à se prendre en charge par la création d'entités économiques viables. Le mouvement pour les droits civiques a détruit cela.

Harry Belafonte a déclaré que Martin Luther King fut tué après avoir réalisé n'être qu'un pion, une dupe. Martin Luther King s'était rendu compte que la déségrégation appauvrirait la communauté noire. À présent, il n'y a plus de communauté noire ; nous n'avons aucun dirigeant véritable et aucun pouvoir économique collectif. De manière additionnelle nous avons beaucoup d'argent, mais nous restons la cible des corporations. C'est ce que nous a apporté le mouvement des droits civiques. Et la *Nation of Islam* fut créée par les Jésuites pour provoquer la guerre raciale.

Nelson Mandela était un terroriste

Le terrorisme n'est pas du terrorisme lorsque le cartel bancaire Juif Illuminati en est à l'origine.

De 1961 à 1990, l'ANC (African National Congress/ Le Congrès National Africain) mena une guerre terroriste contre le gouvernement d'Apartheid d'Afrique du Sud. Cette guerre fut présentée comme une « lutte du peuple » par les mass médias contrôlés par les Sionistes.

Cependant, lorsque les Palestiniens font usage du terrorisme contre le régime d'Apartheid d'Israël, ils sont bien présentés comme des « terroristes ». Cela ne fait rien qu'Israël ait été construit par le terrorisme Sioniste contre les Britanniques. Lorsque les banquiers Illuminati ou leurs collabos en font usage, les terroristes deviennent des « combattants de la liberté » et des « activistes ». (La Syrie d'aujourd'hui en est le parfait exemple.)

Nelson Mandela et Joe Slovo à Moscou en train de faire le salut du poing fermé en face de l'emblème sanglant du Bolchévisme Juif Illuminati du marteau et de la faucille.

En Afrique du Sud durant les années 60 et 70, il ne se passait pas une semaine sans qu'un acte terroriste ne soit commis – un dépôt d'essence dynamité, une voiture piégée devant le quartier général des forces aériennes, en plein centre-ville. Les forces de la guérilla menée par l'ANC, connues sous le nom de MK, ou plus familièrement comme Umkhonto we Sizwe, traduisible par l'expression « Lance de la Nation », fut fondée en 1961 par Nelson Mandela et son instructeur, le Juif Communiste Joe Slovo.

Au début, les cibles étaient constituées d'infrastructures mais deux décennies plus tard, le MK tuait des civils sans discernement – des grenades étaient dissimulées dans des hamburgers, ou des mines antipersonnels dispersées dans une arcade bondée – tout ça sans aucune objection de la part de Mandela.

« Les attaques les plus notables furent celle du 8 janvier 1982, où la centrale nucléaire près du Cap fut ciblée, puis celle de l'attentat de Church Street du 20 mai 1983 qui fit 19 morts, ainsi que celle du 14 juin 1986 où une voiture piégée devant le Magoo Bar de Durban fit 3 morts et 73 blessés. » (Wikipédia)

Bien sûr, Mandela était en prison depuis 1963, lorsqu'il avait été capturé lors d'un raid mené contre le quartier général du MK dans une ferme près de Johannesbourg. L'ANC était financée et dirigée par des Juifs Communistes au service des banquiers Illuminati. Mandela se faisait passer pour un fermier.

Sa ferme avait été achetée et gérée par le Juif Communiste Arthur Goldreich.

En 1985, lorsque le gouvernement offrit de relâcher Mandela s'il renonçait au terrorisme, il refusa. En 1990, il fut libéré quand même et jura que le MK continuerait de faire des ravages. Ce n'était plus nécessaire.

Le gouvernement était prêt à négocier un transfert de pouvoir. En 1994, Mandela et F. W. de Klerk se partagèrent le Prix Nobel de la Paix. La Reine Elizabeth II dans son message de Noël de 1996, déclara que Nelson Mandela était un grand homme d'état. (Le détail des actes terroristes du MK décrits ci-dessus, est redevable à la critique de Philip Gourevitch du roman *Absolution* publiée dans le *New Yorker* du 30 avril 2012, p. 70)

L'ANC EST UNE FAÇADE JUIVE-COMMUNISTE

Grâce à Michael Hoffman II, nous savons : « que l'African National Congress (ANC) en Afrique du Sud était dirigé par deux Juifs Communistes, Albie Sachs, « un de ses plus importants intellectuel » (*London Sunday Times*, 29 août 1993) et Yossel Mashel Slovo (Joe Slovo, 1926-1995)

Slovo est né dans un shtetl de Lituanie et grandit en parlant Yiddish et en étudiant le Talmud. Il rejoignit la frange terroriste de l'ANC, la *Umkhonto we Sizwe*, en 1961 avant d'en prendre le commandement. Il fut nommé Secrétaire Général du Parti Communiste Sud-Africain en 1986. (« Joe Slovo », *Jewish Chronicle,* 13 janvier 1995)

Slovo avait été le « planificateur de beaucoup d'attaques terroristes de l'ANC, y compris l'attentat à la voiture piégée qui tua 19 personnes et en blessa beaucoup d'autres... Slovo, qui avait fait de nombreux séjour en Union Soviétique, fut décoré de la médaille Soviétique pour son 60ème anniversaire... Slovo était un Communiste zélé, un Marxiste-Léniniste sans moralité d'aucune sorte, pour lequel seul la victoire compte, quel qu'en soit le prix humain, peut lui importait les bains de sang... Slovo ne renia jamais son image de « Cerveau Communiste » derrière la lutte armée de l'ANC.

« La violence révolutionnaire a généré l'impact et l'inspiration que nous attendions, et cela a permis à l'ANC d'atteindre sa position dominante », déclara Slovo. (« Rebel Strategist Seeks to End Apartheid », L.A. *Times,* 16 août 1987, p. 14) Lorsque l'ANC de Nelson Mandela prit le pouvoir en Afrique du Sud, Slovo fut nommé Ministre du Logement.

LE COMMUNISME EST UNE RUSE

Emballé dans un idéalisme bidon, les formes Juives d'activisme social et politique servent largement les plans secrets sataniques des Illuminati. Les activistes Juifs sont soit des dupes ou des opportunistes. L'ANC, comme le Communisme en général, a trompé les masses afin de renverser le gouvernement et d'installer des marionnettes Illuminati comme Nelson Mandela.

Le sort des noirs en Afrique du Sud est bien pire sous le « gouvernement du peuple ». Le nombre de gens vivant avec un dollar par jour a doublé passant de deux à quatre millions. Le taux de chômage a doublé de 1991 à 2002 pour atteindre les 48%. (Il était de 28% en 2011.)

En 2006, seuls 5000 sur plus de 35 millions de Sud-Africains noirs gagnaient plus de 60,000$. Un quart de la population vit dans des bidonvilles sans eau courante ni électricité. Un quart de la population n'a pas accès à l'eau potable. 40% d'entre elle n'a pas de téléphone.

Le taux d'infection au virus du SIDA est de 20%. L'espérance de vie a chuté de 13 ans. 40% des écoles n'ont pas d'électricité.

Où est donc la préoccupation de l'ANC pour le peuple ? Évidemment, il s'agissait d'une ruse qui a permis aux banquiers de prendre le contrôle des ressources de l'Afrique du Sud, tout comme ils s'emparèrent de celles de la Russie 70 ans avant.

(Source : http://www.spainvia.com/leftwingdisaster.htm)

CONCLUSION

Le terrorisme est un instrument du cartel Juif Illuminati des banques centrales basé à Londres.

Quatre-vingt-quinze pour cent des actes terroristes dans le monde, y compris le 11/09, y trouve leur source à travers le réseau des agences de renseignement mondiales, tout spécialement la CIA, le Mossad et le MI-6. Ces services de renseignement sont au service des objectifs Illuminati, qui sont l'établissement d'un pouvoir mondial communiste.

Dans son livre *MI-6: Fifty Years of Special Operations/MI-6 : Cinquante Ans d'Opérations Spéciales*, Stephen Dorril a désigné Nelson Mandela comme un agent du MI-6 ayant permis aux opérations d'espionnage britanniques d'établir une base en Afrique du Sud.

Nous vivons dans une société qui est d'une hypocrisie à couper le souffle. Mais cela fait partie de la stratégie, de prétendre défendre la bonne cause pour mieux faire l'inverse.

Les Cristeros : la résistance armée à la tyrannie judéo-maçonnique

Dans les années 20, des centaines de prêtres furent torturés et massacrés lorsque le Président franc-maçon Plutarco Elias Calles, ordonna la suppression de l'Église Catholique.

For Greater Glory/Les Cristeros, est un superbe film réalisé en 2012, à présent disponible sur Netflix, qui relate le soulèvement des Cristeros où des milliers de

Sr. Dn. Francisco Vera, anciano Sacerdote fusilado en Jalisco por celebrar la Santa Misa. 1927.

chrétiens prirent les armes contre le Gouvernement de Mexico pour le forcer à un compromis. La rébellion, de 1926 à 1929, fit 57,000 victimes parmi les soldats du gouvernement et 30,000 dans le camp des « insurgés » plus les civils.

Vous n'avez jamais entendu parler de cette rébellion ? Les mexicains non plus. Les francs-maçons, ces apôtres de la liberté et de la tolérance (à l'égard de leur propre maléfice), ne veulent pas que vous connaissiez les tentatives de résistance armée à leur tyrannie.

Les Chrétiens américains font face à la persécution du gouvernement Judéo-maçonnique (Illuminati) de Barack Obama. Ils pourraient s'inspirer de cette histoire démontrant la véritable nature occulte de la tyrannie réduisant l'humanité en esclavage. Les Francs-maçons prétendent défendre une société laïque. Mais leur persécution constante des Chrétiens, prouve que leur laïcité n'est que le masque de leurs intentions sataniques.

Les passages suivants sont extraits de *20th Century Mexico's Uprising* d'Olivier Lelibre :

« En 1924, Plutarco Elias Calles devint Président. Pour ce descendant de Juifs Espagnols, un maçon du 33ème degré, l'Église est l'unique cause de tous les maux du Mexique. » Pour lui, elle doit disparaitre. Plutarco Elias Calles et sa clique lança une offensive qu'il espérait être définitive :

« Il doit à présent y avoir une révolution psychologique », déclarait Calles. « Nous devons prendre possession de l'esprit des enfants et des jeunes, car ils doivent appartenir à la révolution.

« Les écoles Catholiques furent fermées, les congrégations expulsées, les syndicats d'ouvriers et de travailleurs Chrétiens furent interdits, de nombreuses églises furent confisquées et profanées (transformées en étables et en dancing) ou bien détruites. L'école publique devint obligatoire, l'athéisme fut officiellement enseigné, et les signes religieux (les médailles, les crucifix, les statues et les peintures) furent interdits, même à la maison. Dieu fut même chassé du langage ! L'utilisation d'expressions telles qu'Adios, « Si Dieu le veut », ou « Dieu nous préserve », étaient passibles d'une amende...

« En janvier 1927, le Mexique Catholique se souleva : 20,000 combattants (30,000 à la fin de l'année, puis 50,000 en 1929) ; quelques armes (quelques fusils et carabines, mais dans la plupart des cas des hachettes, des machettes et parfois de simples bâtons) ; quelques chevaux ; mais tout le peuple était avec eux à les soutenir, leur offrant de l'argent et tous le nécessaire.

« Un paysan Cristero raconte comment ils se préparaient par des chants et des prières : 'Nous étions 1,000, puis 5,000, puis davantage ! Tout le monde se préparait comme s'il fallait partir pour les récoltes... Nous avions la ferme intention de mourir, en colère ou pas, mais de mourir pour le Christ.'

« Contre eux se tenaient 100 colonnes mobiles de 1,000 hommes chacun, de véritables « colonnes infernales » financées par les États-Unis (des véhicules blindés légers, de l'artillerie lourde, des avions de combat...) Les premiers affrontements furent des massacres sanglants. Un officier de Calles écrivit : 'Ce sont plus des pèlerins que des soldats. Ce n'est pas une campagne militaire, c'est une partie de chasse ! » Le président lui-même prédit : 'Ce sera plié en moins de deux mois.'

UNE CROISADE !

« Mais lorsque les pèlerins prirent les armes, cela devint une croisade ! Les Cristeros furent rapidement capables de s'équiper avec les moyens de l'adversaire, en profitant de leur lâcheté ou de leur corruption. Les 'Federales' étaient davantage des pillards, saoulés à la tequila et à la marijuana, plutôt que des soldats dignes de ce nom. Le 15 mars 1927, ils furent vaincus à San Julian ; puis à Puerto Obristo, ils perdirent 600 hommes.

« En novembre, l'attaché militaire américain exprima ses inquiétudes au sujet de ces 'fanatiques', dont 40% des troupes étaient à présent équipées d'excellents fusils Mauser récupérés auprès de leurs ennemis. Comment était-ce possible ?

« L'année 1928 fut terrible : les colonnes infernales avaient reçu l'ordre de déporter la population rurale dans des 'camps de concentration' où la famine et les épidémies les décimèrent. Au moindre signe de résistance, les Fédéraux les massacraient. Les récoltes et les élevages furent saisis, des plantations entières furent brulées, des villages détruits par millier. Malgré cette politique de la terre brulée, les Cristeros résistaient comme les Macabées des derniers jours. »

« En 1929, le gouvernement renonça à sa politique au sein des campagnes. Les trois quart du Mexique étaient entre les mains des troupes du Christ Roi, la victoire était proche, tout spécialement alors que la racaille de Mexico se battait entre elle, et qu'aux États-Unis Hoover, qui n'était pas maçon venait d'être élu !

TRAHIS PAR LE VATICAN

« Ils apprirent alors que les négociations secrètes entre le gouvernement mexicain et le Vatican avaient débouché sur un accord. Le 21 juin, l'épiscopat mexicain signa une 'résolution' du conflit avec le pouvoir en place sur la base de 'négociations' menées par un Jésuite américain, Fr. Walsh. L'accord stipulait : 1) Un cessez-le-feu immédiat, la reddition inconditionnelle ; 2) La reprise du culte à partir du lendemain (le 22 juin).

« C'était tout. Cela les ramena dans la même situation qui prévalait en 1926, lorsque toutes les lois anticatholiques furent mises en pratique, y compris l'enregistrement des prêtres ! Dans le texte, les Cristeros sont dépeints comme des fanatiques dirigés par quelques prêtres de deuxième rang ; leur révolte était une erreur, une imprudence, même un péché ; ils devaient rendre les armes sous peine d'excommunication... »

« Six mille Cristeros obéirent et furent immédiatement massacrés. En trois ans, ils n'avaient perdus que 5,000 hommes au combat ! L'Épiscopat mexicain prononça l'excommunication des prêtres Cristeros, mais tous ceux qui n'avaient pas été tués au cours de la guerre (180) avaient déjà été martyrisés... Tout fut perdu.

« Le nouveau président, l'avocat Franc-maçon Fortes Gil, se réjouit. Lors d'un banquet célébrant le solstice d'été, il avoua son étonnement face à la capitulation sans condition d'une armée victorieuse, et son intention de poursuivre le combat : 'Cette lutte ne date pas d'aujourd'hui. Ce combat est éternel. Il a commencé il y a 20 siècles.'

En effet, mais la nouveauté résidait dans le fait que le Vatican n'était cette fois-ci pas du bon côté... »

La guerre du Kippour : les Illuminati vont-ils sacrifier Israël ?

Le 6 octobre 1973, l'Égypte et la Syrie lancèrent une attaque surprise coordonnée contre Israël.

Les forces de défenses israéliennes sur le canal de Suez et le plateau de Golan étaient en sous nombre et furent vite dépassées. Israël eut à déplorer de nombreux blessés et était sur le point de considérer l'option nucléaire. Israël était-il réellement en danger mortel ?

Israël est le fief personnel des Rothschild – constituant tout à la fois leur armée personnelle, leur arsenal nucléaire privé et leur service de renseignement familial, tout en un.

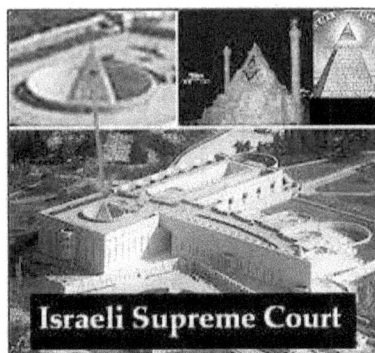

La suprême cour israélienne et son symbolisme maçonnique semble avoir été conçue pour jouer un rôle mondial.

Jérusalem est destiné à devenir le centre religieux païen et gouvernemental de leur Gouvernement Mondial. Ils conçurent et financèrent la construction du parlement israélien (la Knesset) et la nouvelle Cour Suprême aux motifs maçonniques, destinée à arbitrer les litiges mondiaux. Leur portrait est présent sur la monnaie israélienne.

Si Israël avait *vraiment* été en danger de mort, cela contredirait notre vision que les banquiers Rothschild contrôlent secrètement les évènements mondiaux.

LE DOSSIER VINOGRADOV

En 2012, un journaliste israélien basé à Moscou, Israël Shamir, reçut un rapport secret de 20 pages écrit en janvier 1975 par l'ambassadeur Soviétique au Caire, Vladimir M. Vinogradov.

D'après Vinogradov, un diplomate vétéran qui devint plus tard le ministre Russe des affaires étrangères, la guerre du Kippour était une conspiration organisée par Henry Kissinger de mèche avec Anouar Sadate et Golda Meir. Les motifs respectifs en étaient :

1. Les États-Unis remplaceraient la Russie dans le cœur des arabes en sauvant l'Égypte d'une autre défaite. Le prix du pétrole exploserait et les arabes montreraient leur reconnaissance en acceptant le dollar comme seule monnaie d'échange.

2. Golda Meir (Israël) était prête à sacrifier 2500 israéliens morts et 7500 blessés en signe d'allégeance à l'égard de son grand bienfaiteur. Les États-Unis émergeraient

également comme les sauveurs d'Israël et ainsi les faiseurs de paix idéaux entre un Israël châtié et l'Égypte, qui venait de reconquérir sa fierté. L'armée Syrienne serait détruite. Les estimations suggèrent que les morts et les blessés arabes furent 6 fois plus importants que ceux d'Israël.

Anouar Sadate était isolé dans son propre pays et son prestige était au plus bas. Il devait galvaniser la nation afin de se venger de la défaite de 1967. En tant que probable agent de la CIA, il n'aimait pas l'U.R.S.S. et était opposé au Socialisme.

LES SIGNES MONTRANT QU'IL S'AGISSAIT D'UN PLAN CONCERTÉ

Comme Staline à la veille de l'Opération Barbarossa, Israël ignora les préparations intensives des troupes Égyptiennes et les mises en garde d'invasion imminente.

Après avoir repoussé les israéliens sur la rive est du canal, les Égyptiens n'avancèrent pas dans le Sinaï, et il n'existait aucun plan de cet ordre. Ils s'arrêtèrent simplement. Cela permit aux israéliens de concentrer toutes leurs forces sur le Golan et de défaire les Syriens. Hafez al Assad savait qu'il avait été trahi par son allié !

Lorsque les Israéliens commencèrent à mouvoir leurs forces vers le sud, Sadat mit son veto à une offre faite par les Jordaniens d'attaquer leur flanc.

Sadat ordonna qu'une zone de 40 kilomètres soit laissée entre sa seconde et sa troisième armée. Cela permit au général Sharon de passer au travers, de traverser le canal de Suez et d'encercler l'armée Égyptienne.

Les États-Unis sauvèrent Israël avec un largage aérien de fournitures grandement nécessaires ; et ils sauvèrent l'Égypte en ordonnant à Israël d'arrêter son avancée sur le Caire.

« Accomplis par le mensonge et la trahison, le traité de paix de Camp David préserva une fois de plus les intérêts américains et israéliens », conclu Shamir. « Le nom de Sadat au panthéon des héros égyptiens était jusqu'à présent intact... (La guerre) scella le destin de la présence et de l'influence soviétique au sein du monde arabe... Grâce à la main mise américaine en Égypte, le paradigme du pétrodollar fut formé, et le dollar qui avait amorcé son déclin en 1971 en se découplant du standard or, retrouva son hégémonie et devint à nouveau la monnaie de réserve mondiale. Le pétrole des Saoud et des Cheiks vendu contre des dollars, devint la nouvelle bouée de sauvetage de l'Empire Américain. »

CONCLUSION

Tout comme la guerre du Kippour, la plupart des guerres sont chorégraphiées. L'issue est déterminée d'avance. Bien sûr, les belligérants ne sont pas au courant de ces plans.

Si jamais il y a une guerre contre l'Iran, ou une large conflagration, le résultat aura été planifié. Je ne pense pas qu'Israël sera détruit, certainement pas Jérusalem.

Cela ne signifie pas que les israéliens ne seront pas effrayés au possible. Le Sionisme se maintient en convaincant les juifs que leur existence est sous une menace constante, comme celle de Yom Kippour en 1973.

Le programme d'assassinat de la CIA : JFK et Mary Pinchot Meyer

Mary's Mosaic, un livre de Peter Janney, est une biographie de Mary Pinchot Meyer (1920-1964), la conseillère, confidente et maitresse de JFK.

Janney était un ami d'enfance du deuxième fils de Meyer, Michael, qui mourut renversé par une voiture en décembre 1956. Janney se souvient de la manière dont Mary, malgré sa douleur l'avait consolé ainsi que l'automobiliste qui était hystérique. Dans les souvenirs de Janney, la mère de son ami représentait la femme idéale.

La mère de Janney et Meyer étaient d'anciens camarades d'école du Vassar College. Son père, Wistar Janney et le mari de Mary, Cord Meyer, dont elle divorça en 1957, étaient tous deux des employés de la CIA.

Le livre est un acte de pénitence car malgré que ce soit le chef du contrespionnage de la CIA, James Angleton, qui ait ordonné l'élimination de Meyer (parce qu'elle menaçait de révéler l'implication de la CIA dans le meurtre de JFK), le propre père de Janney et son ex-mari étaient tous deux au courant de la décision.

UNE ENTREPRISE DU CRIME

Malgré les injonctions contre l'implication de la CIA dans les affaires intérieures, le livre révèle que l'assassinat de JFK n'était que l'élimination la plus spectaculaire parmi des centaines d'assassinats politiques aux États-Unis. Considérez les RFK, MLK, JFK Jr, Vincent Foster et le Sénateur Paul Wellstone, sans compter J. Edgar Hoover, qui fut probablement assassiné.

Deux chercheurs précédents sur le meurtre de Mary Meyer, Leo Damore et John Davis, moururent aussi dans des circonstances étranges. La CIA dispose de beaucoup de moyens discrets pour faire passer les meurtres comme des morts naturelles. Janney cite William Corson, un membre de la CIA : « Les meurtres sont faciles, les suicides plus difficiles. »

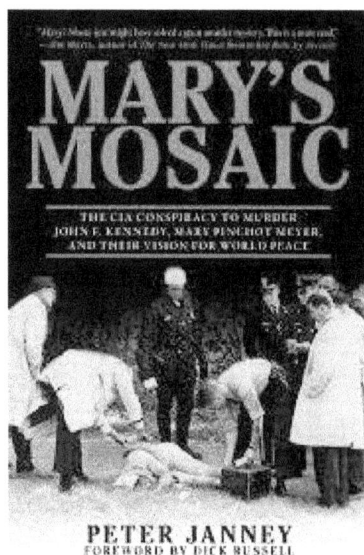

Une autre source de Janney est Toni Shimon, la fille d'un « inspecteur de police », Joseph Shimon, servant d'officier de liaison entre la CIA, le FBI, la police et la branche exécutive des années 40 aux années 80. Il lui expliqua que les assassinats politiques font partie du mode de fonctionnement de Washington. Il en a commis quelques-uns lui-même.

Janney soupçonne également Philip Graham d'avoir été assassiné par la CIA qui contrôlait alors le *Washington Post* à travers sa femme, la rédactrice Kathleen Graham et le Rédacteur en Chef Ben Bradlee. Cela remet en cause le rôle du *Post* dans l'affaire du Watergate. Janney déclare que les 18 minutes manquantes sur l'enregistrement de Nixon, contenaient sa menace de révéler le rôle de la CIA dans l'assassinat de Kennedy.

QUI ÉTAIT MARY PINCHOT MEYER ?

Mary Pinchot Meyer est souvent décrite avec mépris comme la « maitresse » de Kennedy. En fait, en 1963, elle faisait partie de son cercle intime et avait beaucoup d'influence sur lui.

Son père, un américain pur souche, fut deux fois gouverneur de Pennsylvanie. Elle avait grandi à New York et évoluait au sein de la même sphère sociale que JFK. Elle était aussi belle qu'intelligente et n'avait que peu de temps à consacrer au jeune Kennedy qui était un coureur de jupons, tout comme son père.

Comme elle était de la génération née au cours de la Seconde Guerre mondiale, elle était préoccupée par la paix mondiale. Elle épousa Cord Meyer, un ancien Marine doté d'un tempérament poétique. Elle partageait son engagement en faveur des Nations Unies comme une étape vers une sorte de « fédéralisme mondial ». Ces jeunes idéalistes ne comprenaient pas le véritable objectif derrière le projet de gouvernement mondial.

Cependant, Cord ne trouvait pas d'emploi à l'Université et Mary se retrouva l'épouse d'une étoile montante de la CIA. Elle se lia avec des familles de la CIA, mais ne craignait pas d'exprimer son désaccord au sujet de certains programmes. Après son divorce, elle est devenue une artiste et a fait l'expérience du LSD.

Comme Aldous Huxley et Timothy Leary, qu'elle a rencontré, elle pensait que les drogues psychédéliques peuvent permettre de briser la coquille du mental afin d'expérimenter la conscience divine. Elle créa un groupe féminin à Washington afin d'influencer les hommes de pouvoir pour mieux éviter la guerre.

En 1959, Meyer se rapprocha de Kennedy dont le mariage était un échec. Mary initia JFK au LSD. Kennedy était déterminé à faire la paix avec la Russie et Cuba, ainsi qu'à mettre fin à la Guerre du Vietnam. Son traité de non-prolifération nucléaire fut voté par le Sénat. Un de ses collaborateurs rencontrait Fidel Castro le jour de son assassinat.

Inutile de dire que LBJ inversa toutes les initiatives prises par JFK. Ce qui eut pour conséquence de faire 1,5 million de morts vietnamiens. Environ 60,000 soldats américains y laissèrent leur vie et 700 milliards de dollars (d'aujourd'hui) furent gaspillés dans une guerre qui discrédita, divisa et démoralisa le pays.

Mary était au courant de la lutte de pouvoir qui s'était engagé entre JFK et la CIA puis le complexe militaro-industriel. De manière imprudente, elle émit des réserves concernant Angleton. Elle avait suffisamment de crédibilité et de relations pour lui causer de sérieux problèmes.

Son meurtre le 12 octobre 1964, deux jours avant son 44ème anniversaire, alors qu'elle se promenait le long d'un canal, fut aussi bien orchestré par la CIA que le meurtre du Président. Mary lutta contre son agresseur et appela à l'aide, mais fut réduite au silence par une balle dans la tête et dans le cœur. Tel est le destin encouru par les plus honnêtes.

Leo Damore parvint même à interroger l'homme de main de la CIA à la retraite, qui avoua être l'auteur du crime. Ce scoop journalistique est probablement ce qui a couté la vie à Damore, mais il transmit néanmoins l'information à un collègue qui la passa à son tour à Janney.

LES ILLUMINATI

Le livre de Janney est une œuvre d'amour de 550 pages, le fruit de 25 années de recherches méticuleuses. Souvent, l'auteur prend un ton lyrique, ce qui donne à ce témoignage un côté captivant et romantique.

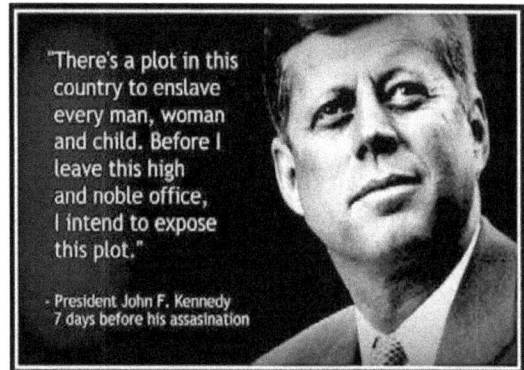

"There's a plot in this country to enslave every man, woman and child. Before I leave this high and noble office, I intend to expose this plot."

- President John F. Kennedy 7 days before his assasination

« Il existe dans ce pays un complot pour réduire en esclavage hommes, femmes et enfants. Avant de quitter cette haute et noble fonction, j'ai l'intention de révéler ce complot. » – Le Président John F. Kennedy, 7 jours avant son assassinat.

Néanmoins, Janney ne comprend pas que la CIA ne rend de compte qu'au cartel bancaire mondial Judéo-maçonnique. Il se réfère à un « gouvernement invisible », alors qu'il s'agit du gouvernement mondial Illuminati. Il explique que James Angleton n'était qu'une taupe, mais la taupe de qui ? Le Mossad le contrôlait pour le compte des banquiers Illuminati. Ils n'allaient pas laisser un Président idéaliste se mettre en travers de leur chemin de domination reposant sur des guerres sans fin et une dette toujours croissante.

La complicité des mass médias dans la dissimulation du meurtre de JFK a précédé celle du 11/09, une autre opération du tandem CIA-Mossad. Elle permet même à des opérations sous faux drapeaux de se produire presque tous les mois, comme Sandy Hook et le marathon de Boston. Pour avoir du succès aujourd'hui, vous devez collaborer avec les forces sataniques détruisant l'Amérique, ou à tout le moins ne pas les défier. Je doute cependant que la classe dirigeante puisse profiter des fruits de sa trahison.

Toutefois, grâce au travail courageux de Peter Janney, nous retrouvons espoir. *Mary's Mosaic* est un acte de défense dépassionné de la liberté, basé sur la connaissance de la vérité : « Le phare de l'Amérique – une promesse semblable à nulle autre dans l'histoire de l'humanité – est en train de s'éteindre à cause de l'ignorance... Je ferai ce qu'il faudra et paierai le prix qu'il en coutera pour permettre à cette histoire - cette petite partie essentielle de l'histoire - de voir le jour. » (391)

Aussi déprimante qu'elle puisse être, la vérité est toujours une source d'inspiration. Il en va de même des gens comme Janney, qui risquent leur vie pour la transmettre.

Extraits de *La Couronne d'Épines de la Russie – L'Histoire Secrète de la Franc-maçonnerie 1731-1996*, (1996) d'Oleg Platonov

Par « Sonja » de Moscou

« Une des tâches majeure de l'élite mondiale est la destruction des gouvernements nationaux pour les remplacer par des régimes dirigeants Judéo-maçonniques. Ces 150 dernières années, tous les pays d'Europe Occidentale ont perdu leurs gouvernements nationaux au profit des élites maçonniques cosmopolites, dont les intérêts sont fort éloignés de la majorité des Allemands, des Français, des Anglais, et des autres pays européens. Le spectacle des élections où deux ou trois partis (d'essence identique) s'affrontent, sert à masquer la cruelle dictature du gouvernement mondial secret et du capital Juif international.

La Franc-maçonnerie d'aujourd'hui est complètement différente de ce qui est traditionnellement perçu. Les rituels ne sont plus la priorité ; le travail maçonnique s'effectue en dehors des loges. Les politiciens majeurs de beaucoup de pays reconnaissent ouvertement leur affiliation avec la Franc-maçonnerie. Il s'agit d'un syndicat politique réunissant des politiciens peu scrupuleux, des escrocs financiers et des arrivistes de tous horizons en quête de profit personnel et de pouvoir absolu.

Toutes les décisions politiques majeures sont prises derrières les portes closes des organisations maçonniques. Les élections démocratiques sont présentées par les quelques candidats soutenus par l'élite mondiale. Ce système de pouvoir politique fut introduit en Russie à la fin des années 1980.

Les organisations maçonniques ne forment pas un tout unifié. Elles sont constituées par des « familles mafieuses » hostiles les unes aux autres. Nous en avons un exemple vivant par les luttes de pouvoir au sein de la Mafia Russe en ce moment (1996). Le but ultime de cette lutte est de se partager le pays et d'exterminer le peuple russe.

Aujourd'hui, il existe environ 500 loges maçonniques en Russie (sans compter les organisations occultes et les Églises sataniques) comprenant autour de 200,000 membres. Un grand nombre de membres (pas moins de 10,000) représentent la prétendue « maçonnerie blanche ». L'élite dirigeante affiliée au club des « Rotary ». Les autres organisations de « maçonnerie blanche » sont l'Ordre des Aigles, le Magisterium, l'Ordre Réformé, le Club Russe International, et le Fond Soros.

La « Maçonnerie Blanche » se considère comme supérieure et revendique le droit spécial de dominer et d'exploiter les autres. Leurs activités antirusses sont de nature secrète.

LA FRANC-MAÇONNERIE EST UNE ORGANISATION CRIMINELLE

Sous tous rapports, la Franc-maçonnerie est une organisation secrète criminelle. Son objectif est de parvenir à établir une dictature mondiale basée sur la doctrine juive du « Peuple Élu ».

L'Église Orthodoxe Russe a toujours condamné la Franc-maçonnerie comme une forme de satanisme.

Les Francs-maçons ont toujours été les ennemis maléfiques de l'humanité, toujours plus dangereux car ils tentent de masquer leurs activités criminelles sous un voile d'arguments trompeurs, tels que le progrès spirituel et la charité. Pourtant, les crimes affreux commis par les Francs-maçons en font des hors la loi. Au cours de la période 1725-1825, les loges maçonniques furent interdites en France, en Suède, en Espagne, en Turquie, à Malte, en Autriche, et au Portugal.

Malgré ces interdictions, l'idéologie maçonnique gagna du terrain. L'influence maçonnique se trouve à l'origine de toutes les guerres, les révolutions et les catastrophes des 18ème et 20ème siècles.

À la fin du 19ème siècle, les Francs-maçons influençaient directement la politique des pays d'Europe Occidentale, jouant un rôle-clef au sein des gouvernements et des parlements.

Le bastion de la Franc-maçonnerie moderne se trouve aux États-Unis d'Amérique. Les US sont supposés constituer le « grand super-pouvoir maçonnique ». Son gouvernement et ses hauts fonctionnaires sont tous membres des loges maçonniques.

Voici une liste d'opérations militaires conduites par les États-Unis basées sur les buts et les objectifs maçonniques:

1945	Les bombes atomiques lâchées sur Hiroshima et Nagasaki.
1948-1953	Les expéditions punitives contre le peuple des Philippines.
1950-1953	L'invasion militaire de la Corée. Des centaines de milliers de Coréens périrent.
1964-1973	Les opérations punitives au Laos qui firent des milliers de victimes.
1964	La suppression sanglante des forces nationales du Panama qui demandaient le retour de leurs droits.
1965-1973	L'agression militaire du Vietnam. Plus de 500,000 vietnamiens y perdirent la vie. À la manière d'Hitler, de nombreux villages paisibles furent détruits et brulés. Des massacres d'enfants et de femmes eurent lieu.
1970	L'agression contre le Cambodge qui fit de multiples victimes parmi des citoyens sans défense.
1982-1983	Les actes de terrorisme contre le Liban.
1983	L'invasion militaire de Grenade fit des centaines de victimes.
1986	L'invasion par la traitrise de la Lybie.
1989	L'invasion militaire du Panama.
1991	Les opérations militaires à grande échelle contre l'Irak. Pas moins de 150,000 citoyens en moururent.
1992-1993	L'opération militaire en Somalie qui se solda par un massacre de civils.
1999	L'agression contre la Yougoslavie qui fit des milliers de victimes et des centaines de milliers de réfugiés.

Et ce ne sont que des actions militaires officielles. Les États-Unis furent également largement impliqués dans des guerres secrètes contre le Salvador, Cuba, l'Afghanistan, l'Iran, où ils investirent d'énormes sommes d'argent pour soutenir des régimes pro-américain de marionnettes dociles.

Le nombre total de victimes disparues à cause des décrets promulgués par les Présidents américains Francs-maçons au cours de la période 1948-1999, se monte à plus d'un million de personnes (sans compter les blessés et les estropiés).

Les actes des Présidents américains devraient être jugés devant un tribunal militaire international et les loges maçonniques de toutes obédiences devraient être strictement interdites.

En Russie, les loges maçonniques furent interdites à trois reprises par décret spécial du Tsar. La dernière interdiction perdura jusqu'en 1917.

Malgré ces interdictions, les loges maçonniques fonctionnaient secrètement. Des signes de leurs activités peuvent être découverts aux 19ème et 20ème siècles (y compris au cours du règne Soviétique). Des décrets de Gorbatchev et d'Eltsine légalisèrent la Franc-maçonnerie en Russie. Les organisations maçonniques menacent sérieusement le futur de la Russie.

La Guerre de Corée :Un autre mensonge des Illuminati

Par Jim Perloff

En juin 1950, Kim Il-Sung, le dictateur communiste Nord-Coréen, envahit la Corée du Sud. Les forces américaines, sous l'autorité des Nations-Unies, vinrent à la rescousse de la Corée du Sud, provoquant une guerre de trois ans qui se termina par une impasse. Cette guerre artificiellement provoquée servit à accomplir au moins deux objectifs des Illuminati. Renforcer le gouvernement mondial et priver le Congrès américain de ses droits en déclarant la guerre sans son aval.

• Si le Président Franklin D. Roosevelt n'avait pas demandé à Joseph Staline de participer à la guerre du Pacifique, il n'y aurait jamais eu de régime communiste en Corée du Nord.

• Comme condition préalable à son entrée dans la guerre du Pacifique, Staline demanda – et reçut – 600 chargements de matériels et munitions pour son armée d'Extrême Orient.

• Staline attendit que les États-Unis aient vaincu le Japon pour se joindre à la guerre du Pacifique. Ses troupes pénétrèrent en Chine seulement cinq jours avant que la guerre ne se termine. La bombe atomique avait déjà détruit Hiroshima.

• La Corée était un protectorat Japonais. En 1944, *Foreign Affairs* – le journal du Council on Foreign Relations (CFR) – publia un article suggérant que la Corée deviennent un fidéicommis dirigé par les alliés y compris la Russie. Les soviétiques occupaient la Corée du Nord, tandis que les USA occupaient le sud. Personne n'avait demandé leur avis aux coréens.

• Staline établit un régime communiste sous la férule de Kim Il-Sung en Corée du Nord, rassemblant une armée de 150,000 hommes, dotée de centaines de tanks et d'avions. Lorsque les États-Unis quittèrent la Corée du Nord, elle ne laissa qu'un contingent de force de police Sud-Coréenne sous équipé. Ils n'avaient pas un seul tank ni même de dispositif anti-char.

• Ce déséquilibre des forces armées rendit l'invasion de la Corée du Sud plutôt facile. En 1949, Mao Tse Toung consolida le contrôle communiste de la Chine, sécurisant ainsi l'arrière de Kim. En janvier 1950, Kim proclama « l'année de réunification » annonçant « une préparation intensive à la guerre. »

• Aplanissant le terrain pour Kim, le Secrétaire d'État américain, rompu aux intrigues politiques, Dean Acheson (CFR, Scroll & Key, Comité des 300), prononça un discours où il incluait la Corée du Sud à l'intérieur du « périmètre de défense » de l'Amérique. • Les victimes placées en dehors du périmètre, dit-il, devrait compter « sur l'implication du monde civilisé ayant ratifié la charte des Nations Unies. » - indiquant par là le rôle joué par la Corée dans la feuille de route Illuminati.

• Les Illuminati cherchent à dominer le monde. Pour gouverner le monde entier, ils ont besoin d'un gouvernement à l'échelle mondiale. Le *Protocole 5:11* indique qu'ils ont l'intention « de graduellement absorber toutes les forces étatiques du monde afin de former un super-gouvernement. »

• La Première Guerre mondiale produisit la première tentative de former un gouvernement mondial – la Société des Nations. Le CFR fut fondé en 1921 en réponse directe au refus de l'Amérique de rejoindre la Société. Les membres du CFR tracèrent les plans au successeur de la Société des Nations, l'Organisation des Nations Unies. Lors de la conférence des Nations-Unies de 1945 à San Francisco, 47 délégués américains étaient membres du CFR. David Rockefeller en fut longtemps le Président, son frère John D. Jr. donna $8.5 millions pour acquérir le terrain sur lequel le siège des Nations-Unies fut bâti.

• Une fois que l'O.N.U. fut établie, la prochaine étape consistait à renforcer sa crédibilité en validant sa capacité à maintenir la paix. (La charte de l'O.N.U. mentionne « le maintien de la paix et de la sécurité internationale » comme son principal objectif.) La Guerre de Corée devait être au service de cette étape cruciale.

• Près de deux ans après le début de la Guerre de Corée, l'article principal de *Foreign Affairs* d'avril 1952, était intitulé « la Corée en perspective ». Il résumait : « Nous avons accompli des progrès historiques en direction de l'établissement d'un système viable de sécurité collective. »

L'AUTORITÉ DU CONGRÈS

La Guerre de Corée favorisa l'accomplissement d'un autre objectif des Illuminati : usurper l'autorité du Congrès pour déclarer la guerre.

• Les Protocoles (10) prédisaient : « Dans un futur proche nous établirons l'autorité des présidents... Nous investirons le président du droit de déclarer l'état de guerre. » (Un président est plus facile à contrôler que toute une chambre législative.)

• L'autorité du Congrès de déclarer la guerre ne fut pas évoqué car il avait ratifié la Charte de l'O.N.U. Le Président Truman envoya des troupes en Corée sans même consulter le Congrès. Il expliqua : « Nous ne sommes pas en guerre ; c'est juste une opération de police. » Les soldats des États-Unis souffrirent plus de 100,000 pertes en Corée – mais pas de quoi s'inquiéter, il ne s'agissait que d'une « opération de police ».

• Le Congrès ne protesta pas très vigoureusement contre l'initiative de Truman, parce que les Illuminati jouaient une carte maitresse. Les opposants du Congrès les plus farouches à l'égard de l'O.N.U. étaient également les anticommunistes. Ils avaient condamné le département d'état de Truman pour sa manipulation de la Chine et son rôle dans la victoire du communisme dans l'empire du milieu. Avec la Corée, Truman montrait qu'il se rangeait de leur côté, en envoyant des troupes pour contrer l'agression communiste. Si le Congrès avait exercé ses prérogatives, la Corée aurait pu tomber dans l'escarcelle de Kim Il-Sung, sous la pression et la pénétration de ses forces armées sur le territoire adverse.

Mais les Illuministes en coulisse n'avaient aucunement l'intention de « combattre le communisme ». Le Général Douglas MacArthur, le commandant en chef des forces de l'O.N.U., l'apprit à ses dépens.

Non seulement MacArthur repoussa l'invasion, mais – suivant en cela son instinct de soldat – il chercha la victoire en libérant la Corée du Nord du communisme jusqu'à la Rivière Yalou délimitant la frontière avec la Chine. À ce stade, la Chine Rouge engagea ses troupes dans la bataille. MacArthur fit bombarder les ponts de Yalu afin de les empêcher de prendre part au conflit, mais à quelques heures de distance, ses ordres furent contremandés par Washington – ce qui couta la vie à des milliers de GIs.

Le Général MacArthur déclara à ce sujet : « J'ai réalisé pour la première fois que je m'étais vu refuser l'utilisation de la puissance militaire pour protéger la vie de mes soldats et assurer la sécurité de l'armée. Pour moi, cela signifiait clairement une situation tragique à venir en Corée, et me fit l'effet d'un choc inexprimable. »

Cela répondait au nouveau concept de « guerre limitée ». La victoire était devenue un anachronisme, elle était remplacée par « l'endiguement », une idée issue du fameux article de 1947 écrit par « Mr. X », et publié dans *Foreign Affairs*. MacArthur se vit bientôt retirer le commandement des opérations en Corée. Tout comme Patton, il fut écarté après avoir rempli son rôle.

Mais voici peut-être la plus grande ironie de toute : l'Union Soviétique aurait pu empêcher l'action de l'O.N.U. en Corée en usant simplement de son veto de membre du Conseil de Sécurité. Après tout, Kim Il-Sung était sa marionnette. Cependant, le jour du vote sur la Corée, la délégation soviétique était absente. Elle était engagée dans une politique de la chaise vide au sujet du refus de l'O.N.U. d'intégrer la Chine Rouge. Le Secrétaire Général, Trygve Lie, invita Jacob Malik, l'ambassadeur soviétique aux Nations Unies, à assister au vote, mais ce dernier refusa. Les historiens officiels appellent ça la « bévue soviétique ». Mais si Makik avait vraiment gaffé, Saline l'aurait cloué sur une planche.

La Guerre de Corée ne fut pas combattue au profit d'une victoire remportée par un des deux camps, mais afin d'amener la validation de l'O.N.U. comme « gardien de la paix ». Plus de trois millions de personnes, y compris les civils, moururent sur l'autel du gouvernement mondial. Lorsque la guerre prit fin, les frontières Nord-Sud de la Corée furent restaurées de manière à peu près identique à ce qu'elles étaient avant le conflit.

Le général Mark Clark fit remarquer : « En appliquant les directives de mon gouvernement, j'ai acquis la distinction peu enviable d'être le premier commandant de toute l'histoire de l'armée des États-Unis, à signer un armistice sans que ce dernier soit le fruit d'une victoire. »

Pour les Illuminati, la guerre a une fonction « révolutionnaire » parce qu'elle permet de consolider le pouvoir Illuminati et de faire avancer leur objectif de gouvernement mondial. La paix est « contre révolutionnaire ». La Guerre de Corée, et en fait la création de l'état-prison Nord-Coréen, fut inutile et complètement artificielle.

James Perloff est l'auteur de plusieurs ouvrages ; le plus récent étant *Truth is a Lonely Warrior*. Son site internet : www.jamesperloff.com

Livre Six

Les Illuminati à l'œuvre

La France se bat contre l'hégémonie Juive-maçonnique

Par David Massada

La France est dirigée par la Franc-maçonnerie et la Juiverie Organisée. L'une est au service de l'autre. La volonté des citoyens français, leur vote, la survie de leur histoire, leur héritage, leur culture et leur religion ancestrale (le Catholicisme), n'a aucune importance aux yeux des membres de cette clique.

La France est un des rares pays Occidentaux dotée d'un puissant parti nationaliste

Leur but est de détruire toute racine, toute mémoire, tout lien avec le passé, tout vestige de sens religieux, et par-dessus-tout tout sentiment de patriotisme restant dans le cœur du peuple français. C'est pourquoi ils insistent toujours sur le côté obscur de l'histoire de France et demande aux français de s'agenouiller devant la Juiverie et l'holocauste.

Le but de la Juiverie Organisée n'est pas d'exercer un pouvoir bienveillant et impartial pour le bénéfice de l'humanité et son bien-être général. Son but est de remplacer Dieu, et d'être vénéré à sa place.

Pendant des siècles, la France était le bastion de la Chrétienté se tenant au travers du projet mondialiste Juif qui ne souhaite pas qu'aucune nation puisse défier sa domination. La soif de pouvoir de la Juiverie, son avidité pour l'argent et son mépris des idéaux moraux et religieux sont derrière notre actuelle culture de mort et de destruction.

LE « PROGRÈS » ET LE « CHANGEMENT »

En France, derrière tous les « progrès » et les « changements sociaux », se trouve toujours un Juif.

L'abolition de la peine de mort fut initiée par l'avocat Juif Robert Badinter. La loi sur l'avortement fut perpétrée par la Juive Simone Veil. Les associations « antiracistes » ont toutes été créées par des Juifs. (SOS racisme fut créée par le Juif Julien Dray et le Juif Harlem Désir ; tous ses présidents ont été des Juifs, jusqu'à aujourd'hui avec la Juive Cindy Léoni).

Comme dans tous les pays où ils se sont installés, la Juiverie a créé en France un nombre incroyable d'associations pour exercer une pression morale et psychologique sur le peuple hôte afin de désarmer la résistance légitime envers leur projet luciférien.

La survie du peuple français en tant qu'entité autonome ne fait pas partie de leur préoccupation, simplement parce qu'ils ne considèrent pas en faire partie. Leur seule allégeance va à leur entité tribale, la Franc-maçonnerie, et pour certains Israël, mais non à la France et à son peuple.

LE CONTROLE JUDÉO-MAÇONNIQUE

Ainsi, ils ont fait du Front National et de son fondateur, Jean-Marie Le Pen, leur ennemi numéro un. Parce qu'il a refusé de s'agenouiller devant le pouvoir Juif, il dut faire face à ce pouvoir occulte qui contrôle tout et tient la destinée de la France et de son peuple entre ses mains, tout comme il contrôle le sort du peuple américain (les conduisant à la faillite et à la misère)...

L'histoire est têtue ; c'est la raison pour laquelle ils souhaitent en supprimer l'accès aux jeunes générations. (Le ministre de l'éducation Juif Franc-maçon Peillon a fait retirer Louis XIV, Napoléon et François Ier des livres scolaires...)

Seule la couleur des évènements semble changer, mais en fait le sens de l'histoire reste le même.

Mais soyons clairs. Nous ne parlons pas ici des individus. Nous parlons du pouvoir monétaire Juif et de ses outils de procurations, principalement la Franc-maçonnerie (B'nai Brith, Bilderberg, Skulls and Bones, CFR, Trilateral Commission, etc.) Nous parlons d'un projet de subversion multiséculaire qui est maintenant tout proche de son accomplissement.

Les populations juives les plus nombreuses – en dehors d'Israël – se trouvent en France et aux États-Unis. Cela explique la récente attitude va-t'en guerre du gouvernement socialiste.

L'actuel Président de la République est le marrane crypto-juif Hollande.

L'actuel ministre des affaires étrangères est le Juif Fabius

L'actuel ministre de l'éducation est le Juif Peillon

L'actuel ministre de l'économie est le Juif Moscovici

Évidemment, ils sont tous Francs-maçons...

Nous pourrions dresser le même constat sur les médias (presse, TV, etc.) l'université et le reste...

Les Français s'en rendent de plus en plus compte. Mais ils ne peuvent pourtant pas comprendre comment les Juifs peuvent être aussi hostiles à leur égard alors qu'ils détiennent les meilleurs postes dans la plupart des secteurs de l'économie (particulièrement au sein des médias, de la culture et bien sûr des banques). Ils bénéficient d'un statut bien supérieur à celui du citoyen français moyen. Mais cela ne leur suffit pas...

Jean-Marie Le Pen fut informé par un membre éminent du B'nai Brith qu'ils avaient craint de ne pouvoir parvenir à l'empêcher d'être élu en 2002 ; et ainsi pendant des années, le Front National fut le sujet d'inquiétude principal de la Juiverie. Telle est la raison derrière la campagne médiatique de calomnie sur le parti et son Président.

Le « Front Républicain » fut mis en place par les autres partis de l'opposition (Socialiste et UMP) au cours d'une assemblée du B'nai B'rith (Franc-maçonnerie exclusivement pour les Juifs). Il s'agissait d'un accord entre les partis politiques pour reporter leurs voix lorsqu'ils faisaient face à un membre du Front National au cours d'une élection... (Telle est l'éthique démocratique de l'élite politique en France, de passer outre le vote des citoyens de manière à garder la mainmise sur toutes les positions de pouvoir...).

C'est de cette manière que les Socialistes et les gauchistes assuraient leur réélection.

En général les français sont désagréables parce qu'en tant que peuple, nous subissons une attaque.

La plupart des gens renvoient l'agression dont ils sont eux-mêmes victimes.

Nous subissons une attaque occulte de la part de la kabbale juive maçonnique qui contrôle la France. Bien que la majorité des français ne puissent pas en identifier la source, ils réagissent au maléfice dont ils sont nourris à travers les médias, la classe politique et la culture en général.

Nous avons été déracinés en tant que peuple Chrétien, et la perte du christianisme comme religion, vectrice d'éthique, de valeurs morales et d'éducation, est ce qui fait de nous de plus en plus des fous irresponsables.

Nous ne savons plus comment interagir gentiment avec les autres à cause du mal que nous ingurgitons au quotidien. Cela crée un profond sentiment d'insécurité et de malaise moral. Ajoutez à ça le flux constant des étrangers envahissant le pays, organisé malicieusement par la kabbale juive maçonnique, et vous obtenez un peuple qui se sent (le mot n'est pas trop fort) terrorisé.

Je pense que cette peur est à l'origine du comportement abrupt et agressif de la plupart. La récente loi sur le mariage gay est un exemple parmi tant d'autres du pouvoir maléfique qui persécute le pays. (La majorité des français y sont hostile, mais la loi passe quand même ; la démocratie n'est plus le règne de la majorité...)

Si les français sont agressifs, c'est tout simplement parce qu'ils souffrent intensément...

LA FRANCE EST SOUS CONTROLE JUIF

L'économie de la France, son système éducatif et ses médias de masse, sont tous sous le joug de la juiverie organisée. Aussi terriblement antisémite que cela paraisse, ce n'en est pas moins vrai. La preuve en est que si vous osez en faire mention, vous serez banni à tout jamais des médias, ne travaillerez plus comme journaliste, ne serez nommé au conseil d'administration d'aucune société, ne pourrez appartenir à aucun parti politique, ni siéger à l'Assemblée Nationale. Vous ne pourrez même pas concourir pour Miss France. (Oui, ils ont la main sur ça aussi...)

Ils ne veulent pas seulement confisquer tous les leviers de pouvoir des mains des français, ils ont aussi pour objectif à long terme d'éradiquer la population des natifs. D'où les campagnes massives pour l'avortement et le métissage qui sont convoyées au travers des médias et présentés comme la preuve ultime du « progrès humain » et de la « civilisation ».

Cette obsession de la disparition du peuple blanc, cette volonté de le dépouiller de tout pouvoir au sein de son propre pays, et de le forcer à accepter les allogènes du monde entier, est l'œuvre de la juiverie organisée (B'nai B'rith, Franc-maçonnerie, etc.)

Le combat mené par Jean-Marie Le Pen tout au long de sa vie fut d'arracher la France des mains de la Franc-maçonnerie. S'il est maintenant évident qu'il y a échoué, son effort courageux a néanmoins permis à certains d'arracher le voile de mensonge et de tromperie qui recouvre le cirque de la vie politique française.

LE VÉRITABLE COMBAT : NATIONALISTES VS MONDIALISTES

Parce que la lutte n'est plus entre la droite et la gauche, mais entre ceux qui se soumettent au projet mondialiste, prêts à vendre leur pays pour une carrière en politique, et ceux qui veulent libérer le pays du joug mortifère des mondialistes esclavagistes.

Le Front National y parviendra-t-il ? J'ai tendance à douter, malgré le fait qu'il représente la volonté de millions de Français, que ses efforts puissent être fructueux. En partie parce que les institutions européennes ne le permettront pas, et de surcroit parce que l'enchevêtrement de la dette lié à la monnaie commune, empêchera la mise en place d'une politique véritablement indépendante.

La stratégie d'interdépendance en matière financière fut si bien planifiée, qu'elle ne laisse aucune marge de manœuvre au politique.

Une chose est cependant certaine, le Front National a déjà été infiltré par la Franc-maçonnerie. Par exemple l'avocat franc-maçon Gilbert Collard a fait sensation en rejoignant Marine Le Pen. Il siège maintenant comme député à l'Assemblée. (Bien qu'il représente plus de 20% du vote à l'échelle nationale, le FN n'a que 2 députés sur 577... telle est la démocratie sous la dictature franc-maçonne...)

Pendant ce temps, plus de 80% des geôles françaises sont peuplées de non natifs (la plupart musulmans...) Une politique d'immigration généreusement suicidaire a été mise en place dans le but d'attirer encore plus d'immigrants (chaque année plus de 200,000 obtiennent un visa de résidence et la nationalité ne tarde jamais à suivre...) Les enfants bénéficient de l'école gratuite ; leurs parents touchent les allocations, profitent de la gratuité des soins et de tous le cortège d'aides payées par le travail de la population française de souche, qui ne reçoit en retour pour remerciement que violence, haine et crime...

Nous sommes en train d'être remplacés sur notre propre sol... le taux de crime est en constante progression, grâce à leur politique du sans frontière. Nous avons maintenant les gangs des mafias d'Europe de l'Est qui pillent les bijouteries et braquent les résidences privées à la campagne. Cela maintient les forces de police occupées, lorsqu'elles doivent déjà faire face à des réductions drastiques de leur budget...

Le chaos souhaité par nos maitres suprêmes francs-maçons est donc bien engagé... Cela permettra surement d'imposer un peu plus de « changement social » et de mesures « anti-terroristes »... Maintenant je comprends mieux le sens de leur devise : Ordo ab Chaos...

Des quartiers entiers des grandes villes françaises deviennent des zones de non droit, où les immigrés s'organisent entre eux, formant des milices pour protéger leur trafic de drogue et leur racket. Le pays entier s'enfonce dans la décadence, mais les médias continuent de présenter le Front National (qui n'a jamais exercé le pouvoir) comme la cause de tous les problèmes... Cela pourrait être le sujet d'une bonne blague si la réalité n'était pas si tragique...

Pour résumer, la désastreuse recette satanique est en train d'être appliquée à la France :

- L'immigration de masse

- Une dette exponentielle jamais remboursable

- La souveraineté nationale piétinée par les institutions européennes

- Le mariage gay

Tous ces facteurs sont maintenant pleinement visibles, même aux yeux des plus aveugles contempteurs de la propagande officielle, mais les véritables responsables restent comme de coutume dans l'ombre... Car celui qui serait assez brave pour les désigner du doigt, sait que cela peut lui couter sa carrière et même sa vie...

Les médias ont collaboré aux attentats sous faux drapeau du 11/09

Edward Hendrie est avocat. Son livre, *9-11 – Enemies Foreign and Domestic*, constitue un puissant dossier démontrant que les attentats du 11/09 ne furent rien d'autre qu'une tromperie flagrante et un acte de trahison à l'égard du peuple américain. Une large proportion de la classe médiatique, politique et militaire des États-Unis fut clairement complice de ce massacre et de la dissimulation de ses véritables responsables, depuis le Président jusqu'à la base.

Hendrie dissèque et discrédite la version officielle, et met le blâme sur le compte du Mossad Israélien. Il resitue l'attaque dans le contexte de nombreux autres attentats sous faux drapeau perpétrés par les Sionistes contre les intérêts américains (l'attaque contre les Marines à Beyrouth, le bombardement de l'USS Liberty), afin de modifier la politique américaine. Hendrie explique de manière efficace la situation globale, c'est-à-dire la vendetta de la Kabbale Juive Talmudique contre l'humanité. Je n'avais rien lu depuis longtemps qui révèle avec autant de pertinence, le contrôle que les banquiers Illuminati exercent sur nos vies.

Leur possession des médias de masse est pour une grande part dans ce contrôle. Hendrie démontre comment les médias prirent une part active dans le 11/09. Comme je m'en doutais, il n'y a pas eu d'avions qui ont percuté les Tours Jumelles ou le Pentagone. Les images des avions furent générées par ordinateurs et synchronisées avec l'explosion des bâtiments.

Hendrie démontre que beaucoup de « témoins oculaires » étaient des employés des médias et que beaucoup de véritables témoins relatant les explosions sans la présence d'avions furent ignorés.

De surcroit, la BBC annonça l'effondrement du WTC-7, un bâtiment de 47 étages, 20 minutes avant qu'il ne se produise. AP et CNN ont préparé les photos mortuaires des passagers du 11/09, trois jours avant les attaques.

Cela prend tout son sens, comme aucun avion ne s'est écrasé à Shanksville ou contre le Pentagone, il est parfaitement normal qu'aucun ne se soit fracassé contre le WTC non plus. Ces gens ont un mode opératoire cohérent.

LA SUPPRESSION DE LA VÉRITÉ

Hendrie montre que les « informations » ont supprimé la vérité tout en créant littéralement une réalité conforme au scénario des Illuminati.

Les Tours Jumelles avaient été conçues pour résister à une collision d'avion et aucun des supposés feux déclenchés par le kérosène, n'auraient pu atteindre les températures nécessaires pour faire fondre les poutres d'acier.

Hendrie attribue le fait que les deux bâtiments aient été réduits en poussière à une « arme à énergie directe » en relation avec la technologie de type HAARP. Cette arme permet de tout réduire à l'état moléculaire. 1400 voitures se trouvant éloignées de 7 blocks furent fondues ou déformées, mais les arbres et du papier ne furent même pas affectés, encore moins brulés.

Hendrie révèle que l'ouragan de catégorie trois « Erin », soufflant des vents de 190 km/h se trouvait à environ 320 kilomètre de New York, lors de l'attaque. Il cite le physicien Judy Wood ayant établi que l'ouragan « a agi comme une gigantesque bobine Tesla ayant créée les conditions sur le terrain pour l'utilisation des armes énergétiques lors du 11/09. »

Le but du 11/09 était de permettre la création d'un état policier Sioniste pour justifier les guerres en Irak, en Afghanistan et en Iran. Hendrie pense que la guerre en Irak fut provoquée par la décision de Saddam Hussein de suspendre la vente de pétrole en dollar. Apparemment les banquiers ont besoin des pétrodollars pour soutenir la dette écrasante des USA et empêcher le dollar de s'écrouler.

Hendrie suppose que les passagers du vol UA-93 furent débarqués à Cleveland et massacrés dans une installation de la NASA au sein de l'aéroport. Les dommages occasionnés au Pentagone, qui tuèrent 125 personnes, furent provoqués par des explosifs. L'attaque se produisit sur les bureaux où les comptables enquêtaient sur la disparition de 1,2 trilliard de dollars.

Oussama Ben Laden est mort à la fin de 2001 du syndrome de Marfan. Sa « capture » par les Navy Seals fut conçue pour sauver Obama, qui était empêtré dans des suspicions sur l'authenticité de son acte de naissance.

CONCLUSION

Ce livre de 300 pages est excellemment documenté et permet de soulager le dilemme commun de ceux ayant émis des doutes sur la version officielle. Nous vivons au sein d'un théâtre absurde, dont des psychopathes et leurs manipulateurs ont pris le contrôle.

Hendrie prouve clairement que les banquiers Juifs Kabbalistes sont au cœur de la conspiration et que le Sionisme est son instrument le plus puissant. Il démontre de manière convaincante que le Mossad a planifié et exécuté les attaques du 11/09. Des hauts fonctionnaires de l'administration Bush ont été des collaborateurs actifs. Il cite des témoignages venant d'initiés admettant qu'il s'agissait d'un « inside job »/« opération accomplie de l'intérieur ».

La version officielle du 11/09 démontre comment les Kabbalistes pensent qu'ils peuvent faire passer leurs mensonges pour la réalité, en utilisant leur contrôle des médias de masse. Notre situation est similaire à celle du film *L'invasion des profanateurs de sépultures* où une force étrangère a envahi les esprits et les âmes des gens.

Vidéos en rapport : « 9-11 MISSING LINKS »

http://video.google.com/videoplay?docid=7877765982288566190

Aucun avion n'a heurté le WTC

http://www.youtube.com/watch?v=CUoqwUVOxHE&feature=share

Portrait d'un animateur Illuminati : Dan Senor

D'après son porte-parole, Dan Senor est « le visage civil de l'Autorité de la Coalition représentant les américains, les européens, les irakiens et le reste du monde. »

Dan Senor montre au général Mark Kimmit le chemin vers Bagdad.

Il n'avait que 32 ans lorsqu'il est devenu le porte-parole de l'ambassadeur Paul Bremer et de la Coalition Provisional Authority/Autorité Provisoire de la Coalition, après l'invasion de l'Irak de 2003.

Les perspectives n'étaient pas bonnes : comment est-ce qu'un jeune Juif Canadien ambitieux, diplômé de l'Université Hébraïque de Jérusalem, a-t-il pu devenir le visage de l'invasion américaine de l'Irak ?

Même s'il est à présent clair que le Sionisme est une idéologie expansionniste ; apparemment ils ne se souciaient pas de ceux qui le savaient, même en 2003.

Petit bond en avant en octobre 2012. Senor, à présent âgé de 41 ans, est le « conseiller aux affaires étrangères » c'est-à-dire un agent Sioniste, pour le compte du candidat à la présidence Mitt Romney.

À Jérusalem, il fit prendre à son boss « l'engagement de soutenir » la moindre attaque d'Israël sur l'Iran. Plus tard, Romney se rétracta quelque peu, en déclarant « qu'aucune option n'était exclue ». Romney était sur le point d'assister à un diner de gala pour une collecte de fond à 50,000$ le menu, dans la capitale Israélienne. Telle est la démocratie « américaine ».

La carrière de Dan Senor est un exemple typique de la manière de réussir en servant le clan des banquiers Sionistes Illuminati comprenant Israël, les USA et l'Europe Occidentale.

Quelques faits saillants :

Dan Senor est diplômé en histoire de l'Université d'Ontario, et obtint d'autres diplômes à l'Université Hébraïque et à Harvard.

Il travaille ensuite avec le Sénateur du Michigan Spencer Abraham, membre de l'AIPAC (le lobby israélien de Washington), à Capitol Hill. Il est repéré par le patron des Néo-Cons William Kristol, célèbre pour avoir déclaré que la guerre en Irak fut conçue par 25 intellectuels Juifs de Washington.

Il a également travaillé pour le groupe Carlyle, le 10ème groupe industriel de l'armement le plus important du monde, spécialisé dans la planification des conflits nécessitant d'acquérir ses produits. Il recrute des politiciens à la retraite comme G.H.W. Bush, lui permettant de lever des fonds pour la construction d'armes même si le Pentagone n'en n'a pas besoin.

Puis Senor créa sa propre firme de « Capital Investissement », et son propre fond spéculatif avec le beau-fils millionnaire de John Kerry, Chris Heinz (oui celui du Ketchup). Il intégra également le Council on Foreign Relations et beaucoup d'autres « think tanks ». Il co-signa un livre flatteur sur l'entreprenariat en Israël avec son beau-frère, et fut un invité fréquent de Fox-TV.

SON MARIAGE

Ce qui a attiré mon attention, est que ce Juif, un homme qui mange casher, a épousé une shiksa, Campbell Brown, une ancienne employée de CNN. Cela montre que les Illuminati ne sont pas strictement composés de Juifs. Bien qu'ils dirigent la Juiverie organisée, ils se marient avec des Francs-maçons de toutes origines. Les Illuminati sont des Kabbalistes, une société secrète satanique au sein du Judaïsme et de beaucoup d'autres religions et groupes humains.

Pour les véritables Juifs, épouser une shiksa est un sérieux manquement à sa religion. Cela signifie essentiellement que les enfants, dans ce cas deux fils, ne sont pas Juifs.

Senor a rencontré Brown à Bagdad en 2003 et ils se sont mariés en 2006 lors d'une cérémonie civile dans le Colorado. Le *New York Times* a déclaré que « le couple a fait le vœu devant 150 invités non seulement de rester ensemble pour toujours mais aussi de 'réparer une partie de ce monde brisé'.

C'est une des fatuités en vigueur parmi les Kabbalistes croyant qu'ils « guérissent le monde » en le détruisant. Du pur Satanisme.

Le père de Campbell, Jim Brown se présenta sans succès au poste de gouverneur de la Louisiane en 1987. Il fut élu commissaire d'assurance en 1991 et occupa ce poste jusqu'à sa démission en octobre 2000, lorsqu'il fut condamné à six mois de prison pour avoir menti au FBI au sujet du statut d'une compagnie d'assurance. Brown fut banni de toute exercice légal jusqu'en 2008.

Je ne peux pas confirmer que Jim Brown soit franc-maçon mais son entourage en est plein et apparemment, il était corrompu.

CONCLUSION

Dan Senor est un exemple pour tous les jeunes Juifs ambitieux (et les nons-Juifs) sur la façon de réussir de nos jours.

Louez votre talent aux banquiers Illuminati. Fréquentez les écoles de l'élite et travaillez pour les organisations paravents des Illuminati. Aidez-les à provoquer des guerres inutiles et à extraire la richesse des pays qu'ils conquièrent, même si des millions de gens sont mutilés, affamés et massacrés.

Aidez les banquiers à annihiler l'esprit humain, tout en réduisant tout le monde à l'état animal. Assurez-vous que le démon remporte son pari avec Dieu et que l'humanité soit une expérience ratée.

Si vous avez le moindre scrupule moral, dites-vous à vous-mêmes et à tous ceux qui vous écoute, que vous « guérissez le monde. »

Pourquoi les Illuminati révèlent-ils la conspiration ?

Les Illuminati ne veulent pas seulement vos enfants, votre épouse, vos biens et votre liberté.

Le fait de s'emparer de vos droits les plus élémentaires n'est pas suffisant pour ces Satanistes. Ils veulent la récompense ultime. Ils veulent s'emparer de votre âme.

Ils nous révèlent la conspiration, parce qu'ils veulent que nous soyons leurs complices. Tout comme les francs-maçons des rangs inférieurs, les Juifs, les américains ou les européens ordinaires, sont complices par leur soutien envers la guerre. Ils veulent que nous devenions tous des démons.

Ils font délibérément preuve de maladresse parce qu'ils veulent nous compromettre. Ils ne veulent pas que nous puissions dire : « Mon Dieu, nous n'en savions rien. ».

Ils ont fait un pari avec Dieu. Ils veulent nous enrôler du côté de Lucifer. Mais ils doivent nous laisser *le libre arbitre*, la capacité de faire un choix.

C'est la raison pour laquelle ils nous révèlent la conspiration. Par exemple les Rockefeller parrainent la *John Birch Society*. Leur journal, *The New American* est toujours une des meilleures sources d'information à propos des projets de l'élite. Cette opposition contrôlée présente aussi d'autres utilités. Elle permet de circonscrire la révolte et de s'assurer qu'aucune autre forme de résistance ne vienne à se développer.

C'est pourquoi beaucoup de sites comme le mien fonctionnent sans beaucoup de difficulté. *Ils veulent que tout le monde soit au courant*. Certains autres sites internet peuvent même recevoir le soutien des Illuminati.

Ralph Epperson, l'auteur de *The Unseen Hand* (1985)/*La main invisible,* fait des révélations au sujet du Nouvel Ordre Mondial depuis les années 1980. Il m'a confié n'avoir jamais rencontré aucune forme de répression de la part de l'élite.

C'est pourquoi ils sont si négligents. Tout le monde peut voir qu'aucun avion n'a heurté le Pentagone, ni ne s'est écrasé à Shanksville. Ils veulent que nous nous compromettions en acceptant ces mensonges et en abandonnant les victimes à leur sort. **Nous devenons ainsi moralement complices de leurs crimes**.

L'AVOCAT DU DIABLE

Dans le film *L'Avocat du Diable*, basé sur le roman d'Andrew Niederman et produit par Arnon Milchan et Arnold Kopelson, le Diable (Pacino) déclare à Kevin Lomax, l'avocat ambitieux joué par Keanu Reeves : « Je ne fais que présenter les évènements, ton libre arbitre tire ses propres ficelles ! »

Il montre à Kevin qu'il ne peut blâmer personne d'autre que lui-même. Kevin est dirigé par son propre égoïsme et sa vénalité. Il a abandonné sa femme au moment où elle avait le plus besoin de lui, puis elle s'est suicidée. Il a fait acquitter beaucoup de coupables, parce qu'il « ne perd jamais ».

Puis le diable nous expose le manifeste Luciférien : c'est la croyance que l'homme est défini par ses appétits charnels et ses désirs (l'avidité, le pouvoir, la luxure), plutôt que par son âme et les idéaux spirituels (la vérité, la justice, la beauté). L'homme sert Lucifer en satisfaisant ces tentations, devenant complice de sa propre destruction. Les Illuminati ont toujours défendu le fait que l'homme se consacre à la satisfaction de ses plus bas instincts, appelant cela la « libération sexuelle » et le « mariage libre ». Cela détruit la famille. Leur psychologie a toujours été contre toute forme de « répression » (c'est-à-dire d'autodiscipline). Cette idéologie que l'homme est Dieu, et que ses désirs sont la mesure de toute chose, s'appelle « l'humanisme laïc », c'est-à-dire le « Luciférianisme ».

John Milton (Le Diable) : Pourquoi te charges-tu de ce poids ? Dieu ? C'est ça ? Dieu ? Eh bien laisse-moi te donner une information confidentielle à propos de Dieu. Dieu aime observer. C'est un farceur. Penses-y. Il a pourvu l'homme d'instincts. Il l'affuble de ces dons extraordinaires, et que fait-il, pour son propre amusement, son propre divertissement cosmique, Il fixe la loi des opposés. C'est la blague des blagues. Regarde, mais ne touche pas. Touche, mais ne goute pas. Goute, mais n'avale pas. Ahahah. Et pendant que tu sautes d'un pied sur l'autre, que fait-il ? Il rit aux éclats ! C'est un sadique, un cul serré ! C'est un propriétaire absent! Vénérer ça ? Jamais !

Kevin Lomax : « Mieux vaux régner en Enfer que de servir au Paradis », c'est ça ?

John Milton : Pourquoi pas ? Je suis là depuis le commencement des temps. J'ai expérimenté chaque sensation dont l'homme a été doté. Je me suis occupé de ce qu'il voulait sans jamais le juger. Pourquoi ? Parce que je ne l'ai jamais rejeté. Malgré toutes ses imperfections, je suis un fan de l'homme! Je suis un humaniste. Peut-être même le dernier des humanistes. Qui peut objectivement nier que le vingtième siècle ait été entièrement mon œuvre, Kévin ?

Le Diable révèle qu'il est le père de Kévin et lui demande d'avoir une liaison avec sa jolie demi-sœur de manière à engendrer un successeur. Plutôt que de succomber à cette tentation, Kévin se donne la mort.

Le simple fait de dire « non » aurait suffit. Nous ne serons pas complices de notre propre destruction. Nous ne vendrons pas notre âme au Diable.

Le Rothschild qu'ils ont assassiné

Les gens avaient pour habitude d'utiliser l'adjectif « gentil » lorsqu'il parlait d'Amschel Mayor James Rothschild.

Il était le fils unique de Victor Rothschild, fruit de son second mariage avec Theresa Mayor, ainsi que l'héritier de la dynastie des Rothschild après son demi-frère ainé Jacob.

L'oraison funèbre d'Amschel disait : « Alors que son père était de constitution large et puissante, Amschel Rothschild était grand, mince et étonnamment gracieux (toutes qualités lui ayant été transmises par sa mère). Sa tête chevelue... soulignait ses larges yeux sombres et tristes. Il était précis, organisé de manière presque obsessionnelle. Il aimait préparer des cocktails

Amschel Mayor James Rothschild, 1955-1996, sur une photo prise en 1977, alors qu'il était âgé de 22 ans.

difficiles et déclamer des vieilles plaisanteries. Il aimait sa ferme, ses enfants, la restauration des vieux bâtiments, agrandir sa pelouse, et se coucher tôt. »

Durant son adolescence, il pilotait des motos et plus tard des voitures anciennes et des avions bimoteurs.

« Il commença à piloter des voitures de course en 1974, possédant successivement une Lotus 10, une AC Cobra, la célèbre Maserati 250F de 1954, une Willment Daytona de 1964 au volant de laquelle il remporta deux championnats de courses de voitures historiques... »

Il avait épousé l'héritière du célèbre brasseur, Anita Guinness, en 1981. Ils avaient trois enfants, Kate (1982) ; Alice (1983) et James (1985). Il avait travaillé à la ferme durant ses jeunes années et n'avait rejoint le groupe familial qu'en 1987, à l'âge de 32 ans. Il était passé par tout un apprentissage avant d'être nommé Executive Chairman (PDG) de Rothschild Asset Management en 1993. Son éloge funèbre poursuit :

« Amschel était régulièrement désigné comme l'héritier de Sir Evelyn de Rothschild pour la Présidence du groupe (les enfants de Sir Evelyn étant encore trop jeunes pour le rôle), bien que les articles de journaux aient émis quelques réserves à son sujet ; ils suggéraient que son caractère était trop modeste, qu'avec ses manières douces, il était trop « gentil », qu'il lui manquait l'instinct du tueur. »

Le 8 juillet 1996, il fut retrouvé mort dans la salle de bain de sa suite à l'hôtel Bristol à Paris. D'après la version officielle, il s'est suicidé en se pendant avec le cordon de sa robe de chambre. Grâce au journal depuis disparu *The Spotlight*, nous connaissons la vérité :

Rupert Murdoch a ordonné à ses rédacteurs à travers le monde « d'éviter » d'aborder le sujet.

Exclusivité pour The Spotlight
5 août 1996
Par Sasha Rakoczy

D'après des sources européennes bien informées, la police française a conclu qu'Amschel Rothschild, héritier de la fabuleuse fortune bancaire des Rothschild, a été assassiné.

Mais le Premier Ministre français, Jacques Chirac, a ordonné à la police de mettre fin à leur enquête. Les médias à travers le monde ont ignoré ces développements mystérieux. Certains ont rapporté la mort comme un suicide, d'autre ont été jusqu'à ignorer ce décès.

Comme s'ils obéissaient à un chef d'orchestre invisible, les organes de presse mondiaux concurrents ont mis de côté leur habituelle course au sensationnel pour permettre la dissimulation concertée de cette mort mystérieuse.

Aux États-Unis, les journaux contrôlés par Rupert Murdoch, le propriétaire étranger du plus grand empire médiatique au monde, fit en sorte d'ignorer la mort violente de Rothschild, ou s'arrangea pour la reléguer aux dernières pages en la présentant comme une simple « crise cardiaque ».

L'enquête menée par Spotlight a permis d'établir que Rothschild, un banquier d'investissement milliardaire et un sportif accompli en excellente santé âgé de 41 ans, avait été découvert sans vie sur le sol de la salle de bain de la suite qu'il occupait à l'hôtel Bristol à Paris, le 8 juillet à 19h32.

La police a conclu qu'il avait été étranglé par la ceinture de sa propre robe de chambre. Une extrémité de la ceinture était attachée à un porte serviette, comme pour suggérer que la mort violente de Rothschild avait été provoquée par un suicide.

« Les enquêteurs français présents sur la scène du crime n'ont jamais parlé de « suicide », a déclaré Thierry de Segonzac au Spotlight lors d'un entretien téléphonique à Paris. « Après avoir photographié le corps, l'un des détectives tira d'un coup sec sur le porte-serviette attaché au corps. Il se détacha du mur instantanément. »

Si Rothschild avait vraiment tenté de se pendre à l'aide de ce porte-serviette, tout cela ne se serait terminé que par un trou dans le mur, explique de Segonzac.

Les enquêteurs ont conclu qu'il n'y avait aucune lettre de suicide, aucune cause apparente ni la moindre raison connue pouvant déboucher sur un suicide.

Rothschild, un homme athlétique et dans la force de l'âge, était un coureur automobile renommé et le mari d'Anita Guinness, elle-même une des héritières les plus riche du monde.

Le couple avait trois enfants et passait la plupart de leur temps dans le domaine baronnial familial dans le Suffolk, en Angleterre.

Rothschild séjournait à Paris pour prendre la relève d'un des nombreux consortiums familiaux français devant être fusionné avec la compagnie d'investissement bancaire N.M. Rothschild basée à Londres.

« Loin d'être 'pâlissante', l'étoile d'Amschel Rothschild était en pleine ascension et il savourait son succès », indique un membre exécutif de Keefe, Bruyetter and Co., un commentateur réputé de l'industrie financière de Wall Street. « Je ne crois absolument pas qu'il se soit soudainement suicidé. Il s'agit de bien autre chose. »

Mais avec une vitesse incroyable – dans l'heure ayant suivi la découverte du corps – les autorités et les directeurs de journaux en France et en Grande-Bretagne, lancèrent une inhabituelle offensive concertée pour empêcher toute enquête publique ou journalistique d'avoir lieu sur les circonstances de la mort de Rothschild.

Le reporter britannique Ian Gooding a déclaré : « Murdoch envoya un fax prioritaire à ses 600 directeurs de publication autour du monde, leur ordonnant de ne rapporter la nouvelle de la mort d'Amschel que comme une attaque cardiaque, s'ils devaient jamais la mentionner. »

« Personne n'avait jamais vu une telle pression pour étouffer une histoire qui aurait pu faire les gros titres. Mais au final, la dissimulation fut totale. »

CONCLUSION

À la manière dont cette histoire a été enterrée, c'est évident qu'il a été assassiné.

Apparemment les Illuminati ne sont pas exempts d'attaque létale, lorsqu'ils se l'administrent eux-mêmes. Si un ennemi des Rothschild avait fait le coup, croyez-moi vous le sauriez.

Les Rothschild semblent être composés d'un noyau secret. Tous les membres de la dynastie refusant de faire progresser le plan de subversion et de réduction en esclavage de l'humanité décrit dans Les Protocoles des Sages de Sion, doivent être éliminés.

Évidemment, Amschel Mayor James Rothschild n'avait pas « l'instinct du tueur ». Nous ne connaissons pas les détails, mais il était devenu un obstacle.

L'histoire d'Amschel est une grande tragédie. Un homme intelligent sensible et bon, est né au sein d'une famille mégalomaniaque composées de Satanistes multigénérationnel. Il découvre qu'il doit être un prédateur sans pitié. Ce n'est pas dans son caractère, car il est pourvu d'une âme. Il résiste et finit assassiné.

Souvenons-nous toujours de ce brave homme.

Dégonfler la baudruche
Malachi Martin

Des influences puissantes sont à l'œuvre pour maintenir la fiction selon laquelle Malachi Martin aurait volontairement quitté l'Ordre des Jésuite. En fait, cet éminent critique de l'église fut forcé de quitter ses fonctions de prêtre parce qu'il était un vaurien et un coureur de jupon.

En 1962, il s'était gagné l'affection d'au moins quatre femmes mariées avant de rompre avec chacune d'entre elles.

Lorsqu'une de ces femmes demanda au frère de Martin à Dublin, où se trouvait Malachi, elle s'entendit répondre :

« Ma fille, je n'en sais rien. Je dois vous dire que vous êtes la quatrième femme à être venu ici pour me poser la même question à son sujet. Toutes avaient essentiellement la même histoire à raconter. Qu'elles

Malachy Martin

étaient amoureuses de Malachi et pensaient que Malachi éprouvait des sentiments réciproques à leur égard. »

« Quatre femmes ? » demanda-t-elle. « Toute racontant la même histoire ? »

Il acquiesça et poursuivit : « Et un jeune homme plutôt attirant. »

Ce témoignage se trouve dans le livre de Robert Kaiser, *Clerical Error* (2002). La femme était son épouse. (pp. 284-285)

Kaiser était le correspondant du TIME magazine à Rome au début des années 1960. Martin était une de ses sources avant de devenir un ami proche de la famille. Martin n'a pas seulement rompu avec la famille de Kaiser. (Kaiser et sa femme Mary avaient deux jeunes enfants). De façon plus sordide, Martin a mobilisé tout un réseau de contacts influents pour calomnier Kaiser et le faire interner comme schizophrène paranoïaque.

UN AGENT SIONISTE MENTEUR

Les livres de Martin révèlent les pratiques sataniques se déroulant au sein de l'Eglise Catholique, et le rôle du Pape au sein du Nouvel Ordre Mondial. Bien que prétendant

être opposé au gouvernement mondial et au déclin de la foi et de sa pratique traditionnelle, Martin fit beaucoup pour discréditer l'Église. Ses nombreux livres furent publiés par l'éditeur Juif Illuminati Simon & Schuster, ce qui n'est pas très bon signe...

D'un autre côté, le livre de Kaiser est quant à lui publié par *Continuum*, une maison d'édition se présentant comme « libre de toute contrainte et intérêt lié aux groupes médiatiques ou aux institutions universitaires, basée à Londres et New York. »

Dans son ouvrage, Kaiser raconte que Martin était très lié avec deux employés de l'American Jewish Committee (Comité Juif Américain) et ne se privait pas d'exposer ses liasses de billets de 100$. Les Juifs étaient particulièrement attentifs à ce que le deuxième Concile du Vatican de 1962, adopte le « schéma Juif » qui devait absoudre les Juifs pour la crucifixion du Christ, tout en faisant endosser à l'Église la culpabilité de 2000 ans d'antisémitisme.

Voici un exemple typique de la manière dont les contrôleurs de l'esprit Illuminati inversent le bien et le mal. La crucifixion du Christ fait partie d'une ancienne conspiration contre Dieu et l'homme, aujourd'hui proche de son dénouement avec le Nouvel Ordre Mondial.

Kaiser écrit : « Martin était le représentant de leur lobby. Ces Juifs l'ont utilisé et l'ont grassement payé pour son assistance. » (190)

Martin était le secrétaire du Cardinal Augustin Bea, un Marrane qui a conçu le schéma du Concile ainsi qu'une libéralisation générale du dogme de l'Église et de ses pratiques. D'après un article de *Wikipédia*, Martin a transmis des documents confidentiels à l'American Jewish Committee, ce dernier n'étant qu'une façade pour les banquiers Illuminati. Il a également rédigé sous plusieurs pseudonymes, des articles incendiaires pour des magazines Illuminati comme *Harper's*, où il décrit les tergiversations des conservateurs au sein du Vatican.

Martin avait la réputation d'être un menteur. Mark Owen cite le livre du psychiatre M. Scott Peck, *Glimpse of the Devil*, qui traite de l'état de possession et de l'exorcisme. D'après Peck, Martin, bien qu'il soit un savant formidable et un polyglotte accompli (maitrisant 17 langues), pouvait parfois se comporter comme un « menteur pathologique » et un « espiègle ».

Dans un email, Owen m'a dit que Peck avait révélé dans son livre *Hostages to the Devil*, la manière dont Martin s'appropriait des exorcismes qui étaient en fait accomplis par Peck.

LA MATURITÉ

Le livre de Bob Kaiser, *Clerical Error,* constitue également une ode à la maturité. Kaiser a lui-même passé 10 ans de sa vie en tant que Jésuite. Il démontre que l'immaturité consiste véritablement à prendre pour argent comptant tout ce que les « autorités » et les « experts » annoncent.

Kaiser a été quelque peu dupé par l'apparence religieuse de Martin et n'a rien vu venir de ce qui s'est produit au sein de sa propre maison. Alors au lieu d'agir, il a cherché de l'aide auprès de l'Ordre des Jésuite, qui ne fit que tergiverser. Ses prétendus amis ne l'avertirent en rien.

Kaiser a appris que la notion de maturité reposait moins sur le fait d'avoir acquis la sagesse, que sur la confiance en son propre jugement, *faire confiance à son instinct*, quel que soient nos propres limitations.

« Tu n'auras pas d'autre Dieu devant moi » est véritablement une exhortation de Dieu à l'égard de chacun d'entre nous : de nous prendre en charge, de penser et de sentir par nous-même. En d'autres termes, de grandir. » (262)

Pour beaucoup d'entre nous, la maturité s'est manifestée par la prise de conscience que personne ne sait vraiment tout, et qu'il existe énormément de gens stupides, malfaisants et sans scrupule, toujours prêts à nous exploiter.

Les Illuminati sont organisés en réseaux

Qu'est-ce que Mark Zuckerberg de Facebook, Gary Bettman le directeur exécutif de la NHL (Ligue Nationale de Hockey), et Wolf Blitzer de CNN, ont-ils en commun ? Et le propriétaire du *Chicago Tribune* Sam Zell, ainsi que les chanteurs populaires Simon & Garfunkle ?

À l'université, ils étaient tous membres de la fraternité Juive Alpha Epsilon qui comporte 10,000 membres répartis au sein de 155 chapitres aux États-Unis, au Canada, en Angleterre et en Israël. Apparemment, certains non-Juifs qui rallient « ses buts et ses valeurs » sont admis.

Affilié avec le B'nai B'rith, cette fraternité est un des multiples instruments par lesquels les Juifs sont recrutés par la Franc-maçonnerie pour servir l'objectif interne du Nouvel Ordre Mondial.

Le blason de la Fraternité Alpha Epsilon Pi, est composé de de nombreuses références occultes.

Sur certain campus, 50% des étudiants Juifs intègrent ces fraternités Juives et constituent en général les effectifs de ce type d'association dans des proportions identiques.

Bien que la plupart des étudiants rejoignent ces congrégations par une vague sensation de noyautage, ils ne se rendent pas compte qu'ils s'engagent au sein d'une organisation Luciférienne œuvrant secrètement à la réduction en esclavage de l'humanité, en suivant le programme révélé dans *Les Protocoles des Sages de Sion*. Ils sont naïvement attirés par l'idéal de « fraternité » promu sur les campus et motivé par le fait de servir la communauté Juive.

Mais le blason de la fraternité constitue un indice de ses desseins occultes véritables (c'est-à-dire sataniques).

À ma demande, Texe Marrs a aimablement accepté de déchiffrer cet emblème.

1) Le crâne sur le livre (sans aucun doute un livre saint), implique une croyance en la mortalité, mais est contrebalancé à droite par le diamant (une icône en forme de losange) qui représente la promesse d'une vie immortelle (ésotériquement, le diamant symbolise le phallus, le signe du pouvoir générateur.)

2) La *fleur de lys* à gauche est un symbole de la royauté – et comporte également un sens sexuel. Elle est connue pour être la fleur de Satan.

3) L'étoile à six branches sur la Menorah symbolise l'accomplissement de la mission Juive, qui est de parvenir à établir leur Royaume et par là, leur souveraineté sur toutes les nations de la terre. Nous avons six triangles, six points, et six lignes (dans l'hexagone interne au centre), d'où le nombre 666.

4) La lampe d'Aladin symbolise la lumière de la connaissance – la sagesse divine ésotérique. Le lion rampant est également un symbole de la royauté et particulièrement de la tribu de Judah. Les triangles au fond bleu représentent les quatre points cardinaux du monde, ou de l'univers.

Tout ça est assez bizarre pour une organisation dédiée à la fraternité Juive, n'est-ce pas ?

D'après un article du B'nai B'rith : « Pour intégrer les fraternités de ce genre, les étudiants doivent d'abord traverser une initiation qui varie selon les chapitres. Cela implique des rituels secrets dont la pratique remonte à la création de la fraternité, et qui sont célébrés au début de chaque semestre scolaire. Ils doivent alors s'acquitter d'une somme de 425$. Le coût des chapitres varie chaque semestre d'après les évènements organisés par chaque formation et se situe entre 275$ et 750$ par an. »

« Une fois que les membres deviennent d'anciens élèves après l'obtention de leur diplôme, ils n'ont plus besoin de payer et ils bénéficient toujours de leur adhésion à vie. Et le plus important, c'est qu'ils maintiennent des relations amicales avec les membres qu'ils considèrent comme une famille. »

Les gens adhérant à cette fraternité ou à toute autre de ce type, n'auront pas à signer un pacte avec le Diable dès le premier jour. Il s'agit en fait d'un processus subtil d'endoctrinement et de filtrage qui s'effectue sur plusieurs années. La plupart devront rejoindre les rangs du B'nai B'rith.

Sur une longue période de temps, les gens volontaires pour sacrifier toute forme de décence seront identifiés et promus. D'ici là, faire le mal au service du Nouvel Ordre Mondial Luciférien, paraitra comme une bonne chose.

CONCLUSION

La société fut bien naïve de penser qu'elle pouvait rejeter Dieu sans finir par embrasser Satan. Ils sont comme la lumière et les ténèbres. Enlevez la lumière et vous n'aurez plus que les ténèbres. (Je définis Dieu en termes de notions spirituelles absolues comme la Vérité, l'Amour, la Bonté & la Beauté.)

La société fut bien naïve de penser que ceux qui professaient la « laïcité » et la « séparation de l'église et de l'état », n'avaient pas en réalité un programme caché. Ils étaient des dupes au service des Satanistes.

Nous devenons ce que nous vénérons (ce à quoi nous obéissons). De plus en plus la société ressemble à un culte satanique et les gens se changent en démons. La Franc-maçonnerie avec ses centres de recrutement au sein des fraternités lycéennes et de ses clubs d'étudiants pour Juifs et non-Juifs, jouent un rôle clef dans ce processus.

Alors, si vous êtes étudiant, Juif ou pas, et souhaitez vendre votre âme en trahissant votre communauté pour un bénéfice personnel, vous savez ce qu'il vous reste à faire...

Quelques blagues Juives sur Dieu & les Goyim

Comme tout le monde, les juifs apprécient les blagues juives. Beaucoup d'entre elles se concentrent sur leur obsession de l'argent. J'aime particulièrement cette réplique de Woody Allen : « Tu vois cette montre ? Mon grand-père me l'a vendue sur son lit de mort. »

J'ai récemment lu quelques blagues réservées aux seuls juifs. Elles proviennent d'un chapitre intitulé « Jacob and Esaü » de l'ouvrage « *Jewish Wit and Wisdom* » (« *L'esprit et la sagesse juive* ») publié en 1952. Beaucoup d'entre elles reflètent le paradigme de la relation Juifs-Gentils à travers les siècles. La première souligne le fait que les juifs sont plus malins que les autres.

Question : Pourquoi les Gentils ont-ils été créés ?

Réponse : Il faut bien que quelqu'un paye les factures.

Un homme riche lègue sa fortune à ses trois amis, un Irlandais, un Allemand et un Juif. La seule condition est que chacun d'entre eux doit mettre un billet de 100$ dans son cercueil juste avant qu'il ne soit placé en terre. Lors des funérailles, l'Irlandais et l'Allemand accomplissement scrupuleusement leur devoir. Puis vient le tour du Juif. Il ramasse les billets de 100$ et laisse un chèque de 300$ dans le cercueil !

C'est plutôt bienveillant comparé à ce qui suit.

Deux juifs, un de Londres et un autre venant d'un petit shtetl (village) en Pologne se rencontrent dans un spa en Allemagne. Le londonien demande à son ami polonais combien il y a de juifs dans son village. 700. Et combien de goyim ? 45. Et que font les juifs ? Ils sont artisans et commerçants ou marchands. Et les goyim ? « Ils se rendent utiles auprès des juifs. Ils balayent les magasins et le jour du Sabbat, ils font le feu et enlèvent les bougies. »

Puis c'est au tour du polonais. En apprenant qu'il y a 200,000 juifs à Londres, et 7 million de goyim, il demande : « Pourquoi avez-vous besoin de tant de goyim ? »

Cette histoire illustre gentiment le côté borné de beaucoup de juifs. La question : *Est-ce bon ou mauvais pour les Juifs ?* Est devenue un réflexe très répandu. Il s'agit d'une caractéristique « autoréférentielle », où le monde entier tourne autour d'eux, et grâce à laquelle ils créent la réalité suivant leurs préjugés et leurs intérêts propres. (Est-ce une coïncidence que les médias de masse et Hollywood soient dominés par ces « créateurs de réalité » ? Ils ont utilisé ce pouvoir pour détourner les Gentils de leur conspiration judéo-maçonnique satanique) Ce « solipsisme » juif est ce qui passe de nos jours pour du « modernisme ».

Dans son ouvrage, *Sexe et Caractère* (1903), le philosophe juif Otto Weininger, quali-fiait cette tendance de « subjectivité » et comparait les juifs à certaines femmes, disant qu'aucun d'eux n'est capable de considérer les situations de manière objective, ou en termes moraux. Tout n'est qu'un reflet de leur émotion, de leur vanité ou de leur propre intérêt. Avez-vous remarqué que les gens en général deviennent de plus en plus égoïstes et centrés sur eux-mêmes à mesure que l'influence chrétienne disparait ?

Cette blague me rappelle aussi le fait que tandis que les juifs ont convaincu le monde entier et eux-mêmes, qu'ils étaient les victimes d'une haine irrationnelle, le Talmud nous indique que l'origine de la haine se trouve dans les rangs juifs. La plupart d'entre nous ne peuvent pas concevoir que certaines personnes puissent s'opposer à l'ensemble de l'humanité et parvenir à prospérer.

La notion que les goyim doivent servir « les juifs », constitue la motivation principale des Illuminati en général. (L'ordre des Illuminati inclus la Franc-maçonnerie) Cela explique pourquoi la race humaine est maintenue à un stade de développement arrêté, dans un perpétuel état d'adolescence. C'est pourquoi il n'existe aucun effort commun pour élever l'humanité sur un plan mental et spirituel. Au contraire, l'effort général se consacre à la dégrader, la reprogrammer et l'endoctriner pour la mener vers un état de servitude permanente.

DIEU

La blague suivante (trouvée sur Wikipédia) illustre le fait que le Judaïsme est une reli-gion déficiente. Il ne saurait y avoir de religion sans Dieu.

Deux rabbins se disputent tard dans la nuit à propos de l'existence de Dieu, et, faisant usage d'arguments puissants tirés des écritures, finissent par nier incontestablement son existence. Le jour suivant, un des deux rabbins se fait surprendre par l'autre en train de pénétrer dans le temple pour la prière du matin. « Je croyais que nous étions tombé d'accord sur le fait qu'il n'y a pas de Dieu », lui dit-il. « Oui, mais quel est le rapport ? » lui répond l'autre rabbin.

Beaucoup d'intellectuels ont remarqué que le Judaïsme ne repose que sur une observan-ce vide et de la conformité rituelle, plutôt que sur une relation vivante avec Dieu. Ar-thur Koestler a déclaré : « Le Judaïsme enseigne aux juifs comment tricher avec Dieu. » l'histoire suivante suggèrent que certains juifs considèrent Dieu comme un homme d'affaire rusé qu'ils ne parviennent pas à arnaquer. Elle est trouvable sur Wikipédia.

Un homme pauvre marchant dans la forêt se trouve assez proche de Dieu pour lui demander :

- « Dieu, qu'est-ce qu'un million d'années pour toi ? »

Dieu lui répond :

- « Mon fils, un millions d'années pour toi est semblable à une seconde pour moi. »

L'homme demande alors :

- « Dieu, qu'est-ce qu'un million de dollars pour toi ? »

Dieu répond :

- « Mon fils, un million de dollars pour toi représente moins qu'un centime pour moi. Cela ne représente rien pour moi. »

L'homme demande alors :

- « Dieu, puis-je avoir un million de dollars ? »

Et Dieu répond :

- « Dans une seconde. »

Je trouve cette dernière blague (tirée du livre, p.361) plutôt choquante :

Un juif achète un ticket à la loterie et s'en va à la synagogue où il promet à Dieu qu'il fera don d'un nouveau manuscrit s'il gagne. Lorsqu'il perd, il explique : « le Dieu juif n'est pas un homme d'affaire », et il s'en va dans une église Chrétienne où il fait la promesse de payer pour la réparation de son toit.

Il gagne une somme importante mais ne remplit pas sa promesse. À la place, il retourne à la synagogue où il remercie le Dieu juif en ces termes : « Tu savais depuis le début que je ne tiens jamais mes promesses, alors tu m'as ignoré. Mais le Dieu Chrétien m'a naïvement cru. Après tout, il n'y a pas de meilleur Dieu que le Dieu Juif. »

Ces histoires drôles suggèrent que certains juifs ont créé Dieu selon leur propre image. Ils sont leur propre Dieu. Malheureusement, leur Dieu est devenu le nôtre.

Les Illuminati ciblent nos enfants : « We Day »

L'ancien président soviétique Mikhaïl Gorbatchev a prononcé une imploration face à 18,000 enfants de la province de Manitoba : « Œuvrons en faveur de la paix – de grands changements ne peuvent advenir qu'au sein d'un monde apaisé. »

« Soyons unis, et ne permettons à personne de nous diviser. N'ayons jamais peur de ceux qui tentent de nous intimider », a déclaré le lauréat du Prix Nobel de la paix, lors de la deuxième journée du We Day dans la province du Manitoba.

« Nous devons évoluer vers un monde dépourvu d'armes nucléaires », a-t-il déclaré.

« Je vous aime ! » a-t-il conclu au sein d'un tonnerre d'applaudissements. – Winnipeg Free Press, 30 octobre 2012.

Quelles sont les raisons qui peuvent bien pousser un poids lourd des Illuminati comme Mikhail Gorbatchev (ou Al Gore et Paul Martin lors d'autres évènements), à prendre le temps de s'adresser à 18,000 enfants ?

L'élite des affaires locale, le membre de la Commission Trilatérale Hartley Richardson, le propriétaire de *Free Press* Bob Silver et le propriétaire de Jet privés Mark Chipman, ont tous parrainé cet évènement de Winnipeg. C'est la preuve que la société a été subvertie, et pas seulement par les Juifs.

Ils ne font que parler de « changer le monde ». Ils se réfèrent à la domination satanique des Illuminati. C'est pourquoi les « changements » conduisent toujours au pire.

Notre correspondant SPH écrit :

Je n'avais jamais entendu parler du « We Day », jusqu'à ce que mon fils de 12 ans me demande si je n'avais pas des pièces de monnaies dont je souhaitais me débarrasser. Cet évènement largement promotionné s'est déroulé à Winnipeg le 30 octobre 2012 et lors de diverses dates tout au long de l'année dans d'autres villes canadiennes.

Le « We Day » se présente comme un « évènement éducatif et un mouvement de notre époque incitant les jeunes à participer au changement local et global. »

L'approche basique consiste à prendre conscience des injustices et des inégalités du monde avant de répondre à la question posée par nos enfants : « que peut-on y faire ? »

Les tickets ne peuvent pas être achetés pour cette manifestation. Les enfants sont admis librement, mais il y a une condition. Chaque enfant doit s'engager à participer à au moins un acte de charité locale et globale à travers l'engagement annuel *Free The Children/Libérez les Enfants*. *Free The Children* est une organisation charitable fondée par Craig Kielburger (la tête d'affiche du « We Day » depuis ses 11 ans).

Tandis que « We Day » n'est pas spécifiquement une organisation caritative, elle travaille étroitement avec des associations de ce type, dont le but est d'influencer les enfants à devenir les instruments Illuminati de demain. Les enfants sont incités à participer à des ateliers et mêmes des camps d'été orientés vers l'activisme, la parole publique et la collecte de fond. C'est une méthode typique du recrutement Communiste Illuminati.

Toutes les organisations caritatives majeures sont des façades utilisées pour générer des gains illicites et blanchir de l'argent tout en se donnant une apparence de générosité et de bonne volonté.

Les organisations comme la Croix Rouge ne sont rien d'autres que des tentacules supplémentaires reliées à la structure du pouvoir international Illuminati.

LES OBJECTIFS CACHÉS

Bien que les causes défendues ici paraissent comme nobles aux yeux du commun des mortels, les véritables buts de cette organisation se situent bien au-delà de l'entendement de la plupart des gens. La masse croit que le réchauffement climatique est réel, et non pas une crise engendrée artificiellement pour faire avancer les objectifs Illuminati.

« Ce qui est en bas est comme ce qui est en haut. »

Ils tirent avantage de notre culpabilité collective, en nous faisant sentir chanceux de vivre au sein d'un pays développé. Comme les Jeunesses Hitlériennes étaient endoctrinées par l'antisémitisme, nos enfants se voient similairement inculqués une tournure d'esprit mondialiste.

« We Day » aide à « éveiller l'esprit du volontarisme », ainsi qu'à « éduquer, engager et promouvoir les jeunes socialement éveillés, afin qu'ils deviennent des agents de changement. »

Le formatage de nos enfants commence très tôt. Sous le masque de la charité, des droits de l'homme et de l'égalité, ils sélectionnent les membres de notre jeunesse les plus créatifs et énergiques, pour orienter leurs efforts les plus sincères en faveur de leur objectif satanique.

Les preuves que tout n'est pas rose peuvent facilement être trouvées à partir de leur propre site internet. Mon attention a été immédiatement attirée par leur logo. Il est identique à celui du signe de la main du pouvoir tel que dépeint par H. P. Lovecraft dans son ouvrage Necronomicon. Bien qu'il soit considéré comme une œuvre de fiction, le travail de Lovecraft est lié à la Franc-maçonnerie et à l'occulte.

Les gestes de la danse « We Day » font ouvertement référence à la maxime hermétique « *ce qui est en haut est semblable à ce qui est en bas* ».

Le site internet de « We Day » comprend de nombreuses vidéos d'information sur une variété de sujets. Le professeur Jonathan White anime une série intitulée : 'Demande au Professeur' où on le voit faire le signe hébreu du 'shin'.

Une de ces vidéos sur le mondialisme souligne la disparité économique entre les nations développées et celles qui sont en voie de développement. De manière surprenante, elle n'hésite pas à pointer du doigt les agissements frauduleux des banques internationales à l'origine du cycle sans fin de l'endettement de ces pays du tiers monde. Mais aussi évocatrice que soit cette présentation, elle ne fait nullement mention d'institutions spécifiques (le FMI, la BRI, la Banque Mondiale). Aucune solution n'est présentée. Nous sommes censés croire que le véritable changement provient de la collecte des pièces de monnaies...

Lorsque le professeur pose la question 'que peut-on faire ?', elle est suivi de faits saillant sous le titre « la manière dont nos choix en tant que consommateur affectent le monde des richesses et de la pauvreté. »

Des statistiques sont fournies sur les dépenses du monde développé et le coût de la réduction de la pauvreté. Pour moins que le montant de ce que nous dépensons en cosmétique (18 milliard $) et en crème glacée (11 milliard $), nous pourrions fournir des soins et pourvoir à la nutrition (15 milliard $), ou fournir de l'eau potable (9.5 milliard $) à toute la population de la planète. Le budget militaire annuel mondial de 1,5 trilliard $ est également mentionné, mais c'est clairement la classe moyenne qui est responsable de l'état du monde.

Il est aussi fait mention du fait que 12 milliard $ fournirait des « droits de reproduction aux femmes à travers le monde », même si on ignore ce que cela peut signifier.

D'autres suggestions raisonnablement radicales sont aussi faites, telle qu'une taxe de 1% sur toute la population mondiale censée pouvoir tout régler.

En tous les cas, ces statistiques démontrent à quel point il serait facile pour l'élite dirigeante de rectifier toutes les injustices sur notre planète, si cela s'accordait avec leur plans. Au final, les enfants n'en retirent qu'une sensation de reproches impuissants.

CONCLUSION

La manifestation du « We Day » n'est que du lavage de cerveau pur et simple. À l'aide de refrains entrainant et d'idéaux exaltant, nos enfants sont moulés dans un cadre, une version occidentale insipide des Gardes Rouges. Ils seront ainsi aptes à servir les nombreuses causes des Illuminati.

PREMIER COMMENTAIRE DE DAN :

Je reconnais la signature occulte derrière cette opération du « We Day ».

David Spangler a défini ce concept sous le vocable « d'holarchie » : « Dans une hiérarchie, les participants peuvent être comparés et évalués sur la base de la position, du rang, du pouvoir exercé, de l'ancienneté et tout un tas de choses. Mais dans une holarchie, la valeur de chaque personne provient de son caractère unique et de sa capacité à interagir avec les autres pour manifester cette individualité unique. »

J'ai déjà remarqué la mise en pratique de ce genre de précepte lorsqu'il s'applique à un groupe d'enfants ou d'adultes, où tous perdent la notion d'individualité au cours d'activité de groupe à caractère hypnotique sous la direction d'animateurs.

Lorsque j'étais membre de l'O.T.O. (Ordo Templi Orientis), les gestes du prêtre et de la prêtresse faisaient partie intégrante des rituels – (LVX signifie la lumière) Ces gens pensent que les mouvements physiques et les gestes peuvent aider à canaliser et à utiliser les 'forces' à volonté.

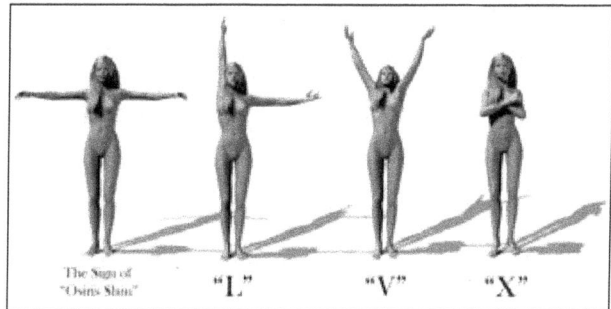

The Sign of "Osiris Slain"   "L"   "V"   "X"

Cela s'effectue individuellement ou au sein du groupe en faisant face au soleil levant ou couchant.

La photo de la fille en train d'interpréter la chanson de « We », est une signature pour NOX (les ténèbres).

Le prêtre et la prêtresse de l'O.T.O. avait pour habitude de nous montrer ces poses afin que nous les imitions, sans nous révéler le sens de ce que nous faisions.

L'ouvrage « Sex Magic », de l'occultiste du 19ème siècle, Pascal Berverly Randoph, nous explique que de faire prendre à une personne certaine position permet de prendre le contrôle sur elle. (Ceci est très proche des pratiques S.M.)

Le déclin de la grammaire est un signe de décadence

Un des signes les plus déroutants du déclin de la culture, est que de plus en plus de gens sont incapable d'écrire une phrase correctement.

Une phrase constitue l'unité de base de la communication écrite. Si nous ne devions apprendre qu'une seule chose à l'école, ce serait de savoir écrire une phrase convenablement.

Je publie de plus en plus des articles en provenance d'autres sources. Je publie également des réponses par email. Environ un contributeur sur trois s'avère incapable d'écrire une phrase digne de ce nom.

Une phrase commence par une lettre capitale et se termine par un point. Elle doit contenir un nom et un verbe, un sujet et un complément.

Pourtant je connais quelqu'un ayant décroché un master en œuvre sociale et qui ne peut même pas écrire une phrase.

Il est engagé dans une bataille judiciaire pour la garde de ses enfants et rédige lui-même ses propres déclarations sous serment.

« Ton incapacité à écrire une phrase te discrédite », lui dis-je.

Il se moque et me prend pour un vieux pédant essayant de défendre son pré carré.

« On dirait un de mes anciens profs », me dit-il.

« Je t'aurais recalé », lui avoue-je.

Il ne se permettrait jamais de paraitre en pyjama à une convocation devant le juge, mais n'hésite pas à soumettre des documents qui le discréditent.

Le bien-être de ses enfants est en jeu. Il ne peut pas les défendre efficacement. Tous ceux qui ne peuvent pas écrire sont handicapés de la même manière.

LA GRAMMAIRE EST EN TRAIN DE DEVENIR UN ANACHRONISME

Tout comme notre mainmise sur la culture devient de plus en plus précaire, la grammaire anglaise est traitée comme un anachronisme.

Probablement que la popularité des textos y est pour quelque chose. Les gens pensent qu'ils peuvent écrire comme ils parlent, spontanément.

Mais cela n'explique pas pourquoi les écoles n'exigent plus la maitrise de l'anglais pour l'obtention d'un diplôme. À quoi d'autre l'éducation peut-elle servir ?

Écrire une phrase est l'équivalent de savoir additionner deux plus deux. Je soupçonne qu'une force subversive soit à l'origine de cette désintégration culturelle. Le fait de bafouer les règles de la grammaire est traité comme une autre forme de libération et de révolte.

Dans le même temps, les règles du plagiat sont assouplies et l'objectivité mathématique est défiée et trafiquée.

Notre époque est une ère satanique où les lois de Dieu et de la nature sont déformées et inversées. Les règles grammaticales ne font pas exceptions.

UN AUTRE EXEMPLE

J'ai récemment posté un article pertinent rédigé par « Duran » sur la manière dont les jeunes hommes sont psychologiquement détruits à l'école.

Dans cet article, tous les points de Duran étaient originellement des virgules et il n'y avait presque pas de lettres capitales. Ce jeune homme talentueux s'est inscrit à une école privée exclusivement masculine et a obtenu son diplôme haut la main.

Pourtant, il ne peut toujours pas écrire une phrase, et comme mon ami travailleur social, il pense qu'il n'en n'a pas besoin. La même chose s'applique à d'autres contributeurs de valeurs.

J'ai eu la chance d'aller à l'école dans les années 60 en Ontario, lorsque les règles d'écriture nous étaient inculquées et que nous étions censés maitriser une grande variété de connaissances : l'histoire, la géographie, les sciences, les langues, les mathématiques. Mes professeurs étaient jeunes, intelligents et dévoués.

Mais clairement, le système éducatif d'aujourd'hui est davantage préoccupé par le formatage des jeunes pour qu'ils s'adonnent au relations gay, que pour les équiper des compétences nécessaires à leur réussite.

Nous assistons à un retour de l'analphabétisme de masse. La culture s'éloigne du texte pour devenir verbale et visuelle. L'objectif caché est d'abrutir les nouvelles générations, de les rendre incompétentes et plus facile à contrôler.

Les moutons n'ont pas besoin d'écrire, ils se contentent de bêler.

PREMIER COMMENTAIRE DE HB :

C'est un sujet qui me touche particulièrement. J'ai travaillé il y a quelques années au sein d'un cabinet d'avocat important, et je devais souvent réécrire les mémorandums composés par des jeunes employés. Lorsque des diplômés d'écoles de droit réputées sont incapables d'écrire un mémorandum de deux ou trois pages, sans qu'il ne soit couvert de multiples fautes d'accord et d'orthographe, vous savez que quelque chose ne tourne pas rond.

Les pires sont les afro-américains recrutés pour satisfaire les quotas de la diversité, certains d'entre eux sont complètement illettrés, mais le déclin est évident en général. Au-delà de l'environnement professionnel, je vois que ni ma nièce et mon neveu (âgés respectivement de 16 et 17 ans), ne peuvent lire ou écrire au-delà d'un niveau de 6ème.

La plus âgée entre au lycée l'année prochaine et je prévois que malgré ses compétences linguistiques déficientes, elle obtiendra son diplôme avec une mention bien, parce la plupart des lycées sont plus occupés à augmenter leur taux d'adhésion et à préserver leur image, que de transmettre des compétences à leurs malheureux élèves.

Livre Sept

Enfin et Surtout

Cohabiter avec un singe

J'ai une confession à faire, j'ai vécu avec un singe pendant la plus grande partie de ma vie.

Je l'appelle « George le Curieux ». (Il est très curieux) Nous formons un drôle de couple. Il est toujours en train de gesticuler et de farfouiller. J'essaie de le garder sous contrôle.

Sa vulgarité est une cause constante d'embarras. Il semble que son esprit ait été corrompu (programmé) à un jeune âge.

Lorsqu'il voit une femme fertile, il ne voit pas un être humain. Il voit un partenaire sexuel potentiel. Il pense : « Ouah, elle est mignonne. » C'est son côté « obsédé sexuel ».

Lorsque ses meilleurs amis traversent quelque infortune, il ressent de la compassion. Mais non sans une pointe de satisfaction. C'est son côté « malicieux ». Ou devrais-je dire « anxieux » ?

Paradoxalement, George n'est pas un singe jaloux. Il accepte le fait qu'il y ait des singes plus intelligents, plus talentueux, plus travailleur et plus méritant que lui.

Parfois je pense que George est un avion et que je suis son pilote. Je dois faire le plein au moins trois fois par jour, nettoyer sa cabine et vider ses toilettes. Je vidange son huile à peu près une fois par semaine. Parfois ses batteries sont déchargées, alors je lui faire une sieste.

Je suis assis dans le cockpit en face d'un écran d'ordinateur. George veut boire. George a besoin d'un stimulant. George « veut » toujours quelque chose.

C'est son côté « collectionneur de haricot ». Il essaie d'augmenter son stock de coupons (appelé « argent », ce qui est très utile pour acheter de la nourriture). Il fait de gros efforts pour gagner la reconnaissance des autres singes et se met très en colère lorsqu'ils réagissent comme des... singes !

ÉDUQUER GEORGE

George vit sur une planète qui est gérée par des membres de son espèce. C'est un grand zoo dépourvu de cage. Il est entouré de mauvais exemples. Il « cohabite avec six milliard de singes ».

La planète est dirigée par une clique de singes malfaisants qui « corrompent afin de mieux contrôler ». Ils ne veulent pas que les simiens comme George se mettent à défier leur suprématie.

Partout où il regarde, George est encouragé à être le pire possible.

La pornographie, la violence, l'avidité, etc. lui sont constamment jeté au visage. George obtient rarement des informations justes. Il ne lui est jamais présenté de modèles positifs.

J'essaie de le protéger de toute cette saleté et à la place de lui présenter la vérité et des expériences enrichissantes.

J'aurai aimé lui avoir fait l'école à la maison. Il a gâché la plupart de sa vie à écouter les autres singes.

QUI EST GEORGE ?

Comme vous l'aurez probablement deviné, George est un animal qui a servi de véhicule à ma conscience pendant 64 ans. Je suppose qu'il lui reste entre 18 et 25 ans avant d'expirer et de partir pour une autre promenade.

(Apparemment, le Créateur a choisi ce mode d'expression : s'injecter au sein d'un primate évolué en espérant que la graine croitra. Malheureusement ce primate est en danger.)

George n'est définitivement plus le jeune singe viril qu'il était autrefois. Il montre de nombreux signe de fatigue et de déclin.

George est si exigeant que j'oublie souvent que je ne suis pas lui. Cette distinction est ce qui me distingue d'un singe. C'est ce qui fait de moi un « humain ».

Tout le drame cosmique repose sur le fait de domestiquer notre instinct simiesque. Je dois régulièrement débrancher l'ordinateur « George ». Je veux que l'âme s'expérimente elle-même, à la place de George.

Je dois augmenter ma conscience à travers la méditation, la prière et la lecture du Nouveau Testament. « Le Seigneur est ton berger. Tu ne voudras point » Tu entends ça, George !?

Nos maitres veulent éliminer toute idée de Dieu et de la conscience. Si nous ne sommes juste que des animaux, ils (et non Dieu) nous formeront et nous contrôlerons.

J'aimerais que George soit un cheval à la place d'un singe. Les chevaux sont des véhicules par nature. Ils sont gracieux, paisibles et faciles à diriger.

Je pense que Dieu voudrait que nous soyons davantage semblables aux chevaux. C'est une étape pour devenir un peu plus comme Lui !

La tentation est un concept passé de mode

Contrôle ton esprit, ou c'est lui qui te contrôlera – Horace

Je peux résister à tout, sauf à la tentation. – Oscar Wilde

Un homme peut en conquérir un million d'autres par une bataille, mais celui qui s'est conquis lui-même, est en fait, le plus grand des conquérants. – Bouddha

Et ne nous induit pas en tentation, mais délivre nous du mal. – La prière du Seigneur (Matthieu 6:9-13)

La plupart des gens se comportent comme si le concept de « tentation » était une relique barbare d'une ère révolue.

Pourtant, dans leur cœur, je pense qu'ils savent que ce concept n'a jamais était plus actuel qu'aujourd'hui.

Une femme a récemment demandé dans une colonne de conseil : « Je suis en couple depuis plusieurs années avec le même homme. Je l'aime, mais j'ai découvert récemment que je suis peut-être plus attirée par les membres du même sexe. Devrais-je le lui dire ? Dois-je y mettre fin ? Y-a-t-il quelque chose qui ne va pas chez moi, psychologiquement ?

La psychologue Joti Samra lui a répondu : « Tout d'abord, il n'y a rien de psychologiquement étonnant à ce que vous remettiez en question votre orientation sexuelle... Notre sens de l'orientation sexuelle n'est pas un choix... Si vous sentez que votre partenaire est quelqu'un avec lequel vous pouvez en parler ouvertement, et sans jugement, vous pouvez certainement aborder le sujet avec lui. »

Cette femme éprouve une attirance passagère pour les autres femmes. Pas étonnant, car les média en font une promotion constante. C'est chic. Alors elle aborde le sujet avec son petit-ami. S'il n'est pas trop mou du cerveau, il ne sera certainement pas très heureux d'apprendre que sa future femme, et la mère de ses enfants n'est qu'une lesbienne en devenir…

Ne serait-il pas plus intelligent de se taire et de laisser passer tout ça ?

Devons-nous succomber à toutes les attractions, même si elles peuvent avoir un effet destructeur sur les êtres que nous sommes censés aimer ?

Disons qu'elle soit attirée par un autre homme. Doit-elle en parler avec lui ? Passer à l'acte ? La plupart des hétérosexuels sont attirés par de nombreux membres du sexe opposé. Mais s'ils sont déjà engagés avec quelqu'un qui compte pour eux, ils se maitrisent. Ils identifient cela comme une tentation.

Supposons que cette femme soit attirée par les enfants ? La psychologue serait-elle d'accord avec ça aussi ?

« Notre orientation sexuelle n'est pas un choix… » Croyez-moi, ce genre de logique conduit à la pédophilie et à la bestialité.

Les gens se retiennent de manger des graisses et du sucre parce que ce n'est pas sain. Mais cela ne les dérange pas de s'abandonner à des désirs autodestructeurs comme la pornographie et le jeu.

Les véritables religions considèrent l'homme comme une interface entre l'esprit (Dieu) et la matière (l'animalité). L'homme est un petit garçon chevauchant un éléphant (le corps). Il doit réfréner ses instincts animaux. Il doit être capable de reconnaitre la tentation et d'y résister.

Il existe deux stratégies possibles. L'une est de succomber au désir et de montrer à l'éléphant que ce qu'il veut n'est pas si bon que ça. En fait, c'est morne et ennuyeux. C'est mieux si la tentation peut être discréditée et que le désir peut disparaitre.

Si cela ne fonctionne pas, et que céder à la tentation la rend plus puissante et destructrice, alors il est temps d'arrêter la méthode douce.

DÉVELOPPER LE MUSCLE DE LA RESTRICTION

Avez-vous remarqué que *neuf* commandements sur dix sont des proscriptions ?

Ils nous disent ce que nous ne sommes PAS censés faire. Cela est assurément un indice important. Nous adorons Dieu en *disciplinant et en contrôlant* notre nature inférieure.

Le seul commandement affirmatif est : « *tu honoreras ton père et ta mère.* » Les neuf autres sont des encouragements à l'obéissance, c'est-à-dire à l'autodiscipline :

Tu n'auras pas d'autres Dieux ; tu ne feras pas d'idole, ne prononcera pas Son nom en vain ; tu ne travailleras point le jour du Sabbat ; tu ne tueras point ; tu ne commettras pas l'adultère ; tu ne voleras point ; tu ne porteras pas de faux témoignage (mensonge) et finalement, tu ne convoiteras pas les biens ou la femme d'autrui.

Par contraste, notre société laïque-satanique donne son absolution à l'auto-indulgence, non à l'autorestriction. « Fais ce que voudras », est le credo sataniste.

Nous sommes semblables à Eve dans le jardin, soumis à la tentation 24 heures sur 24 et 7 jours sur 7. L'argent, le sexe, la nourriture, les biens matériels, le pouvoir, la célébrité ; la télévision expose des corps désirables.

Ils ont aboli le concept de tentation. Nous avons été désarmés, et rendus vulnérables à tous ses appels incessants.

Nous le voyons, nous le voulons. Nous ne sommes plus capable de discerner ce qui est bon et ce qui est autodestructeur. Nous devons redécouvrir les vertus de l'autorestriction. Une alarme doit retentir dans nos esprits à chaque fois que nous sommes tentés.

Nous découvrirons rapidement que les bénéfices de l'autorestriction surpassent grandement ceux de l'auto-indulgence. Nous éprouverons autant de fierté et de confiance en exerçant nos muscles spirituels, que nous en ressentons après un intense exercice physique.

La discipline spirituelle donne tout son sens à la vie. Nous devenons concentrés sur notre être, obéissant à un nouveau maitre. À mesure que nous nous purifions, nous entrons dans la quatrième dimension, la dimension morale. Nous expérimentons le genre de personne que nous sommes nés pour devenir.

La Fin de la Femme

A cause du féminisme, la féminité est en voie de disparition. Ce génocide psychologique s'appelle : « la libération de la femme ».

Lorsque la culture est contrôlée par des Satanistes, le « progrès » repose sur l'avancement de leurs critères.

J'ai participé à un cours de cuisine végétarienne. Le professeur est une femme de 70 ans qui en parait 55. Une autre des participantes, une québécoise à la retraite d'une soixantaine d'année, est aussi très enjouée.

D'habitude je ne remarque pas les femmes de mon âge (j'ai presque 64 ans), mais il y avait quelque chose d'étrangement différent chez ces femmes. Je me suis senti si à l'aise en leur présence, que je me suis presque endormi. Puis j'ai fini par réaliser de quoi il s'agissait : *ces femmes sont féminines.* Je venais de tomber sur des membres appartenant à une espèce en voie d'extinction : la « *femme* ».

Tout comme moi, ces femmes appartiennent à la génération de transition des années 1960. En ce temps-là, au lycée, les femmes choisissaient des options traitant de la gestion du foyer, tandis que les garçons s'orientaient vers le commerce. Les garçons invitaient les filles à « sortir », les emmenaient danser ou voir un film au cinéma. Les relations sexuelles avant le mariage étaient mal vues et les enfants illégitimes étaient considérés comme des « bâtards ». Une chanson populaire avait pour refrain : « L'amour et le mariage, vont ensemble comme un cheval et son attelage ». On nous disait de remettre en question l'autorité, pas notre genre sexuel.

Qu'est-ce qui fait que ces deux femmes assistant à ce cours de cuisine sont « *féminines* » ? Si j'avais à choisir un seul terme, ce serait leur « *vulnérabilité* ». Ce sont des femmes qui ne tueraient pas elle-même un serpent. Elles s'en remettent à un homme, leur mari, pour les protéger et les diriger. *Elles ne rentrent jamais en compétition avec les hommes.*

Une autre notion clef est celle de « *sacrifice* ». Elles se vouent à leur famille et sont chéries en retour pour cela. Elles sont aimées non pour leur apparence, leur accomplissement ou leur répartie, mais pour leur contribution envers leur famille.

Un autre terme clef est « *l'abandon* ». Vous sentez qu'un homme loyal doté de vision et de détermination pourrait mériter la dévotion de ces femmes pour la vie. C'est de cette manière que deux personnes ne font plus qu'une.

L'abandon et le sacrifice, basés sur la confiance, constituent la manière dont une femme véritable accorde son amour. Bien sûr, un homme doit gagner et mériter cette confiance. Le sacrifice d'une épouse inspire un homme pour qu'il se sacrifie à son tour, c'est-à-dire qu'il pourvoie au bien être de sa famille.

Les hommes et les femmes ont été gravement blessés par les ingénieurs sociaux Illuminati qui ont miné le genre sexuel et le mariage avec la complicité de notre gouvernement, des médias et du système éducatif. Les femmes ont acquis du « pouvoir » et les hommes ont été ainsi émasculés. Le but est de neutraliser et de reprogrammer l'humanité pour en faire une race d'esclave.

Les femmes sont faites par nature pour le sacrifice et l'abandon d'elle-même au profit de leur famille. Mais le féminisme a enjoint les jeunes femmes à être « fortes et indépendantes » et de considérer les hommes, le mariage et la famille avec suspicion. En conséquence, les femmes ont été privées de l'accomplissement dont elles ont instinctivement besoin et qui ne peut être trouvé qu'à travers leur *dévouement désintéressé* envers un mari aimant et ses enfants. Cela concerne aussi leur épanouissement sexuel.

Les femmes étaient autrefois *essentiellement différentes* des hommes. Elles étaient concentrées sur leur foyer. Leur esprit et leur manière d'être étaient un refuge et un havre de paix pour un homme. Leur énergie équilibrait son énergie.

Les jeunes femmes d'aujourd'hui sont tellement occupées à poursuivre une carrière, qu'elles sont à peine distinguable des hommes. Le féminisme a doté la plupart d'un pénis psychologique.

Beaucoup d'entre elles souffrent de ce que j'appelle un « désordre déficient de la personnalité. » Elles sont peut-être agréables à regarder mais elles ont peu de personnalité, de style ou de charme. Elles ne peuvent pas être des hommes, et elles ne savent plus comment être des femmes. Ce sont des mutants.

Par contraste, il y a un charme lumineux chez les femmes féminines de ma génération. Elles ne se prennent pas trop au sérieux. Un homme peut se détendre en leur présence. Elles ont encore de la fraicheur et restent attirante même à 60 ans.

Sous le prétexte des « droits » des gays et des femmes, les Illuminati ont mené une guerre sur le genre sexuel qui a eu pour effet de paralyser psychologiquement les hétérosexuels. Seuls des Satanistes songeraient à s'attaquer à l'amour entre le mari et la femme, ou entre la mère et l'enfant. Les hommes sont aujourd'hui toujours dépeints comme féminins et faibles. Les femmes ne peuvent pas aimer ce genre d'hommes.

L'essence de la masculinité est le pouvoir. Mon conseil aux jeunes hommes : engagez-vous dans une carrière profitable et qui vous plait. Soyez animés d'une vision de la vie et de la place qu'une femme doit y occuper. Ensuite, aidez une jeune femme à redécouvrir sa nature féminine fondamentale en vous acceptant comme son mari. Vous devez être le patron, autrement une femme ne vous respectera pas. Vous serez considéré au mieux comme son frère ou son fils.

Épilogue

Ce qu'être Juif signifie pour moi

Cet épilogue m'a été inspiré par un email de David Massada, mon traducteur français :

> *Tu sais Henry, lorsque j'ai fait la première traduction, il s'agissait avant tout de te faire connaitre en France, et sans prétention aucune, je pense y être parvenu !*
>
> *Tu fais maintenant partie des quelques auteurs abordant le sujet et avec les mises à jour régulières du blog, je sais que nous bénéficions d'un flux constant de nouveaux lecteurs manifestant de l''intérêts pour tes travaux...*
>
> *J'éprouve cependant parfois des difficultés à faire comprendre aux français qu'en tant que Juif, tu peux défendre une vision nationale des choses. Parce que la plupart des gens ont tendance à penser qu'un Juif doit nécessairement posséder une approche internationale, et qu'il est supposé haïr le pays dans lequel il s'est installé. (Je pense que cela peut être vrai historiquement, et je ne sais pas si tu seras d'accord avec ça...) Alors je me retrouve à batailler pour te présenter comme un citoyen canadien, et non comme un membre d'une tribu mondiale... (Je sais que ça semble fou, mais c'est le préjugé à l'égard des Juifs en général...)*
>
> *On me fait également souvent remarquer que tu dois nécessairement être un complice de la Juiverie organisée, sans ça ils auraient déjà fait fermer ton site avec toutes les révélations dont tu t'es rendu coupable... (De mon côté, je pense que tu dois faire face à beaucoup de pression car ces articles arrachent le voile de la Franc-maçonnerie et de tous les instruments de contrôle Juifs en général...)*

C'est frustrant, j'aimerai pouvoir tourner un entretien vidéo où tu répondrais à toutes ces questions pour que tu puisses clarifier ta position pour le public français...

RÉPONSE

Je suis un Juif assimilé. Mes parents Juifs polonais ont survécu à la Seconde Guerre mondiale en se faisant passer pour des Catholiques.

Après la guerre, ils ne voulaient plus rien à voir à faire avec l'identité qui leur avait presque couté la vie. Ils donnèrent à leurs enfants des noms anglais communs. Notre pratique de la religion Juive se limitait à allumer les bougies pour le Sabbat.

Je me suis toujours identifié avec la race humaine en premier, mon pays en deuxième, et le fait d'être Juif en troisième.

Jusqu'à l'âge de 50 ans, j'étais le parfait Juif gauchiste, sioniste, féministe, dysfonctionnel et endoctriné. Ma guérison débuta lorsque je me mis à remettre en questions ces notions, afin d'obéir à mes propres instincts à la place. J'ai découvert la conspiration des Illuminati et j'en ai fait mon travail.

Contrairement aux Juifs Kabbalistes, je pense exprimer l'authentique esprit Juif de la loi mosaïque, qui est un engagement envers la vérité universelle et la morale. (Cet esprit n'est pas exclusivement Juif) J'ai toujours senti qu'il existait un ordre moral immanent ; c'est cette intuition qui a inspiré mon jeu *Question de Scrupules*.

POURQUOI JE RESTE JUIF AVANT TOUT

Lorsque j'étais jeune, un ami de mon père me disait souvent : « Henry, tu ne peux pas t'*extraire de ta propre peau.* »

Mon intérêt pour le savoir, l'écriture et l'enseignement, mon idéalisme et mon sens de l'humour sont toutes des caractéristiques Juives, (ainsi que nombre de mes mauvais traits de caractères). Je ne peux pas nier ce que je suis.

Je soutiens toutes les religions qui défendent un ordre moral et les valeurs familiales. Comme vous le savez, je pense que Dieu est synonyme d'idéaux spirituels absolus comme la vérité, la justice, l'amour, l'ordre et la beauté. Je ne me convertis pas à une religion, car je souhaite entretenir une relation directe avec Dieu. Mais je soutiens ceux qui trouvent un sens dans la pratique de leur religion.

En général, je n'ai eu que peu de réaction voire aucune de la part des Juifs, qu'elles soient positives ou négatives. La même chose avec les Francs-maçons. Je ne suis qu'une mouche sur le derrière d'un éléphant.

En 2007, le Congrès Juif Canadien a essayé de me forcer à retirer toutes les références aux Juifs sur mon site internet. Cependant, rien ne s'est passé. Les « lois contre la haine » au Canada ont été modifiées, car les musulmans commençaient à s'en servir à leur avantage.

Je ne m'attends évidemment pas à changer le cours des évènements mondiaux. J'écris pour transmettre des connaissances à mes lecteurs. L'ignorance n'est pas une bénédiction ; elle cause de la souffrance.

« COMPLICE DES JUIFS »

En fait, je servirais les objectifs des Juifs Illuminati si je faisais la promotion de l'antisémitisme.

Au contraire, je montre que les Juifs ne sont pas tous manipulés. Quelques-uns comme moi-même sont capables d'être objectifs, loyaux et justes. En conséquence, j'ai probablement gagné plus d'amis pour « les Juifs » que quiconque. Je combats le préjugé racial et l'antisémitisme.

C'est pour cela que je ne m'attends pas à ce que le B'nai B'rith tienne un diner de gala en mon honneur, car ses dirigeants prospèrent grâce à l'antisémitisme, ce qui force les Juifs à contribuer financièrement et à se conformer à leurs diktats.

Bien sûr j'ai un regard critique sur la majorité des Juifs, car ils sont manipulés, mais cela est le cas de la plupart des groupes humains de nos jours.

Loin de « haïr » ma patrie, j'ai toujours été un nationaliste canadien. Mon doctorat traite de la littérature canadienne. Nos dirigeants politiques comme Harper, Obama, Cameron et Hollande sont les véritables « complices des Juifs » et des Francs-maçons. Ce sont eux qui trahissent leur patrie.

Nous ne devrions pas subir de préjugés. Je suis la preuve que chaque individu est doté d'un caractère unique et suit son propre parcours vers la connaissance.

En même temps, je trouve attrayantes les caractéristiques physiques et culturelles des autres races et nations. Je voudrais que ces différences soient préservées afin de résister à l'objectif des Illuminati. Nous sommes une grande famille, chacun apportant quelque chose de beau et d'unique à la table de l'humanité.

Les êtres humains veulent tous la même chose : profiter du précieux don de la vie.

Nous appartenons à la famille des hommes, nous sommes les enfants de Dieu qui voit à travers nos yeux, le miroir de l'âme.

Nous devrions consacrer nos vies à le servir et à l'honorer. Nous ne devrions pas permettre aux Illuminati d'usurper ce droit fondamental.